U1005517

古典
珍品

经典回到生活　阅读从心开始

中华古典珍品

『中华古典珍品』丛书遴选了清代《四库全书》的精华，而且每一种书在注释、译文、解读等方面做了大量的、扎实的工作。

——傅璇琮

国学就是中国人的学问。『中华古典珍品』是一套非常适合大众阅读的国学经典丛书。国学的传承和发展迫切需要好的大众读本。

——毛佩琦

《四库全书》浩如烟海，真正的必读经典就这百余部。

——任德山

国学是相互通融的，切忌断章或是割裂。今人只有从《周易》等原始经典入手，才能真正找到进入国学的门径。

——刘君祖

中华古典珍品

图解山海经

（汉）刘向　刘歆　编
崇贤书院　释译

黄山书社

阅读指南

精审精校保证书稿质量

以最精致的品质呈现给读者最权威的《山海经》读本。

图文配合还原经典产生年代

所选插图为历代学者为《山海经》专门绘制，力求营造与文章所述内容一致的阅读氛围。

挖掘《山海经》的当今价值

从注释、译文等方面入手，紧扣今人心灵的求知欲，用独特的视角来解读和赏析《山海经》。

重现经典在国人中的权威

编者以弘扬中国传统经典之心，将此书献给所有爱读书却还未读过《山海经》的读书人。

选字注音

- 将生僻字选出单独标注音标。
- 将古今读音相异的字单独标注音标。
- 将重复出现的生字生词反复标注。

第五卷　中山经

薄山　甘枣山

《中山经》薄山之首，曰甘枣之山，共(gōng)水出焉，而西流注于河。其上多杻木。其下有草焉，葵本而杏叶①。黄华而荚实，名曰箨(tuò)，可以已瞢(mèng)②。有兽焉，其状如獃(huī)鼠而文题，其名曰䳚(nài)，食之已瘿(yǐng)③。

［注释］

①杏叶：杏树的叶子。②瞢：眼目不明。③瘿：生在皮肤、肌肉、筋骨等处的肿块。

［译文］

《中山经》记述的中山第一列山系为薄山山脉，薄山的第一座山名叫甘枣山，共水就发源于这座山，流出山谷后便向西流入黄河。甘枣山上生长有很多杻树。山坡下生长有一种草，草茎似葵草，叶似杏叶，开黄花，结荚果。这种草名叫箨，可以用来医治眼睛昏花看不清。山上还生活着一种野兽，其形状似獃鼠，额头上有花纹，名叫䳚，人吃了它可以医治脖子上长的赘瘤。

译文

- 以白话文翻译古代经典，忠于原文，通俗易懂。
- 帮助读者更准确地把握先贤的智慧。

历儿山

又东二十里，曰历儿之山，其上多橿，多栃木，是木也，方茎而员叶，黄华而毛，其实如楝(liàn)①，服之不忘②。

［注释］

①楝：楝树，又叫“苦楝”。②忘：健忘。

［译文］

由甘枣山往东二十里有座山，名叫历儿山，历儿山上生长有很多橿树，还生长有一种名叫栃木的树，这种树的树干是方柱形的，叶子圆圆的，开出的花朵是黄色的，表面还有一层绒毛，结出的果实似楝树的果实，人吃了它可医治健忘症。

渠猪山

又东十五里，曰渠猪之山，其上多竹。渠猪之水出焉，而南流注

于河。其中是多豪鱼①，状如鲔(wěi)，赤喙尾赤羽，可以已白癣②。

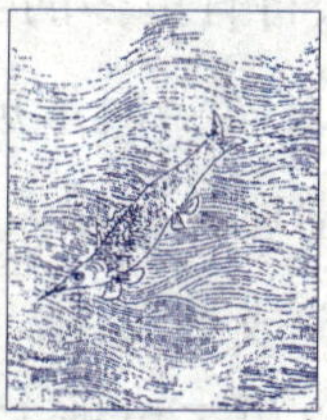

豪鱼

［注释］

①豪鱼：神话传说中的一种鱼。②白癣：由皮肤感染真菌引起的一种疾病。

［译文］

由历儿山往东十五里有座山，名叫渠猪山，渠猪山满山都是竹子。渠猪水就发源于这座山，流出山谷后便往南流入黄河。渠猪水中有很多豪鱼，这种鱼的形状似鲔鱼，但嘴巴是红色的，尾巴上还长有红色的羽毛，这种鱼可以用来医治白癣病。

注释

- 权威、准确、客观，注重知识性和启发性。
- 扫除阅读障碍，丰富国学知识。

版画插图

- 所选插图皆为古人原创，确保原汁原味。
- 选图方面，精益求精保证版画的清晰质感。
- 以图释文，所选古版画与文章内容完全一一对应。

葱聋山

又东三十五里，曰葱聋之山，其中多大谷，是多白垩①，黑、青、黄垩。

［注释］

①垩：土。

［译文］

由渠猪山再往东三十五里有座山，名叫葱聋山，葱聋山沟谷纵深，谷中有很多白垩土，还有很多黑垩土、青垩土、黄垩土。

涹山

又东十五里，曰涹山，其上多赤铜①，其阴多铁。

［注释］

①赤铜：指纯铜，也称红铜、紫铜。

［译文］

由葱聋山再往东十五里有座山，名叫涹山，山上蕴藏有丰富的赤铜矿，山的北坡蕴藏有丰富的铁矿。

总 序

国学是什么？简单说，国学就是中国人之所以成为中国人的学问。因此，国学不仅包括数千年积累流传下来的经典，比如“四书五经”、《老子》、《庄子》、《孙子》、《史记》、《汉书》、唐诗、宋词，也包含研究中国人思维方式、生活方式、行为方式乃至娱乐方式的各种学问。广言之，国学研究的对象不仅包括文献，也包括实物；不仅包括物质文化遗产，也包括非物质文化遗产，如我国各民族的建筑、服饰、饮食、音乐、绘画、医药、戏曲，等等。

国学是不断丰富、不断发展的学问。上面说的从“四书五经”到唐诗、宋词就是一个不断丰富发展的过程。近代以来，国学的研究范围还在不断地扩大，比如敦煌学、甲骨学，是随着有关文物的出土而兴起的；比如红学，是随着文学理论和学术风气的发展变化而兴起和发展的。随着时间的推移和学术的进步，必将有更多的学问被纳入国学研究的范围。

数千年来，中国人做学问形成了自己独特的理论和方法，比如思想理论、史学理论、文学理论，以及训诂学、考据学、音韵学，等等。但这些理论和方法并不是一成不变的。比如，在史学研究领域，由于地下文物的出土，王国维等人提出了以地下文物与传世文献相补充互证的“二重证据法”。近代以来，西风劲吹。国人主动借鉴西方学术研究的理论和方法，研究中国学问。王国维借鉴尼采的哲学理论研究中国的文学戏剧，胡适以杜威的实验主义研究中国的“国故”。国学从来没有拒绝外国学问的融合，佛教传入中国后，经过改造，形成了中国独特的佛学、因明学；自明朝末年西学传入中国后，中国的天文学、数学等就已经融入了西学的因素。马克思主义传入中国后，不少人用马克思主义理论研究中国历史文化，它们自然也成为了国学的一部分。因此，国学又是开放的、随时代而进步的。那么，当今我们研究、振兴国学，不允许也不应该倒退，不允许也不应该僵化。

然而，国学又是与西学明显区分的。国学是西学的对应物，是与西学完全不同的学术体系。在近代，西学挟坚船利炮强势进入中国之后，中国人还视自我，对于中国固有之学问的称呼出现了中学、国故学、国粹、国学这样的名称。面对“帝国主义”的强大，很多中国人自愧不如，一方面拼命地学习、引进西学，另一方面拼命地贬低、抛弃国学。虽然也有一些人，如张之洞为保护中华文化之根本，提出“中学为体，西学为用”，如胡适，提出“整理国故”，以“再造文明”“建立民族自信心”，但其声音终被时代淹没。国学一再被严重曲解和轻视，造成了中国历史文化的大断裂。也许，这一历史过程是必然的。但回顾过去，中国在走向独立富强的过程中，国学所付出的代价实在太大、太惨重了。

新中国成立后，饱受屈辱的中国人站立了起来，民族自信心大大加强，但没有能够及时认识到国学在新时代的重要性，甚至仅存的一点点国学遗产也进一步成为被抛弃的对象。改革开放三十年之后，走向富强的国人终于幡然醒悟，保护和振兴国学逐渐成为全民的共识。一个强大的自立于世界民族之林的国家，必然要有与之相匹配的伟大的民族文化。中国人，从领导者、学术界到普通百姓，都在重新发现国学的现代价值。同时，在走向全球化的进程中，东西方各国也把目光投向了中国。中国学问，中国的一切都在被重新评价。中国不仅为了自身的建设和发展需要从传统文化中汲取智慧，而且面临着以优秀的中华文化向全人类贡献智慧的责任和挑战。

那么，这套丛书的编纂就是可喜的，编纂者的初衷和努力就是可敬的。希望这套丛书能发挥点滴作用，如同涓涓细水与千百万有志者的努力一道汇成大潮，去迎接中华民族的伟大复兴！

是为序。

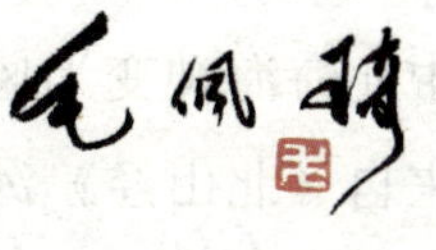

前 言

“精卫衔微木，将以填沧海。刑天舞干戚，猛志固常在。”这是伟大的诗人陶渊明读了《山海经》这本书后所发出的赞美与感叹。

《山海经》由战国初至汉代初不同时期的作者集体写作而成，到西汉合编在一起，部分内容来自口头传说。《山海经》最早是由西汉刘向、刘歆父子校定的，后世学者也留下了许多研究资料，如晋代郭璞曾为《山海经》作注，清代毕沅著有《山海经新校正》，郝懿行作《山海经笺疏》等。

《山海经》分为《山经》和《海经》两个部分，其中《山经》共五卷，记载山川地理、动植物和矿物等的分布情况。《海经》中又有《海外经》三卷，记载海外各国的奇异风貌；《海内经》三卷，记载海内的神奇事物；《大荒经》等五卷，记载了与黄帝、女娲和大禹等有关的许多重要神话资料。

《山海经》中保留了许多极具价值的古代神话，鲁迅先生在《中国小说史略》中说《山海经》“盖古之巫书也”，在《汉文学史纲要》中以“巫以记神事”概括其主要内容。《山海经》中记录的大量神话传说，对后世的文学创作有着深远的影响。吕子方先生的《读〈山海经〉杂记》提到，从汉代起，历代诗赋引用《山海经》中典故的情况很多，说明《山海经》早就有着很大的影响，清代编纂的《四库全书》称其为“小说之祖”。茅盾先生在《中国神话研究ＡＢＣ》中做了如下总结：《列子·汤问篇》愚公移山的故事，是从夸父逐日神话演变而来的；《庄子》里藐姑射山的绰约神女，由《中山经》中姑媱之山的瑶草演化而来，后来又化为宋玉《高唐赋》的巫山神女朝云和杜光庭《仙录书》中的西王母第二十三女瑶姬，最后演化而为《红楼梦》里的绛珠仙草林黛玉；《庄子》一书中鲲鹏的根源是《山海经》中北海海神变为风神的禺强；《庄子·应帝王》“倏忽为浑沌凿七窍”则是来自《北山经》浑沌无面目的天山神灵。另外，屈原《天问》《招魂》《九歌》《离骚》中的许多内容都有《山海经》中神话的影子。后世小说《封神演义》《聊斋志异》等也与《山海经》的神话故事一脉相承。受其影响最为明显的是清代李汝珍的小说《镜花缘》，该书所描写的四十一个神话国，都是根据《山海经》内容改写而成的，例如女儿国、毛脸国就是《山海经》中的女子国、毛民国。虽然《山海经》中记载的古神话不似西方神话那样具备完整有机的体系，但亦为后世的文学提供了大量可资借鉴的创作素材和写作方法，可称为“中国文学的宝矿”。

由于《山海经》产生的时代距今已十分遥远，许多字句在今人读来已经不好理解。因此，本书编者为给读者提供准确、直观的形象解说，根据名家译注，博采众长，为《山海经》原文做出准确、翔实的译注，并配以精彩的版画插图。

首先，配有众多精美的古版画，将原著内容更直观形象地呈现给读者。为此，编者查阅了大量刊刻资料，从卷帙浩繁的插图中细心甄选，力求给读者最完美的呈现。所选插图是历代研究者专门为《山海经》所绘，主要有明代蒋应镐、胡文焕，清代汪绂、吴任臣所绘版画及清《禽虫典》《神异典》等著作中的插图，做到版画与文章内容完全对应。

其次，本书将生僻字、异体字都标注拼音，帮助读者更好地理解文章内容。此外，对于重复出现的字词，我们反复标注，这样做可以免去读者前后查找翻阅之苦，又能够加强记忆，收到一举两得的功效。

最后，本书编者本着对读者负责的态度，参考各家研究成果，为原文做出最准确的注释。在译文方面，采用直译与意译相结合的方法，力求与原文风格统一，以流畅的现代白话文再现《山海经》中的神奇世界。

由此可以看出，本书对《山海经》做出了详尽的阐释和准确的解读，通过图文配合，达到赏心悦目的阅读效果；标注读音，使读者阅读顺畅；将注释、译文与原著有机融合，从而把《山海经》的精髓呈现在读者眼前。

目录

山经

第一卷　南山经

第二卷　西山经

第三卷　北山经

第四卷　东山经

第五卷　中山经

海经

第一卷　海外南经

第二卷 海外西经

第三卷 海外北经

第四卷 海外东经

第五卷　海内南经

第六卷　海内西经

第七卷　海内北经

第八卷　海内东经

第九卷　大荒东经

第十卷　大荒南经

第十一卷　大荒西经

第十二卷　大荒北经

第十三卷　海内经

山经

第一卷　南山经

䧿山　招摇山

《南山经》之首曰䧿(què)山。其首曰招摇之山，临于西海之上，多桂，多金玉。有草焉，其状如韭而青华，其名曰祝余，食之不饥。有木焉，其状如榖(gǔ)①而黑理，其华四照，其名曰迷榖，佩之不迷。有兽焉，其状如禺②而白耳，伏行人走，其名曰狌狌(shēngshēng)③，食之善走。丽麂(jǐ)之水出焉，而西流注于海，其中多育沛，佩之无瘕(jiǎ)疾④。

[注释]

①榖：构树，其树皮可用来造纸。②禺：一种长尾猕猴。③狌狌：猩猩。这里指传说中一种长着人脸，并且能通晓往事却不能预知未来的野兽。④瘕疾：中医所指的一种腹中结块的病，即现代人所说的蛊胀病。

狌狌

[译文]

《南山经》记述的南山第一列山系名称叫䧿山。䧿山的第一座山叫招摇山，它濒临西海。山上生长的树种多为桂树，并且蕴藏有大量的金属矿物和玉石。山上生长有一种草，形状很像山韭，但开着一种青色的小花，这种草名叫祝余。人若吃了这种草就不会感到饥饿了。山上生长有一种树木，形状很像构树，但木纹是黑色的，并且能放射出一种照耀四方的光芒，这种树木名叫迷榖。人若将这种东西佩在身上就不会迷路了。山上还有一种野兽，长相很像猕猴，但长着一双白色的耳朵，它时而爬行，时而像人一样站立行走，这种野兽名叫狌狌，人若吃了这种野兽就会变得善跑。招摇山上流出一条小河，名叫丽麂，河水向西流入西海。河中盛产一种名叫育沛的东西，若将这种东西佩在身上可以免受蛊胀病之苦。

堂庭山

又东三百里，曰堂庭之山，多棪(yǎn)木①，多白猿②，多水玉③，多黄金④。

[注释]

①棪木：一种乔木，果实状如苹果，颜色变红后即可食用。②白猿：亦作白猨、白蝯。白猿指白毛的猿。③水玉：古时对水晶的别称，也叫作水精。④黄金：这里指黄色的沙金或金矿。

白猿

[译文]

由招摇山往东三百里有座山，名叫堂庭山，山上树种主要是棪木，动物主要是白猿，山上还蕴藏着大量的水晶和金矿。

猨翼山

又东三百八十里，曰猨翼之山，其中多怪兽，水多怪鱼，多白玉①，多蝮虫②，多怪蛇，多怪木，不可以上。

[注释]

①白玉：白色的玉，亦指白璧。②蝮虫：传说中的毒蛇名，也被称为反鼻虫，其颜色红白相间，如同绶带纹理，大的体重据说可达一百多斤，鼻子上长有针刺。“虫”为“虺”的本字，虺是指上古的一种毒蛇。

[译文]

由堂庭山再往东三百八十里有座山，名叫猨翼山，山上有很多怪兽出没，水中有很多奇形怪状的鱼，山上还有很多的白色玉石、反鼻虫以及奇形怪状的蛇、树木，猨翼山过于陡峭，人是无法上去的。

狃阳山

niǔ

又东三百七十里，曰狃阳之山，其阳多赤金①，其阴多白金②。有兽焉，其状如马而白首，其文如虎而赤尾，其音如谣，其名曰鹿蜀，佩之宜子孙。怪水出焉，而东流注于宪翼之水。其中多玄龟，其状如龟而鸟首虺（huǐ）③尾，其名曰旋龟，其音如判木，佩之不聋，可以为底④。

[注释]

①赤金：黄金。这里指尚未提炼过的赤色金矿。②白金：这里指尚未提炼过的白色银矿。③虺：传说中的毒蛇。④底：同"胝"，即茧子，指手掌或脚掌因长期摩擦而长出的厚硬死皮。

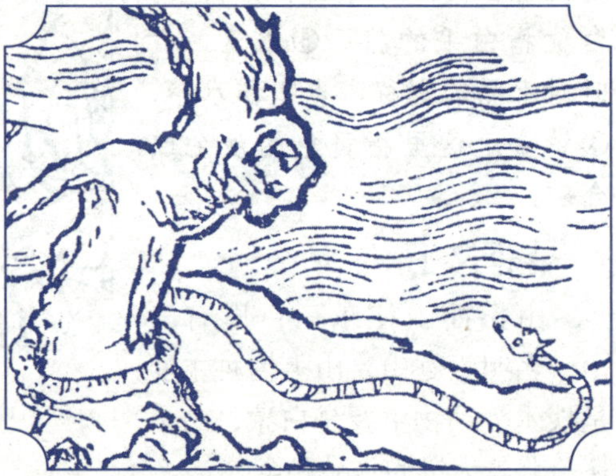

怪蛇

[译文]

由猨翼山再往东三百七十里有座山，名叫狃阳山，山的南坡蕴藏有丰富的赤金矿，山的北坡蕴藏有丰富的白银矿。山上有一种野兽，身形像马，头是白色的，身上的斑纹像虎斑，尾巴是红色的，鸣叫的声音如同人唱歌，这种野兽名叫鹿蜀，把它的皮毛佩戴在身上有利于繁衍子孙。怪水从这座山发源，向东流入宪翼水中。怪水中有很多黑红色的乌龟，身形像乌龟，却长着鸟一样的头和毒蛇一样的尾巴，这种龟名叫旋龟，它鸣叫的声音像劈开木头所发出的声响，带在身上可防治耳聋，还可以防止脚底生茧。

柢山

原文

又东三百里，曰柢山，多水，无草木。有鱼焉，其状如牛，陵居①，蛇尾有翼，其羽在魼（qū）下②，其音如留牛③，其名曰鯥（lù），冬死④而夏生，食之无肿疾。

[注释]

①陵居：居于高地或深谷。②魼：也作"胁"，指两腋之下、腰上的部分。③留牛：兽名。即牦牛或犁牛。④冬死：冬眠，也叫冬蛰。某些动物为了适应不

利的生活条件，冬季僵卧在洞里，血液循环和呼吸非常缓慢，神经活动几乎完全停止，如同死了一样。

[译文]

由杻阳山再往东三百里有座山，名叫柢山，山上有很多水流、水洼，但不生草木。水洼中有一种鱼，身形像牛，生活在深山谷的水中，长有蛇一样的尾巴，还长有一对翅膀，羽毛生在两腋的下边，它鸣叫的声音像犁牛一样。这种鱼名叫鯥，它喜欢在冬季蛰伏，在夏季到来时才出来活动，人若吃了这种鱼就可以防治痈肿病。

亶爰山（dǎn yuán）

又东四百里，曰亶爰之山，多水，无草木，不可以上。有兽焉，其状如狸而有髦①，其名曰类，自为牝牡②，食者不妒。

[注释]

①狸：指狸子，即野猫、山猫。髦：毛发中的长毫，这里指头发。②牝：指鸟兽中的雌性，这里指雌性器官。牡：指鸟兽中的雄性，这里指雄性器官。

[译文]

由柢山再往东四百里有座山，名叫亶爰山，山上水很多，但不生长草木。这座山十分险峻，人是无法登上去的。山上有一种野兽，身形像野猫，但头上长有头发，这种野兽名叫类，一身同具雌雄两性，人若吃了它的肉，就不会产生妒忌心。

基山

又东三百里，曰基山，其阳多玉，其阴多怪木。有兽焉，其状如羊，九尾四耳，其目在背，其名曰猼訑（bó shì）①，佩之不畏。有鸟焉，其状如鸡而三首六目、六足三翼，其名曰鹇鸺（chǎng fū），食之无卧②。

猼訑

[注释]

①猼訑：传说中的兽名。②卧：指睡觉。

［译文］

由亶爰山再往东三百里有座山，名叫基山，山的南坡蕴藏着丰富的玉石，山的北坡生长有很多奇形怪状的树木。山上有一种野兽，身形像羊，但长着九条尾巴和四只耳朵，而眼睛却长在后背上，这种野兽名叫猼𬣳，如果披着它的皮就可以不怕任何东西。山上还有一种鸟，形状像鸡，却长着三个头、六只眼、六只脚和三只翅膀，这种鸟名叫䳜鸺，谁要吃了这种鸟的肉，就可以不知疲倦，不思睡眠。

青丘山

又东三百里，曰青丘之山，其阳多玉，其阴多青雘(huò)①。有兽焉，其状如狐而九尾，其音如婴儿，能食人，食者不蛊。有鸟焉，其状如鸠，其音若呵，名曰灌灌，佩之不惑。英水出焉，南流注于即翼之泽。其中多赤鱬(rú)②，其状如鱼而人面，其音如鸯鸳，食之不疥③。

［注释］

①青雘：一种青色矿物颜料。一般认为即今石青之属。古代常作涂饰用。②赤鱬：也叫鲵鱼，即娃娃鱼，为两栖动物，有四只脚，长尾巴，生活于水中，在紧急情况下可以上树。③疥：指疥疮。

［译文］

由基山再往东三百里有座山，名叫青丘山，山的南坡蕴藏有丰富的玉石矿产，山的北坡多青雘。山上生活着一种野兽，身形似狐，但长着九只尾巴，叫声似婴儿啼哭一般，能吃人，但若人吃了它的肉便可以避邪防妖。山上还生活着一种鸟，形状像鸠，但鸣叫声就像人吵架似的，名叫灌灌。人若佩带着它，也可以避邪防妖。这座山中有一条名叫英水的水流流出，向南流入即翼泽。英水中有很多赤鱬，这是一种形体似鱼而脸似人的鱼，它叫出的声音像鸳鸯啼叫。人若吃了这种鱼，便可以不生疥疮。

箕尾山

又东三百五十里，曰箕尾之山，其尾踆(cūn)①于东海，多沙石。汸(fāng)水出焉，而南流注于淯(yǔ)，其中多白玉。

凡䧿(jī)山之首，自招摇之山，以至箕尾之山，凡十山，二千九百五十里。其神状皆鸟身而龙首。其祠②之礼：毛用一璋玉瘗(yì)③，糈(xǔ)④用稌(tú)米⑤，一璧，稻米、白菅为席。

[注释]

①踆：通“蹲”，两腿弯曲，像坐的样子，但臀部不着地。这里是坐落的意思。②祠：祭祀、祭奠。③瘗：埋物祭地，埋葬。④糈：祭祀所用的精米。⑤稌米：稻米。

九尾狐

[译文]

由青丘山再往东三百五十里有座山，名叫箕尾山，山向东绵延至东海海滨，山上多沙石。汸水从山间流出，向南一直流入淯水，淯水中有很多的白色玉石。

综观南山第一列䧿山山系，西从招摇山，东至箕尾山，共计十座山，蜿蜒二千九百五十里。这十座山的山神，都长着鸟的身形和龙的脑袋。人们祭祀山神时，将祭祀的牲畜与一块璋、一块玉共葬地下，祭祀用的精米是稻米，供山神用的坐席是用茅草编织的草席。

柜山

《南次二经》之首，曰柜山，西临流黄，北望诸毗（pí），东望长右。英水出焉，西南流注于赤水，其中多白玉，多丹粟。有兽焉，其状如豚[1]，有距[2]，其音如狗吠，其名曰狸力，见则其县多土功。有鸟焉，其状如鸱（chī）[3]而人手，其音如痺，其名曰鴸（zhū）[4]，其名自号也，见则其县多放士。

[注释]

①豚：指小猪。②距：鸡爪。特指雄鸡爪后突起像脚趾的部分。③鸱：一种凶猛的鸟。指鹞鹰、老鹰、鸢鹰等。④鴸：传说中的鸟名，为帝尧之子丹朱所化。传说帝尧将天下禅让给帝舜，其子丹朱不服，于是与三苗国人联合起来，起兵抗议，帝尧便派兵将他们打败，丹朱羞愧难当投南海自尽，死后化为鴸鸟。

[译文]

《南次二经》中记述的南山第二列山系的最西头，是柜山。柜山西邻流黄国，北边是诸毗山，东边是长右山。英水就发源于此山，并向西南流入赤水。英水中有很多白色的玉石，还有很多像粟粒一样的细丹沙。柜山山中有一种野兽，身形像小猪，但脚后跟长着鸡爪，叫声像狗吠。这种野兽名叫狸力。哪里出现这种野兽，哪里的人们就将遭受繁重的劳役之苦。柜山山上还有一种鸟，形状像鹞鹰，却长着一双像人手的脚，它发出的声音像雌鹌鹑一样。这种鸟名叫鴸。它之所以有这个名字，是因为它天天发出“朱”的叫声。哪里出现这种鸟，哪里就要有很多人被流放发配。

狸力

长右山

东南四百五十里，曰长右之山，无草木，多水。有兽焉，其状如禺而四耳，其名长右，其音如吟，见则郡县大水①。

［注释］

①大水：指洪水、洪灾。

［译文］

由柜山再往东南方向四百五十里有座山，名为长右山，山上不长草木，有很多水。山上有种野兽，形状像长尾猿，长着四只耳朵，名为长右，长右发出的叫声像人呻吟，哪里出现这种野兽，哪里就会有洪灾。

尧光山

又东三百四十里，曰尧光之山，其阳多玉，其阴多金。有兽焉，其状如人而彘(zhì)鬣(liè)①，穴居而冬蛰②，其名曰猾(huái)裹，其音如斫(zhuó)木③，见则县有大繇(yáo)④。

［注释］

①彘：指大猪。鬣：指牲畜身上的鬃毛。②冬蛰：冬眠。③斫木：伐木，这里指砍削木头的声音。④繇：通“徭”，指徭役。

猾裹

[译文]

由长右山再往东三百四十里有座山，名叫尧光山，这座山的南坡蕴藏有丰富的玉石矿产，山的北坡蕴藏有丰富的金矿。山上有一种野兽，其身形像人，却长着猪鬃，住在洞穴里，冬天要冬眠，这种野兽名叫猾褢，它发出的叫声就好像砍削木头的声音。哪里出现这种野兽，哪里就会出现繁重的徭役。

羽山

又东三百五十里，曰羽山①，其下多水，其上多雨，无草木，多蝮虫。

[注释]

①羽山：山名，祝融杀鲧之处。传说火神祝融曾奉黄帝之命，将治水不利的大禹之父鲧在羽山处死，也有说鲧是因治水不利而被帝舜杀死在羽山的。

[译文]

由尧光山再往东三百五十里有座山，名叫羽山，山下多水流、水洼，山上经常下雨，却不生长草木，山上还有很多的蝮虫。

瞿父山

又东三百七十里，曰瞿父之山，无草木，多金玉。

[译文]

由羽山再往东三百七十里有座山，名叫瞿父山，山上寸草不生，山中还蕴藏有丰富的黄金和玉石矿产。

句余山

又东四百里，曰句余之山，无草木，多金玉。

[译文]

由瞿父山再往东四百里有座山，名叫句余山，山上寸草不生，山中蕴藏有丰富的黄金和玉石矿产。

浮玉山

又东五百里，曰浮玉之山，北望具区，东望诸毗(pí)。有兽焉，其状如虎而牛尾，其音如吠犬，其名曰彘，是食人。苕水[1]出于其阴，北流注于具区[2]。其中多鮆(cǐ)鱼[3]。

[注释]

①苕水：水名。②具区：古泽薮名，即太湖，又名震泽、笠泽。③鮆鱼：鲚鱼，也叫“凤尾鱼”。体侧扁，头小而尖，尾尖而细，银白色。

鮆鱼

[译文]

由句余山再往东五百里是浮玉山，这座山北边可以眺望到太湖，东边可以眺望到诸毗水。山上有一种野兽，身形像虎，但长着一根牛尾，叫声像狗吠，它的名字叫彘，是一种吃人的野兽。这座山的北坡有一条小溪流出，这条小溪名叫苕水，向北流去，最终流进太湖。苕水中生长有很多的鮆鱼。

成山

又东五百里，曰成山，四方而三坛[1]，其上多金玉，其下多青雘(huò)。𨳡(zhuō)水出焉，而南流注于虖勺(hū shuò)，其中多黄金。

[注释]

①坛：土筑的高台。

[译文]

由浮玉山再往东五百里有座山，名叫成山，这座山是四方形的，且像三层土台重叠堆砌上去的，山顶蕴藏有丰富的黄金和玉石矿产，山脚有很多可作颜料用的青雘。山间有条𨳡水流出，向南流入虖勺河，水底有丰富的金矿。

会稽山

又东五百里，曰会稽①之山，四方，其上多金玉，其下多砆(fū)石②。勺水出焉，而南流注于湨(jú)。

［注释］

①会稽：山名，在浙江绍兴。相传夏禹大会诸侯于此计功，故名会稽山。一名防山，又名茅山。②砆石：碔砆，一种形状像玉的石头。

［译文］

由成山再往东五百里有座山，名叫会稽山，这座山是四方形的，山顶蕴藏着丰富的黄金和玉石矿产，山脚多为碔砆石。山间有条名叫勺水的水流流出，向南流入湨水。

夷山

又东五百里，曰夷山。无草木，多沙石。湨(jú)水出焉，而南流注于列涂。

［译文］

由会稽山再往东五百里有座山，名叫夷山。山上寸草不生，沙石很多。山间有条水流出，名叫湨水，这条水向南流出，最终流入列涂水。

仆勾山

又东五百里，曰仆勾之山。其上多金玉，其下多草木。无鸟兽，无水。

［译文］

由夷山再往东五百里有座山，名叫仆勾山。山上蕴藏有丰富的金矿和玉石矿，山脚草木繁茂。山中没有鸟兽，也没有水流。

咸阴山

又东五百里，曰咸阴之山。无草木，无水。

［译文］

由仆勾山再往东五百里有座山，名叫咸阴山。山上既没有草木也没有水。

洵山

又东四百里，曰洵山，其阳多金，其阴多玉。有兽焉，其状如羊而无口，不可杀也，其名曰䍺（huàn）。洵水出焉，而南流注于阏（è）之泽，其中多茈蠃（luó）①。

䍺

［注释］

①茈蠃：茈，通“紫”。蠃，通“螺”。茈蠃即紫螺。

［译文］

由咸阴山再往东四百里有座山，名叫洵山。山的南坡蕴藏有丰富的金矿，山的北坡蕴藏有丰富的玉石矿产。山中有一种野兽，身形像羊，它虽没长嘴巴，却不会饿死，这种野兽名叫䍺。山间有一条名叫洵水的小河，向南流入阏泽，洵水中有很多的紫螺。

虖勺山

又东四百里，曰虖勺（hū shuò）之山，其上多梓枏（nán）①，其下多荆杞②。滂水出焉，而东流注于海。

［注释］

①梓：梓树，落叶乔木。枏：同“楠”。即楠木，常用于建筑及制作家具。②荆：牡荆，马鞭草科牡荆属落叶灌木。杞：枸杞，双子叶植物，茄科，落叶灌木。茎干细长，丛生，有短刺。叶卵形或卵状菱形，花淡紫色。有很大的药用价值。

［译文］

由洵山再往东四百里有座山，名叫虖勺山，山上多生长梓木、楠木，山坡下多生长荆棘、枸杞。山间有条名叫滂水的溪流流出，向东最终流入大海。

区吴山

又东五百里，曰区吴之山，无草木，多沙石。鹿水出焉，而南流注于滂水。

[译文]

由虖勺山再往东五百里有座山，名叫区吴山，山上不生长草木，满山的沙子和石头。山间有条名叫鹿水的溪流流出，向南流入滂水。

鹿吴山

又东五百里，曰鹿吴之山，上无草木，多金石。泽更之水出焉，而南流注于滂水。水有兽焉，名曰蛊雕①，其状如雕②而有角，其音如婴儿之音，是食人。

蛊 雕

[注释]

①蛊雕：传说中的怪兽名。②雕：一种大型猛禽。

[译文]

由区吴山再往东五百里有座山，名叫鹿吴山，山上不生草木，但蕴藏有丰富的金矿和玉石。山间有条名叫泽更水的小溪流出，向南流入滂水。山上有种野兽，名叫蛊雕。这种野兽身形像雕，但头上长着角，叫声就像婴儿的啼哭，这是种吃人的野兽。

漆吴山

东五百里，曰漆吴之山，无草木，多博石，无玉。处于东海，望丘山，其光载出载入，是惟日次①。

凡《南次二经》之首，自柜山至于漆吴之山，凡十七山，七千二百里。其神状皆龙身而鸟首。其祠：毛用一璧瘗(yì)，糈(xǔ)用稌。

[注释]

①日次：指日落。次，旅途中停歇。

[译文]

由鹿吴山再往东五百里有座山，名叫漆吴山，山上不生长草木，山上的石头可制作成围棋子，山上没有玉石矿产。这座山位于东海海滨，站在山上向东远眺，隐隐可见远处的海平面上有座小山，若隐若现，忽明忽暗，那里是太阳落山的地方。

综观《南次二经》记述的南山第二列山系，从柜山开始，至漆吴山，总计有十七座山，蜿蜒七千二百里。这些山的山神，身形都像龙，脑袋像鸟。人们供奉山神时，将祭祀的牲畜与一块璧共葬地下，祭祀用的精米为稻米。

龙身鸟首神（南山神）

天虞山

《南次三经》之首，曰天虞之山，其下多水，不可以上。

[译文]

《南次三经》记述的南山第三条山系的第一座山是天虞山。山下周围都是水，无法上山。

祷过山

东五百里，曰祷过之山，其上多金玉，其下多犀、兕(sì)①，多象。有鸟焉，其状如䴔(jiāo)②，而白首、三足、人面，其名曰瞿如③，其鸣自号也。泿(yín)水出焉，而南流注于海。其中有虎蛟④，其状鱼身而蛇尾，其音如鸳鸯，食者不肿，可以已痔⑤。

犀牛望月

[注释]

①犀：犀牛。传说其形似水牛，猪头，大腹，庳脚，脚有三蹄，皮为黑色，头顶、前额、鼻子各生有一角。兕：雌性犀牛，传说其形似水牛，只生有一只角，皮毛为青色，体形状硕，可达三千斤。②䴔：传说中的一种鸟，长相如同野鸭，较野

鸭小些，脚接近尾部。③瞿如：传说中的鸟名。④虎蛟：传说中龙的一种，鱼身蛇尾。⑤已：治疗。痔：痔疮。

[译文]

由天虞山往东五百里有座山，名叫祷过山，山上蕴藏有丰富的金矿和玉石，山下生活着很多凶猛的犀牛和兕，还有很多象。山中生长有一种鸟，身形像鱼鹰，但头是白色的，脚长着三只，脸像人，这种鸟名叫瞿如，之所以取这个名，是因为它的鸣叫声是“瞿——如——”。山间有条溪流，名叫泿水，向南流去，最终流入南海。泿水中有种名叫虎蛟的动物，身形像鱼，但长着似蛇的尾巴，叫声像鸳鸯，人若吃了它的肉，就可以不生痈肿病，而且还可以医治痔疮。

丹穴山

又东五百里，曰丹穴之山，其上多金玉。丹水出焉，而南流注于渤海。有鸟焉，其状如鸡，五采而文，名曰凤皇[①]，首文曰德，翼文曰义，背文曰礼，膺[②]文曰仁，腹文曰信。是鸟也，饮食自然，自歌自舞，见则天下安宁。

凤凰

[注释]

①凤皇：指凤凰，古代传说中的百鸟之王，雄的叫凤，雌的叫凰。传说其为鸡首、蛇颈、燕颔、龟背、鱼尾，羽毛五彩斑斓，高六尺左右。常用来象征祥瑞。②膺：胸部。

[译文]

由祷过山再往东五百里有座山，名叫丹穴山，山上蕴藏有丰富的金矿和玉石。山间有条名叫丹水的溪流，向南流入渤海。山上有一种鸟，其身形像鸡，全身花纹五彩斑斓，这种鸟名叫凤凰。它的头部花纹像“德”字，翅膀的花纹像“义”字，背部的花纹像“礼”字，胸部的花纹像“仁”字，腹部的花纹像“信”字。这种鸟，自由自在地饮食，自歌自舞地娱乐，若有这种鸟出现，那天下就和平安宁了。

发爽山

又东五百里，曰发爽之山，无草木，多水，多白猿。汎(fàn)水出焉，而南流注于渤海。

[译文]

由丹穴山再往东五百里有座山，名叫发爽山，山上寸草不生，却有很多水，还有很多白猿。山间有条名叫汎水的溪流，向南流去，一直汇入渤海。

旄(máo)山

又东四百里，至于旄山之尾。其南有谷，曰育遗，多怪鸟，凯风[①]自是出。

[注释]

①凯风：和暖的风，指南风。

[译文]

由发爽山再往东四百里，就到了旄山的尾段。它的南面有个山谷，名叫育遗，这个山谷里有很多奇异的鸟。这个山谷里还往外刮一种柔和的南风。

非山

又东四百里，至于非山之首，其上多金玉，无水，其下多蝮虫。

[译文]

由旄山的尾端再往东四百里，就是非山的首端，山上蕴藏有丰富的金矿和玉石，但没有水，山下有很多蝮虫。

阳夹山

又东五百里，曰阳夹之山，无草木，多水。

[译文]

由非山的首端再往东五百里有座山，名叫阳夹山，山上不生长草木，但有很多水。

灌湘山

又东五百里，曰灌湘之山，上多木，无草；多怪鸟，无兽。

［译文］

由阳夹山再往东五百里有座山，名叫灌湘山，山上有很多树木，但没有草；山上有很多形状各异的鸟，但没有野兽。

鸡山

又东五百里，曰鸡山，其上多金，其下多丹雘(huò)。黑水出焉，而南流注于海。其中有䲝(tuán)鱼，其状如鲋(fù)①而彘毛，其音如豚，见则天下大旱。

［注释］

①鲋：鲫鱼。

［译文］

由灌湘山再往东五百里有座山，名叫鸡山，山上蕴藏有丰富的金矿，山下的石头多为可制作成颜料的丹雘。山间有条名叫黑水的溪流，向南流入南海。黑水中有种鱼，名叫䲝鱼，这种鱼的形状似鲫鱼，但长着猪毛，它有时还能鸣叫，声音像小猪的叫声。要是出现这种鱼，那么天下就要出现严重的旱灾。

䲝鱼

令丘山

又东四百里，曰令丘之山，无草木，多火。其南有谷焉，曰中谷，条风①自是出。有鸟焉，其状如枭②，人面四目而有耳，其名曰颙(yú)，其鸣自号也，见则天下大旱。

［注释］

①条风：东北风。一名融风，主立春四十五日。②枭：通“鸮”，本义指一种恶鸟，捕捉后悬头于树上以示众。这里指猫头鹰。

[译文]

由鸡山再往东四百里有座令丘山，这座山上不生长草木，倒是常有火出现。山的南部有个山谷，名叫中谷，中谷里常有东北风刮出。山谷里有一种鸟，形状像枭，但长着一副人面，眼睛有四只，也有耳朵，这种鸟名叫颙，之所以给它起这个名字，是因为它的鸣叫声是“颙——”，这种鸟一旦出现，那么天下便将有严重的旱灾。

仑者山

又东三百七十里，曰仑者之山，其上多金玉，其下多青雘(huò)。有木焉，其状如榖而赤理，其汁如漆，其味如饴①，食者不饥，可以释劳②，其名曰白蓉(gāo)，可以血③玉。

[注释]

①饴：饴糖，用麦芽制成的糖。②释劳：消除辛劳。③血：动词，染成红色。

[译文]

由令丘山再往东三百七十里有座仑者山，这座山的上半部分蕴藏有丰富的金矿和玉石，山的下半部分主要是可作颜料的青雘。山上有一种树木，形状很像构木，但其纹理是红色的，这种树还能流出一种液体，有点像漆，但其味道却是甜的，像糖稀，吃了这种液体，可以不再感到饥饿，而且还可以解除忧愁。这种树名叫白蓉，可以用来染玉，使玉变红。

禺稾(gǎo)山

又东五百八十里，曰禺稾之山，多怪兽，多大蛇。

[译文]

由仑者山再往东五百八十里有座山，名叫禺稾山，这座山上有很多怪兽和大蛇。

南禺山

又东五百八十里，曰南禺之山，其上多金玉，其下多水。有穴焉，水出①辄入，夏乃出，冬则闭。佐水出焉，而东南流注于海，有凤皇、鹓(yuān)雏②。

凡《南次三经》之首，自天虞之山以至南禺之山，凡一十四山，六千五百三十里。其神皆龙身而人面。其祠皆一白狗祈[③]，糈(xǔ)用稌。

右南经之山志，大小凡四十山，万六千三百八十里。

[注释]

①出："春"字之讹。②鹓雏：传说中的一种神鸟，与鸾凤同类。③祈：向上天或神明求福，这里指祭品。

[译文]

由禺稾山再往东五百八十里有座山，名叫南禺山，这座山的山顶有丰富的金矿和玉石，山脚水流、水洼很多，有个奇怪的洞穴，春季水从穴中流出，夏季这个洞穴会往外流水，到了冬季这个洞穴又会自动关闭。佐水就发源于这座山，向东南流入南海。这座山上有凤凰和鹓雏鸟。

综观南山第三列山系，从天虞山开始，到南禺山，总共有十四座山，蜿蜒六千五百三十里。这些山的山神，身形都似龙，脸似人。人们供奉山神时，将一只白色的狗作为祭品，供奉山神的精米用稻米。

以上所记载的南山三列山系，大小山总计四十座，长一万六千三百八十里。

第二卷　西山经

华山 钱来山

《西山经》华山之首，曰钱来之山，其上多松，其下多洗石①。有兽焉，其状如羊而马尾。名曰羬(qián)羊，其脂可以已腊(xī)②。

[注释]

①洗石：一种含碱之石，能溶解污垢。②腊：皮肤皴裂。

[译文]

《西山经》记述的第一列山系名叫华山，华山最东头的山名叫钱来山，这座山上生长的树种主要是松树，山脚下有很多可作洗澡去垢用的洗石。山上还有一种野兽，身形似羊，但长着马一样的尾巴。这种羊名叫羬羊，它的油脂可以用来医治皮肤皴裂。

羬羊

松果山

西四十五里，曰松果之山。濩(huò)水出焉，北流注于渭，其中多铜。有鸟焉，其名曰螐(tóng)渠，其状如山鸡，黑身赤足，可以已㬥(báo)①。

[注释]

①㬥：皮肤皱起，即爆皮。

[译文]

由钱来山向西四十五里有座山，名叫松果山。山间有条名叫濩水的溪流，向北流入渭河，水中有很多铜沙。松果山上有一种鸟，名叫螐渠，其身形像山鸡，身体是黑色的，爪子是红色的，这种鸟可以用来医治皮肤起皱。

太华山

又西六十里，曰太华之山[1]，削成而四方，其高五千仞，其广十里，鸟兽莫居。有蛇焉，名曰肥𧔥(yí)，六足四翼，见则天下大旱。

[注释]

①太华之山：山名。即西岳华山，在陕西华阴，因其西有小华山，故称太华。

[译文]

由松果山再往西六十里有座山，名叫太华山，这座山险峻陡峭，如刀斧砍削而成，呈四方形，山高有五千仞，山脚绵延十里，一般鸟兽无法在山上存身。山上倒是有一种蛇，名叫肥𧔥，长着六只脚爪和两对翅膀，这种蛇一旦出现，那天下将遭受严重的旱灾。

肥 𧔥

小华山

又西八十里，曰小华之山，其木多荆杞，其兽多㸲(zuó)牛，其阴多磬石[1]，其阳多㻬琈(fú)之玉。鸟多赤鷩，可以御火[2]。其草有萆(bì)荔[3]，状如乌韭[4]，而生于石上，亦缘木而生，食之已心痛。

[注释]

①磬石：适宜制磬的美石。②御火：谓避火灾。③萆荔：薜荔。一种香草，可作药用。④乌韭：一种苔藓类植物，多生于潮湿的地方，又名昔邪、垣衣等。

[译文]

由太华山再往西八十里有座山，名叫小华山，山上生长的植物主要是荆棘和枸杞，山上生长的野兽主要是㸲牛，山的北坡有很多可制作成乐器的磬石，南坡蕴藏有丰富的名叫㻬琈的玉石。山上生活的鸟类主要是赤鷩鸟，这种赤鷩鸟可以喷射出一种能灭火的液体。山上生长着一种草，名叫薜荔，形状像乌韭，但生长在石头缝上，也有的攀缘树木生长，如果吃了这种草，则可以医治好心绞痛症。

符禺(yú)山

又西八十里，曰符禺之山，其阳多铜，其阴多铁。其上有木焉，名曰文茎，其实如枣，可以已聋。其草多条，其状如葵，而赤华黄实，如婴儿舌，食之使人不惑。符禺之水出焉，而北流注于渭。其兽多葱聋①，其状如羊而赤鬣。其鸟多鴖(mín)，其状如翠②而赤喙(huì)，可以御火。

[注释]

①葱聋：传说中的一种野山羊。②翠：指翠鸟。

[译文]

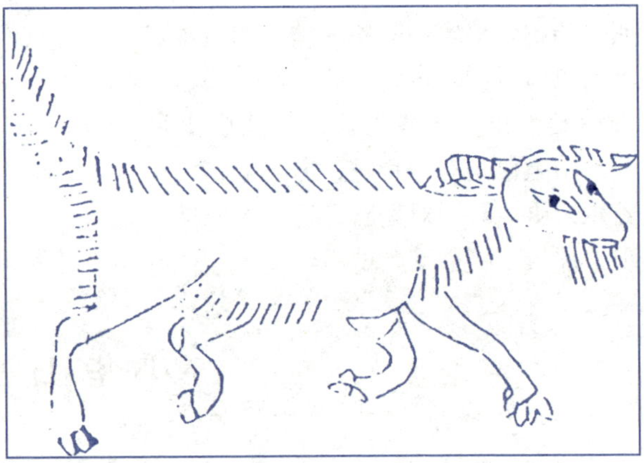

葱聋

由小华山再往西八十里有座山，名叫符禺山，山的南坡蕴藏有丰富的铜矿，山的北坡蕴藏有丰富的铁矿。山顶上有一种树木，名叫文茎，这种树的果实就像枣子，可以用来医治耳聋。山上生长的草主要是一种条草，其形状像山葵，又像婴儿的舌头，但开出的花却是红色的，果实是黄色的，吃了这种草可以使人不受妖气所惑。山间有条名叫符禺水的溪流流出，向北流入渭河。山上生活的野兽名叫葱聋，它的身形似羊，但长着一把红色的鬣毛。山上生活的鸟类主要是鴖鸟，这种鸟的形状像翠鸟，但嘴是红色的，把它养在身边可以防御火灾。

石脆山

又西六十里，曰石脆之山，其木多棕枏，其草多条①，其状如韭，而白华黑实，食之已疥。其阳多瑀琈(fú)之玉，其阴多铜。灌水出焉，而北流注于禺水。其中有流赭(zhě)②，以涂牛马无病。

[注释]

①条：一种野草。②流赭：流指硫黄，一种天然的矿物质，中医可入药，有杀虫的作用；赭即赭黄，一种天然生成的褐铁矿，可做黄色颜料。

[译文]

由符禺山往西六十里有座山，名叫石脆山，山上生长着棕树和楠树，山上生长的草主要是一种条草，这种草的形状像山韭，但开出的花是白色的，果实是黑色的，吃了这种草可以医治疥疮。这座山的南坡蕴藏有丰富的名叫㻬琈的玉石，山的北坡蕴藏有丰富的铜。山间有条名叫灌水的溪流流出，向北流入禺水。灌水中有一种流赭，用它们涂在牛马身上，可以使这些牛马不生病。

英山

又西七十里，曰英山，其上多杻橿(niǔ jiāng)①，其阴多铁，其阳多赤金。禺水出焉，北流注于招水，其中多鲑(bàng)鱼，其状如鳖②，其音如羊。其阳多箭䉋(mèi)③，其兽多㸲牛、羬羊。有鸟焉，其状如鹑④，黄身而赤喙(huì)，其名曰肥遗，食之已疠(lì)⑤，可以杀虫。

[注释]

①杻：杻树，类似于棣树，能造弓。橿：橿树，木质坚硬，古人用来造车。②鳖：甲鱼，一种爬行动物，俗称团鱼。③箭䉋：竹子的一种。④鹑：鹌鹑，鸟名。体形似鸡，头小尾秃，羽毛赤褐色，杂有暗黄条纹。雄性好斗。肉、卵均可食，味美。⑤疠：因为感受时气导致的瘟疫。

[译文]

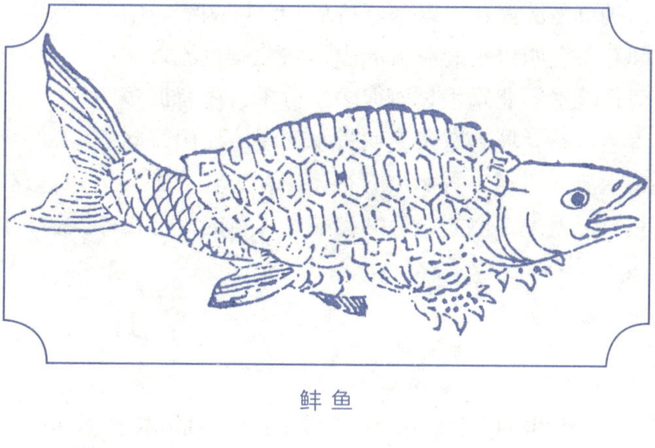

鲑鱼

由石脆山再往西七十里有座山，名叫英山，山顶上生长的树种主要是杻树和橿树，山的北坡蕴藏有丰富的铁，山的南坡蕴藏有丰富的赤金矿。山间有条名叫禺水的溪流流出，向北流入招水，禺水中生长有很多的鲑鱼，这种鱼的形状很像鳖，能发出像羊一样的叫声。山的南坡还生长有很多的箭竹和䉋竹，山上生活的野兽主要是㸲牛和羬羊。山上还有一种鸟，形状像鹑鸟，身体是黄色的，嘴是红色的，这种鸟名叫肥遗鸟，吃了这种鸟的肉可治好麻风病，还可以杀死肚里的寄生虫。

竹山

又西五十二里，曰竹山，其上多乔木，其阴多铁。有草焉，其名曰黄藋(guàn)，其状如樗(chū)①，其叶如麻②，白华而赤实，其状如赭(zhě)，浴之已疥(jiè)，又可以已胕(fú)。竹水出焉，北流注于渭，其阳多竹箭③，多苍玉④。丹水出焉，东南流注于洛水，其中多水玉，多人鱼⑤。有兽焉，其状如豚而白毛，大如笄⑥而黑端，名曰豪彘(zhì)⑦。

[注释]

①樗：臭椿树。②麻：麻类植物的总名，古代专指大麻。③竹箭：筱，细竹。④苍玉：杂有斑纹的深青色的玉石。⑤人鱼：鲵鱼，俗称娃娃鱼。⑥笄：古代盘头发或别住帽子用的簪子。⑦豪彘：豪猪，俗称箭猪。

人鱼

[译文]

由英山再往西五十二里有座山，名叫竹山，这座山上有很多高大笔直的乔木，山的北坡蕴藏有丰富的铁。坡上生长着一种草，名叫黄藋，形状像臭椿，叶似大麻的叶，开着白色的花，果实是红色的，带有一点赤褐色，用这种草来洗澡，可以医好疥疮和浮肿病症。山间有条名叫竹水的溪流流出，向北一直流入渭河，竹水的北岸生长着很多小竹子，还有很多青色玉石。坡上有条名叫丹水的溪流流出，向东南流入洛河，丹水中有很多水晶，还有很多人鱼。这座山上有一种野兽，形状像小猪，但毛是白色的，毛的尖端是黑色的，毛粗如发簪，这种野兽名叫豪猪。

浮山

又西百二十里，曰浮山，多盼木，枳叶而无伤①，木虫居之。有草焉，名曰薰草，麻叶而方茎，赤华而黑实，臭如蘼芜②，佩之可以已疠(lì)。

[注释]

①枳：枳树，即枸橘，又称臭橘，叶上有粗刺。伤：指针刺。②臭：气味。蘼

芜：又名蕲茝、薇芜、江蓠，一种香草，是芎的苗，香气似白芷。

[译文]

由竹山再往西一百二十里有座山，名叫浮山，这座山上生长的树种主要是盼树，盼树的叶形似枳树的叶，但没有刺，树干里寄生着很多小虫。山上有一种草，名叫薰草，叶形似大麻的叶，但草茎是四四方方的，开红色的花，结黑色的果，这种草还散发出一种香气，人如果将这种草佩在身上，则可以医治麻风病。

羭(yú)次山

又西七十里，曰羭次之山，漆水出焉，北流注于渭。其上多棫橿(yù jiāng)，其下多竹箭，其阴多赤铜，其阳多婴垣[①]之玉。有兽焉，其状如禺而长臂，善投，其名曰嚣(xiāo)[②]。有鸟焉，其状如枭，人面而一足，曰橐𩇯(tuó féi)，冬见夏蛰[③]，服之不畏雷。

[注释]

①婴垣：一种玉石，用于制作颈部装饰品。②嚣：一种野兽，类似猕猴，长相与人相似。③蛰：动物休眠，藏起来不食不动。

[译文]

由浮山再往西七十里有座山，名叫羭次山，山间有条名叫漆水的溪流，向北流入渭水。山上生长的树种主要是棫树和橿树，山坡下生长的树种主要是小竹。山的北坡蕴藏有丰富的赤铜矿，山的南坡有很多可制成颈饰的玉石。山上有一种野兽，身形像禺，但长着长长的手臂，擅长投掷，这种野兽名叫嚣。山上有一种鸟，形状似枭，脸似人面，脚只有一只，这种鸟名叫橐𩇯，它冬天出现，而夏天却蛰伏，人如果披了这种鸟的羽毛，就不会怕雷击了。

时山

又西百五十里，曰时山，无草木。逐水出焉，北流注于渭[①]，其中多水玉。

[注释]

①渭：渭水。

[译文]

由羭次山再往西一百五十里有座山，名叫时山，这座山上寸草不生。山间有条名叫逐水的溪流流出，向北流入渭河，逐水中有很多水晶。

南山

又西百七十里，曰南山，上多丹粟[①]。丹水出焉，北流注于渭。兽多猛豹[②]，鸟多尸鸠[③]。

猛豹

[注释]

①丹粟：像粟米一样的细粒的丹沙。②猛豹：传说中的一种野兽，似熊而小，毛浅而光泽，能食蛇食铜铁，产于蜀中。③尸鸠：布谷鸟。

[译文]

由时山再往西一百七十里有座山，名叫南山，这座山上有很多细丹沙。山间有条名叫丹水的溪流流出，向北流入渭河。这座山上生活的野兽主要是猛豹，鸟主要是布谷鸟。

大时山

又西百八十里，曰大时之山，上多榖柞[①]，下多杻橿，阴多银，阳多白玉。涔水出焉，北流注于渭。清水出焉，南流注于汉水。

[注释]

①柞：栎树的通称。木材可作建筑、薪炭、器具之用。

[译文]

由南山再往西一百八十里有座山，名叫大时山，这座山的山顶主要是榖树和柞树，山脚主要是杻树和橿树，山的北坡蕴藏有丰富的银矿，山的南坡蕴藏有丰富的白色玉石。山间有条名叫涔水的溪流流出，向北流入渭河。还有条名叫清水的溪流流出，向南流入汉水。

bō zhǒng

嶓冢山

又西三百二十里，曰嶓冢之山，汉水出焉，而东南流注于沔；嚣水出焉，北流注于汤水。其上多桃枝钩端[1]，兽多犀、兕、熊、羆（pí）[2]，鸟多白翰[3]、赤鷩（bì）。有草焉，其叶如蕙[4]，其本如桔梗[5]，黑华而不实，名曰蓇（gū）蓉，食之使人无子。

[注释]

①桃枝：指桃枝竹，一种赤皮竹，可以织席作杖。钩端：竹名。属桃枝竹之类。②羆：棕熊。③白翰：鸟名。即白雉，又叫白鹇，白色羽毛的野鸡，古时认为是瑞鸟。雄鸟的冠及下体纯蓝黑色，上体及两翼白色，故名。④蕙：蕙兰，兰花的一种，初夏开花，黄绿色，有香气。⑤桔梗：一种有祛痰与镇咳作用的中药材。

白翰

[译文]

由大时山再往西三百二十里有座山，名叫嶓冢山，汉水就是从这座山里流出，向东南流入沔水；嚣水也发源于这座山，向北流入汤水。山上生长的树种主要是桃枝竹和钩端竹，生活的野兽主要是犀、兕、熊、羆，生活的鸟主要是白雉和锦鸡。山上生长着一种形状像蕙草叶的草，其茎干的形状像桔梗，开着黑色的花，不结果实，这种草名叫蓇蓉，若吃了这种草，会使人丧失生育能力。

天帝山

又西三百五十里，曰天帝之山，上多棕枏；下多菅（jiān）[1]蕙。有兽焉，其状如狗，名曰谿边，席其皮者不蛊[2]。有鸟焉，其状如鹑，黑文而赤翁[3]，名曰栎（lì），食之已痔。有草焉，其状如葵，其臭如蘼芜，名曰杜衡[4]，可以走马，食之已瘿[5]。

[注释]

①菅：菅茅。②席：铺垫。蛊：传说将许多毒虫放在器皿里，使其互相吞食，最后剩下不死的毒虫叫作蛊，可用于毒害人，这里指蛊毒。③翁：鸟脖子上的羽毛。④杜衡：香草名。⑤瘿：颈瘤。多指甲状腺肿瘤。

[译文]

由嶓冢山再往西三百五十里有座山，名叫天帝山，山坡上生长的树种主要是棕树和楠树；山脚下主要生长着菅草和蕙草。山上生活着一种野兽，身形像狗，名叫谿边，如果将这种野兽的皮制成垫席铺在身下，则可以不染蛊毒。山上常有一种鸟出没，形状像鹑鸟，羽毛有黑色的花纹，颈项上的毛是红色的，这种鸟名叫栎，若吃了这种鸟的肉，则可以医好痔疮。山上有一种草，形状像山葵草，散发出一种像蘼芜草那样的香气，这种草名叫杜衡。用这种草制成饲料喂给马吃，可以使马健跑，人若吃了这种草，则可以医好颈瘤病。

谿边

皋涂山

西南三百八十里，曰皋(gāo)涂之山，蔷(sè)水出焉，西流注于诸资之水；涂水出焉，南流注于集获之水。其阳多丹粟，其阴多银、黄金，其上多桂木。有白石焉，其名曰礜(yù)①，可以毒鼠。有草焉，其状如藁茇(gǎo bá)②，其叶如葵而赤背，名曰无条，可以毒鼠。有兽焉，其状如鹿而白尾，马足人手而四角，名曰玃(jué)如。有鸟焉，其状如鸱(chī)而人足，名曰数斯，食之已瘿。

[注释]

①礜：礜石，一种毒砂。②藁茇：一种香草，即藁本，根茎可入药。

[译文]

数斯

由天帝山往西南三百八十里有座山，名叫皋涂山，蔷水就发源于皋涂山，流出山谷后便向西流入诸资水；涂水也发源于这座山，流出山谷后便向南流入集获水。这座山的南坡有很多细丹沙，山的北坡蕴藏有丰富的银和黄金，山上生长的主要树种是桂树。山上有一种白色的石头，名叫礜。这种石头，可以制成毒鼠的药。山上有一种草，形状像藁茇，叶子像葵草，但叶背是红色的，这种草名叫无条，可以将这种草制成药来毒死鼠。这座山上还有一种野兽，身形似鹿，但尾巴是白色的，有马一样的蹄和人一样的手，头上还长着四只角，这种野兽名叫玃如。山上还有一种鸟，形状似鸮鹰，但长着一双人的脚，这种鸟名叫数斯，人若吃了这种鸟的肉，则可以医治好颈瘤病。

黄山

又西百八十里，曰黄山，无草木，多竹箭。盼水出焉，西流注于赤水，其中多玉。有兽焉，其状如牛，而苍黑大目，其名曰𤛎(mǐn)。有鸟焉，其状如鸮，青羽赤喙(huì)①，人舌能言，名曰鹦䳇②。

[注释]

①喙：鸟兽的嘴。②鹦䳇：鹦鹉，又称作鹦哥。

[译文]

由皋涂山再往西一百八十里有座山，名叫黄山，这座山上不生草木，但有很多小竹。盼水发源于这座山，从山谷流出后便向西流入赤水，盼水中有很多玉石。山上有一种野兽，身形像牛，但全身都是黑色的，眼睛很大，它的名字叫𤛎。山上还有一种鸟，身形像猫头鹰，但羽毛是青色的，嘴是红色的，舌头像人的舌头，能说人话，这种鸟名叫鹦鹉。

翠山

又西二百里，曰翠山，其上多棕枏，其下多竹箭，其阳多黄玉，其阴多旄(máo)牛、麢麝(líng shè)①。其鸟多鸓(lěi)，其状如鹊②，赤黑而两首四足，可以御火。

[注释]

①旄牛：牦牛，产于我国西南地区。麢：同“羚”，即羚羊，四肢细长，蹄小而尖，善于奔跑，能耐干旱。麝：也叫香獐。②鹊：喜鹊。

[译文]

由黄山再往西二百里有座山，名叫翠山，这座山的上半部分主要生长的树

旄牛

种是棕树和楠树，下半部分生长着很多的小竹，山的南坡蕴藏着丰富的黄玉，山的北坡有很多牦牛、羚羊和香獐出没。这座山上生活的鸟主要是鸓鸟，这种鸟体形似喜鹊，但羽毛的颜色是红黑色的，长着两个头四只脚，可以用来防御火灾。

騩山

又西二百五十里，曰騩(guī)山，是錞(dūn)①于西海，无草木，多玉。淒(qī)水出焉，西流注于海，其中多采石、黄金，多丹粟。

凡《西经》之首，自钱来之山至于騩山，凡十九山，二千九百五十七里。华山，冢②也，其祠之礼：太牢③。羭(yú)山，神也，祠之用烛，斋百日以百牺，瘗(yì)用百瑜，汤其酒百樽，婴以百圭④百璧。其余十七山之属，皆毛牷(quán)⑤用一羊祠之，烛者，百草之未灰，白席采等纯之。

羭山神

[注释]

①錞：通“蹲”，蹲踞。这里指坐落、高踞。②冢：这里指山顶。③太牢：古代祭祀，牛、羊、豕三牲具备谓之太牢。④婴：古代指妇女的颈饰。这里是用玉器祭祀神的专称。圭：古玉器名。长条形，上端作三角形，下端正方形。中国古代贵族朝聘、祭祀、丧葬时以为礼器。依其大小，以别尊卑。⑤毛牷：指祀神时所用的毛物牲畜。牷，指纯色毛的祭牲。

[译文]

由翠山再往西二百五十里有座山，名叫騩山，这座山濒临西海，山上寸草不生，遍地都是玉石。淒水就发源于这座山，从山谷流出后，便向西流入大海，淒水中有很多彩色的石头和黄金，还有很多细丹沙。

西山第一列山系，从钱来山到騩山，共计十九座山，绵延二千九百五十七里。华山是众山的宗主，人们祭祀这尊山神时，用牛、羊、猪三种牲畜祭祀。羭山是有神威的，人们祭祀这羭山神时，用火烛将庙堂照得通亮，在斋戒一百天后，用一百头牲畜与一百块美玉一起埋葬，同时还要摆列一百杯烫热的酒，酒杯上要系一百块圭玉、一百块璧玉。其余十七座山祭祀的礼仪都是这样的：用一只纯色的羊祭祀山神；照明用的火烛，用的是未燃尽的百草灰；铺在地上的席子是白色的，并用各种颜色镶了边。

钤山

《西次二经》之首，曰钤（qián）山，其上多铜，其下多玉，其木多杻橿（jiāng）。

[译文]

《西次二经》记述的西山第二列山系最东头的一座山，名叫钤山，这座山上半部分蕴藏有丰富的铜，下半部分有很多的玉石，山上生长的树种主要是杻树和橿树。

泰冒山

西二百里，曰泰冒之山，其阳多金，其阴多铁。洛水出焉，东流注于河①，其中多藻玉②，多白蛇。

[注释]

①河：指黄河。

②藻玉：带有彩纹的玉石。

[译文]

由钤山再往西二百里有座山，名叫泰冒山，这座山的南坡蕴藏有丰富的金矿，山的北坡蕴藏有丰富的铁。洛水就发源于这座山，从山谷流出后，便向东流入黄河，洛水中有很多彩色的玉石，还有很多白蛇。

数历山

又西一百七十里，曰数历之山，其上多黄金，其下多银，其木多杻橿，其鸟多鹦䳇。楚水出焉，而南流注于渭，其中多白珠①。

[注释]

①白珠：白色的珍珠。

[译文]

由泰冒山再往西一百七十里有座山，名叫数历山，这座山的山顶蕴藏着丰富的黄金

鹦鹉

矿，山脚蕴藏有丰富的银。这座山上生长的树种主要是杻树和橿树，生活的鸟主要是鹦鹉。楚水就发源于这座山，从山谷流出后便向南流入渭水，楚水中有很多白色的珍珠。

高山

又西百五十里，曰高山，其上多银，其下多青碧、雄黄①，其木多棕，其草多竹。泾水②出焉，而东流注于渭，其中多磬石、青碧。

[注释]

①青碧：一种青绿色玉石。雄黄：又称鸡冠石，一种硫化物矿物，中医传统药材，有解毒、杀菌、杀虫等效用。②泾水：渭河的支流，也称泾河。

[译文]

由数历山再往西一百五十里有座山，名叫高山，这座山的山顶蕴藏有丰富的银矿，山脚有很多青绿色的美玉和可作药用的雄黄石，山上生长的树种主要是棕树，生长的草主要是竹。泾水就发源于这座山，流出山谷后便向东流入渭河，泾水中有很多磬石和青绿色的美玉。

女床山

西南三百里，曰女床之山，其阳多赤铜，其阴多石涅①，其兽多虎、豹、犀、兕（sì）。有鸟焉，其状如翟②而五采文，名曰鸾鸟③，见则天下安宁。

[注释]

①石涅：黑石脂的别名，即石墨，古代一种用以画眉和写字的青黑色颜料。②翟：一种长尾的野鸡，形体较野鸡稍大。③鸾鸟：传说中的神鸟、瑞鸟，类似于凤凰。

[译文]

由高山再往西南三百里有座山，名叫女床山，这座山的南坡蕴藏有丰富的赤铜矿，北坡蕴藏有丰富的石墨，山上的野兽主要有虎豹和凶猛的古犀牛以及兕。山上有一种鸟，其形状像长尾雉，羽毛五彩斑斓，这种鸟名叫鸾鸟，什么时候这种鸟出现，那天下就将太平了。

龙首山

又西二百里，曰龙首之山，其阳多黄金，其阴多铁。苕水出焉，东南流注于泾水，其中多美玉。

［译文］

由女床山再往西二百里有座山，名叫龙首山，这座山的南坡蕴藏有丰富的黄金，北坡蕴藏有丰富的铁矿。苕水就发源于这座山，从山谷流出后便向东南流入泾水，苕水中有很多上等的玉石。

鹿台山

又西二百里，曰鹿台①之山，其上多白玉，其下多银，其兽多㸲牛、羬羊、白豪②。有鸟焉，其状如雄鸡而人面，名曰凫徯(xī)，其鸣自叫也，见则有兵③。

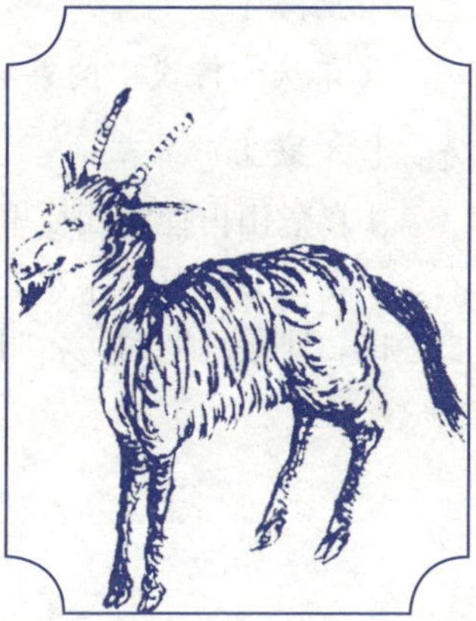
羬 羊

［注释］

①鹿台：传说中的山名。②白豪：白色的豪猪。③兵：军事，战争。

［译文］

由龙首山再往西二百里有座山，名叫鹿台山，这座山上有很多白色的玉石，山下蕴藏有丰富的银矿，山上生活的野兽主要是㸲牛、羬羊和白毛豪猪。这座山上有一种鸟，其形状像公鸡，但长着一副人的面孔，这种鸟名叫凫徯，它的叫声就像在叫自己的名字。什么时候这种鸟出现，天下就要发生战乱了。

鸟危山

西南二百里，曰鸟危之山，其阳多磬石，其阴多檀楮(chǔ)①，其中多女床②。鸟危之水出焉，西流注于赤水③，其中多丹粟。

［注释］

①檀：檀树，古书中称檀的木很多，常指豆科的黄檀、紫檀，榆科的青檀，可

用于制作家具。楮：楮树，叶似桑，皮可以造纸。②女床：指女肠草。③赤水：古代神话传说中的水名。

［译文］

由鹿台山再往西南二百里有座山，名叫鸟危山，这座山的南坡有很多可作乐器用的磬石，北坡生长有很多檀树和楮树，山上还有很多女床草。鸟危水就发源于这座山，从山谷流出后便向西流入赤水，鸟危水中有很多细丹沙。

小次山

又西四百里，曰小次之山，其上多白玉，其下多赤铜。有兽焉，其状如猿，而白首赤足，名曰朱厌①，见则大兵。

［注释］

①朱厌：传说中的兽名。

［译文］

由鸟危山再往西四百里有座山，名叫小次山，这座山的上半部分有很多白色的玉石，下半部分蕴藏有丰富的赤铜。这座山上生活有一种野兽，其身形像猿猴，脑袋是白色的，脚是红色的，名叫朱厌，这种野兽一出现，天下就要有大战乱了。

大次山

又西三百里，曰大次之山，其阳多垩(è)①，其阴多碧②，其兽多㸲牛、麢(líng)羊。

［注释］

①垩：白色土，可用来粉饰墙壁。②碧：青绿色的玉石。

［译文］

由小次山再往西三百里有座山，名叫大次山，山的南坡有很多白色土，北坡有很多青绿色的玉，山上的野兽主要是㸲牛和羚羊。

薰吴山

又西四百里，曰薰吴之山，无草木，多金玉。

［译文］

由大次山再往西四百里有座山，名叫薰吴山。山上不生长草木，但蕴藏有很多的金矿和玉石。

底阳山

又西四百里，曰底阳之山，其木多稷（jì）、枏、豫章①，其兽多犀、兕（sì）、虎、犳、㸲牛。

虎

[注释]

①稷：水松，落叶乔木，有刺。豫章：亦作豫樟，即樟木。

[译文]

由薰吴山再往西四百里有座山，名叫底阳山，这座山上生长的树种主要是水松、楠树、樟树，山上生活的野兽主要是犀、兕、虎、犳、㸲牛。

众兽山

又西二百五十里，曰众兽之山，其上多㻬（fú）琈之玉，其下多檀楮（chǔ），多黄金，其兽多犀兕（sì）。

[译文]

由底阳山再往西二百五十里有座山，名叫众兽山，这座山的山顶有很多㻬琈玉，下半部分生长有很多檀树和楮树，并且还蕴藏有丰富的黄金，这座山上生长的野兽主要是凶猛的犀兕。

皇人山

又西五百里，曰皇人之山，其上多金玉，其下多青、雄黄①。皇水②出焉，西流注于赤水，其中多丹粟。

[注释]

①青：青臒，一种可以做青色染料的矿物。②皇水：传说中的水名。

[译文]

由众兽山再往西五百里有座山，名叫皇人山，这座山的山顶蕴藏有丰富的金矿和玉石，山脚有很多青雘和雄黄石。皇水发源于这座山，从山谷流出后便向西流入赤水，皇水中有很多细丹沙。

中皇山

又西三百里，曰中皇[①]之山，其上多黄金，其下多蕙棠[②]。

[注释]

①中皇：传说中的山名。②棠：指棠梨树，俗称野梨。

[译文]

由皇人山再往西三百里有座山，名叫中皇山，这座山的山顶蕴藏有丰富的黄金，山脚生长有很多蕙草和棠梨树。

西皇山

又西三百五十里，曰西皇之山，其阳多金，其阴多铁，其兽多麋[①]、鹿、㸲牛。

[注释]

①麋：麋鹿，又称为四不像。

[译文]

由中皇山再往西三百五十里有座山，名叫西皇山。这座山的南坡蕴藏有丰富的金矿，北坡蕴藏有丰富的铁矿，山上生活的野兽主要有麋鹿、鹿和㸲牛。

麋

莱山

又西三百五十里，曰莱山，其木多檀楮，其鸟多罗罗，是食人。

凡《西次二经》之首，自钤山至于莱山，凡十七山，四千一百四十里。其十神者，皆人面而马身。其七神皆人面牛身，四足而一臂，操杖以行，是为飞兽之神。其祠之，毛用少牢①，白菅为席。其十辈神者，其祠之毛一雄鸡，钤(qián)②而不糈(xǔ)。

[注释]

①毛：毛物，指长有细毛的兽类，这里指祭神所用的牲畜和家禽。少牢：旧时祭礼的牺牲，牛、羊、豕俱用叫太牢，只用羊、豕二牲叫少牢。②钤：一种祭祀用具，或指祈祷义。

[译文]

由西皇山再往西三百五十里有座山，名叫莱山，这座山上生长的树种主要是檀树和楮树。山上还有很多罗罗鸟，这种鸟会吃人。

综观《西次二经》记述的西山第二列山系，从钤山到莱山，共计十七座山，蜿蜒四千一百四十里。其中有十座山的山神都长着人的面孔和马的身形。另外七座山的山神都长着人的面孔和牛的身形，这七个山神都长着四只腿，但只有一只臂膀，行走时拄着拐杖。这七个山神是“飞兽之神”，祭祀他们时，供品用猪和羊，摆设供品用的垫席为白茅草制成。祭祀那十座山神时，用的祭品是一只公鸡，只祈祷而不用精米。

崇吾山

《西次三经》之首，曰崇吾之山，在河之南，北望冢遂①，南望䍃之泽，西望帝之搏兽之山，东望蟜渊。有木焉，员叶而白柎(fū)②，赤华而黑理，其实如枳，食之宜子孙。有兽焉，其状如禺而文臂，豹尾而善投，名曰举父。有鸟焉，其状如凫③，而一翼一目，相得乃飞，名曰蛮蛮④，见则天下大水。

[注释]

①冢遂：传说中的山名。②员：通“圆”，圆形。柎：指花萼。③凫：俗称野鸭。④蛮蛮：比翼鸟。

[译文]

《西次三经》记述的西山第三列山系最东头的山，名叫崇吾山，这座山位于黄河的南岸，向北可以

蛮蛮鸟

远眺冢遂山，朝南可以远眺䍃泽，朝西可远眺黄帝的搏兽山，朝东可以远眺蠕渊。这座山上生长一种树木，叶子是圆的，花萼是白色的，花朵是红色的，花朵上有黑色的纹路，结的果实就像枳，人吃了这种果实，有利于繁衍子孙。这座山上有一种野兽，其身形似猴，但臂膀上有花纹，尾巴似豹尾，擅长投掷，名叫举父。这座山上有一种鸟，形状似野鸭子，但只长有一只翅膀和一只眼睛，这种鸟因只有一只翅膀而无法独自飞翔，必定结对比翼齐飞，这种鸟名叫比翼鸟，一旦这种鸟出现，天下便要遭受严重的水灾。

长沙山

西北三百里，曰长沙之山。泚(cǐ)水出焉，北流注于泑(yǒu)水，无草木，多青、雄黄。

［译文］

由崇吾山往西北三百里有座山，名叫长沙山，泚水就发源于这座山，流出山谷后便向北流入泑水，这座山上寸草不生，地下蕴藏有丰富的石青和雄黄石。

不周山

又西北三百七十里，曰不周之山①。北望诸毗之山，临彼崇岳之山，东望泑泽，河水所潜也，其源浑浑泡泡②。爰有嘉果③，其实如桃，其叶如枣，黄华而赤柎，食之不劳。

［注释］

①不周之山：不周山。古代传说中的山名，传说共工与颛顼在此争帝位，怒触不周山。②源：指水源、源头。浑浑泡泡：大水涌流之貌，或者指水喷涌之声。③嘉果：美味的果实。

［译文］

由长沙山往西北三百七十里有座山，名叫不周山。在这座山上，可向北远眺诸毗山，雄踞于崇岳山之上，向东可远眺泑泽，泑泽是黄河的源头，那从地下流出的水如喷泉涌出一样。这座山上还有一种很好吃的果子，其果实似桃，叶子似枣树叶，花朵是黄色的，花萼是红色的，人吃了这种果子可除去烦恼。

峚（mì）山

又西北四百二十里，曰峚山，其上多丹木，员叶而赤茎，黄华而赤实，其味如饴，食之不饥。丹水出焉，西流注于稷泽[①]，其中多白玉。是有玉膏，其原沸沸汤汤[②]，黄帝是食是飨（xiǎng）[③]。是生玄玉[④]。玉膏所出，以灌丹木，丹木五岁，五色乃清，五味乃馨[⑤]。黄帝乃取峚山之玉荣[⑥]，而投之钟山之阳。瑾[⑦]瑜之玉为良，坚栗精密，浊泽而有光。五色发作，以和柔刚。天地鬼神，是食是飨；君子服之，以御不祥。自峚山至于钟山，四百六十里，其间尽泽也。是多奇鸟、怪兽、奇鱼，皆异物焉。

［注释］

①稷泽：河泽名。传说古代后稷曾用此水使民耕种，故称。②沸沸汤汤：水流喷涌的样子。③飨：通“享”，享用。④玄玉：黑色的玉。⑤馨：芬芳，芳香。⑥玉荣：玉的精华。⑦瑾：美玉。

［译文］

由不周山再往西北四百二十里有座山，名叫峚山，这座山上生长的树种主要是丹木，丹木叶子是圆的，茎是红色的，开出的花朵是黄色的，结的果实是红色的，果实的味道像糖一样甜，吃了这种果子可以充饥。丹水就发源于这座山，从山谷流出后便向西流入稷泽，丹水中有很多白色的玉石。这里有玉膏，它的源头处是喷涌而出的，蒸气腾腾，黄帝就爱吃这里的玉膏。这里的玉膏还会生成黑色的玉石。玉膏流出后，便流灌丹木，这种丹木生长五年，便能开出五色俱全的花朵，气味芳香。黄帝还取这座山上的玉的精华，种在钟山的南坡。于是生成瑾和瑜这两种上等美玉，这两种美玉坚硬而纹理细致，润厚而富有光泽，五彩辉映，刚柔相济。天地鬼神都用这种东西补给精华，君子服用它可以防御妖邪之气。从峚山到钟山，相距四百六十里，两山之间都是水泽。这里生活有很多奇异的鸟、怪异的兽，还有奇异的鱼，都是世间少有的动物。

钟山

又西北四百二十里，曰钟山。其子曰鼓，其状如人面而龙身，是与钦䲹（pí）杀葆（bǎo）江于昆仑之阳，帝[①]乃戮之钟山之东曰䍃崖。钦䲹化为大鹗[②]，其状如雕而黑文白首，赤喙（huì）而虎爪，其音如晨鹄[③]，见则有大兵；鼓亦化为鵕(jùn)鸟，其状如鸱，赤足而直喙，黄文而白首，其音如鹄④，见则其邑⑤大旱。

[注释]

①帝：天帝。②鹗：一种鸟。俗称鱼鹰，驯养后可用来捕鱼。③晨鹄：鸟名。属于鹗鹰之类。④鹄：指鸿鹄，又名黄鹄，俗称天鹅，羽毛纯白色，颈极长。⑤邑：古代称侯国为邑。

[译文]

由峚山再往西北四百二十里有座山，名叫钟山。钟山山神有个儿子名叫鼓，鼓的身形似龙，只有脸是人的面孔，就是这个鼓，与一个叫钦䲹的神，合谋协力将葆江杀死在昆仑山的南坡，天帝知道此事后，便将鼓和钦䲹杀死在钟山东边的𪩘崖。钦䲹死后化为一只大鹗鸟，这种鸟身形似雕，但全身有黑色的花纹，头是白色的，嘴是红色的，脚上还长着一对虎爪，鸣叫声像晨鹄叫，这种鸟一旦出现，则天下必将出现战争。鼓死后也化为鵕鸟，这种鸟身形似鹞鹰，但爪子是红色的，嘴是直长的，全身是黄色的，脑袋是白色的，鸣叫声像天鹅，这种鸟一旦出现，则预示当地将遭受严重旱灾。

泰器山

又西百八十里，曰泰器之山。观水出焉，西流注于流沙。是多文鳐(yáo)①鱼，状如鲤鱼，鱼身而鸟翼，苍文而白首赤喙，常行西海②，游于东海，以夜飞。其音如鸾鸡③，其味酸甘，食之已狂④，见则天下大穰(ráng)⑤。

文鳐鱼

[注释]

①文鳐：传说中的鱼名。②西海：传说中西方的神海。③鸾鸡：鸾鸟，传说中的神鸟、瑞鸟。④狂：癫狂，指疯病。⑤穰：丰收。

[译文]

由钟山再往西一百八十里有座山，名叫泰器山。观水就发源于这座山，流出山谷后便向西流入流沙。观水中有很多文鳐鱼，这种鱼形似鲤鱼，身形是鱼，但长着一对鸟翅，身上有黑色的花纹，头是白色的，嘴是红色的，常常从西海游向东海，夜里常跃出水面在空中滑翔。这种鱼还不时发出如鸾鸡一样的鸣叫声，它的肉酸中带甜，吃了可以医治疯病，如果这种鱼出现在人的面前，那就预示着天下将要丰收。

槐江山

又西三百二十里，曰槐江之山。丘时之水出焉，而北流注于泑（yōu）水。其中多蠃（luó）①母。其上多青、雄黄，多藏琅玕（lánggān）②、黄金、玉。其阳多丹粟，其阴多采黄金银。实惟帝之平圃③，神英招司之，其状马身而人面，虎文而鸟翼，徇于四海，其音如榴。南望昆仑④，其光熊熊⑤，其气魂魂。西望大泽⑥，后稷⑦所潜也。其中多玉，其阴多榣木之有若⑧。北望诸毗，槐鬼离仑居之，鹰鹯之所宅也。东望恒山四成，有穷鬼居之，各在一抟。爰有淫水⑨，其清洛洛⑩。有天神焉，其状如牛，而八足二首马尾，其音如勃皇，见则其邑有兵。

［注释］

①蠃：通“螺”，即螺蛳一类。②琅玕：像珠玉的美石。③平圃：玄圃，传说为天神所居之处。④昆仑：昆仑山，古代神话传说中昆仑山上有瑶池、阆苑、增城、县圃等仙境。⑤熊熊：形容火光强烈或火势旺盛。⑥大泽：大湖沼、大薮泽。指后稷潜藏之处。⑦后稷：周代先祖。传说后稷出生以后能够先知，因善于稼穑而在虞舜时任农官。死后遁于大泽之中为神。⑧若：若木，古代神话中的树名，一说即扶桑。⑨淫水：泛滥溢流的大水。淫，“瑶”的假借字。⑩洛洛：水或其他液体流下之貌。

天神

［译文］

由泰器山再往西三百二十里有座山，名叫槐江山。丘时水就发源于这座山，流出山谷便向北流入泑水。丘时水中有很多螺蛳。槐江山上有很多石青和雄黄石，还有很多质地上等的琅玕石和黄金、玉石。这座山的南坡有很多细丹沙，山的北坡有很多光泽纯正的黄金和银。这里是天帝的玄圃，由一位名叫英招的神看管，英招神身形像马，脸是人的面孔，周身都是虎斑，还长着一对鸟的翅膀。英招神经常巡行四海，他的鸣叫声像榴一样。站在槐江山巅，往南可远眺昆仑山，那里云蒸霞蔚，仙气缭绕；往西可远眺大泽，那里有后稷潜藏的地方。大泽中有很多玉石，大泽的南边有很多榣木，在榣木上又生长出奇异而灵验的若木；往北可以眺望诸毗山，槐鬼离仑就住在这座山上，鹰和鹯的老巢也在这座山上；往东可远眺恒山，可明显看见恒山有四重，有穷鬼就住在这座山上，他们分别住在山的侧面。槐江山上还有一个湖，名叫瑶水，湖水清澈荡漾。有天神在这里守护，他的身形似牛，但长着八条腿、两个脑袋和一条马尾巴，天神的吼叫声像勃皇，天神出现在哪个国家，哪个国家就将有战争发生。

昆仑丘

西南四百里，曰昆仑之丘，实惟帝之下都，神陆吾①司之。其神状虎身而九尾，人面而虎爪，是神也，司天之九部及帝之囿②时。有兽焉，其状如羊而四角，名曰土蝼(lóu)，是食人。有鸟焉，其状如蜂，大如鸳鸯，名曰钦原，蠚(hē)鸟兽则死，蠚木则枯。有鸟焉，其名曰鹑(chún)鸟③，是司帝之百服。有木焉，其状如棠，黄华赤实，其味如李而无核，名曰沙棠，可以御水，食之使人不溺。有草焉，名曰蓍草，其状如葵，其味如葱，食之已劳。河水出焉，而南流东注于无达。赤水出焉，而东南流注于氾天之水。洋水出焉，而西南流注于丑涂之水。黑水出焉，而西流注于大杅(yú)。是多怪鸟兽。

[注释]

①陆吾：传说中的昆仑山神名，即肩吾，人面虎身虎爪而九尾。②九部：天界九域，即九州。囿：园囿，古代帝王畜养禽兽的园林。③鹑鸟：传说中的赤凤。

[译文]

由槐江山再往西南四百里有座山，名叫昆仑山，这里是天帝在下界的都邑，由陆吾神管理。陆吾神身形像虎，但长着九条尾巴，面孔似人，但脚似虎爪。陆吾神主管天界九域以及天帝苑圃的时节。昆仑山上有种兽，其身形似羊但长有四

陆吾神

只角，名叫土蝼，是吃人兽。昆仑山上有种鸟，其形似蜂，如鸳鸯大小，这种鸟名叫钦原，它如螫一下鸟兽，鸟兽便会死去；螫一下树木，树木便会干枯。还有一种鸟，名叫鹑鸟，它主管天帝的服饰。昆仑山上还有一种树木，其形状似棠树，开着黄色的花，结着红色的果实，果实的味道甜似李子，但没有果核，这种树木名叫沙棠，可用它来防御洪水，人吃了它的果实可以不溺水。昆仑山上长有一种草，名叫蓍草，形似山葵，味如山葱，吃了可以消除烦恼。黄河就发源于昆仑山，流出昆仑山后便向南流，继而向东注入无达水。赤水也发源于昆仑山，从昆仑山流出后便向东南流入氾天水。洋河也发源于昆仑山，从昆仑山流出后便向西南流入丑涂水。黑水也发源于这座山，从山谷流出后便向西流入大杅。昆仑山上有很多奇鸟和怪兽。

乐游山

又西三百七十里，曰乐游之山。桃水出焉，西流注于稷泽，是多白玉。其中多鳛(huá)鱼，其状如蛇而四足，是食鱼。

[译文]

由昆仑丘再往西三百七十里有座山，名叫乐游山，桃水就发源于这座山，流出山谷后便向西流入稷泽，桃水中有很多白色的玉石，还有很多鳛鱼，这种鱼形似蛇，但长有四只脚，以鱼类为食。

蠃(luó)母山

西水行四百里，曰流沙，二百里至于蠃母之山，神长乘司之，是天之九德①也。其神状如人而犳(zhuó)②尾。其上多玉，其下多青石而无水。

[注释]

①九德：古谓贤人所具备的九种优良品格。②犳：古书上说的一种兽，像豹，没有花纹。

[译文]

由乐游山再往西走四百里水路和二百里流沙，就到了蠃母山，这座山是由长乘神管理的地方，长乘神是天的九德之气生成的。他形似人，但长着一条犳尾。蠃母山山顶有很多玉石，山脚有很多青色的石头，山下没有水。

玉山

又西三百五十里，曰玉山①，是西王母②所居也。西王母其状如人，豹尾虎齿而善啸③，蓬发戴胜④，是司天之厉及五残⑤。有兽焉，其状如犬而豹文，其角如牛，其名曰狡，其音如吠犬，见则其国大穰(ráng)。有鸟焉，其状如翟(dí)而赤，名曰胜遇，是食鱼，其音如录，见则其国大水。

［注释］

①玉山：传说为西王母所居处，相传这座山玉石遍布，因而得名。②西王母：中国神话中的女神，俗称“王母娘娘”。③啸：鸟兽长声鸣叫。④胜：指玉胜，古时用玉制成的一种发饰。⑤厉：灾祸，瘟疫。五残：星名，古代以为是凶星，这里指五刑残杀。

［译文］

由嬴母山再往西三百五十里有座山，名叫玉山，玉山是西王母的住处。西王母身形是人，但长着豹尾、虎齿，不时发出长啸，披散着头发，佩戴着玉胜，她主管天界的灾祸、五刑残杀等事。玉山上有一种野兽，其身形似犬，但周身都是豹皮花斑，头上长着一对牛角，它的名字叫狡，它的吼叫声似犬吠，这种兽出现在哪里，就预示着哪个国家将丰收。玉山上有一种鸟，其形状似长尾雉，但周身鸟毛是红色的，这种鸟名叫胜遇，胜遇以鱼为食，它的鸣叫声像鹿鸣，它一旦出现在哪里，就预示哪个国家将有严重的洪水出现。

轩辕丘

又西四百八十里，曰轩辕之丘①，无草木。洵水出焉，南流注于黑水，其中多丹粟，多青、雄黄。

［注释］

①轩辕之丘：轩辕丘，古代传说中的土山名。相传黄帝居住于此，因此黄帝也称轩辕氏。

［译文］

由玉山再往西四百八十里有座山，名叫轩辕丘，这座山丘寸草不生。洵水就发源于这座山，流出山谷便向南流入黑水，洵水中有很多细丹沙和石青以及雄黄石。

积石山

又西三百里，曰积石之山，其下有石门，河水冒以西南流，是山也，万物无不有焉。

［译文］

由轩辕丘再往西三百里有座山，名叫积石山，山下有个石门，黄河水漫过这道石门向西南边流去，山上多珍贵野生动物和矿藏，天下万物无所不有。

长留山

又西二百里，曰长留之山，其神白帝少昊(hào)[1]居之。其兽皆文尾，其鸟皆文首。是多文玉石。实惟员神磈(wěi)氏[2]之宫。是神也，主司反景[3]。

［注释］

①白帝少昊：传说中古代东夷集团首领，名挚，号金天氏。东夷集团曾以鸟为图腾，少昊曾以鸟名为官名。传说少昊死后为西方之神。②磈氏：古代神话中的山神名。③反景："景"通"影"，反景就是把中午之前指向西方的影子反拨向东方。

神磈氏

［译文］

由积石山再往西二百里有座山，名叫长留山，西方之神白帝少昊就住在这座山上。这座山上生活的野兽都长有五光十色的尾巴，鸟类都有五颜六色的脑袋。这座山上有很多带有花纹的玉石。这座山实际上就是员神磈氏的宫殿。这个员神掌管日落时把影子折向东方。

章莪山

又西二百八十里，曰章莪(é)之山，无草木，多瑶碧[1]。所为甚怪。有兽焉，其状如赤豹[2]，五尾一角，其音如击石，其名如狰。有鸟焉，其状如鹤，一足，赤文青质而白喙(huì)，名曰毕方[3]，其鸣自叫也，见则其邑有讹(é)火[4]。

[注释]

①瑶：似玉的美石，亦泛指美玉。碧：青绿色的玉石。②赤豹：毛赤而有黑色斑纹的豹。③毕方：传说中的怪鸟。青色羽毛，只有一只脚，不吃五谷，出现则常有火灾。④讹火：莫名其妙烧起来的怪火。

[译文]

由长留山再往西二百八十里有座山，名叫章莪山，山上没有草木生长，有很多瑶玉、碧玉。山上有很多奇怪的动物，有一种野兽，其身形像红色的豹，却长着五只尾巴和一只角，不时发出如敲击石头的叫声，它的名字叫狰。山上还有一种鸟，其形状似鹤，却只有一只脚，全身是青色的羽毛，嵌有红色的花纹，嘴是白色的，它名叫毕方，它的叫声像是在叫喊自己的名字，这种鸟在哪里出现，哪里就将发生来源不明的火灾。

阴山

又西三百里，曰阴山。浊浴之水出焉，而南流注于蕃泽，其中多文贝[1]。有兽焉，其状如狸而白首，名曰天狗，其音如猫猫[2]，可以御凶。

[注释]

①文贝：有花纹的贝壳。②猫猫：象声词。

[译文]

由章莪山再往西三百里有座山，名叫阴山。浊浴水就是发源于这座山，流出山谷后便向南流入蕃泽，浊浴水中有许多颜色十分艳丽的贝类。山上有种野兽，其身形似野猫，但脑袋是白色的，名叫天狗，发出“猫猫”的叫声，这种野兽可蓄养用来抵御凶邪之气。

符惕山

又西二百里，曰符惕之山，其上多棕枏(nán)，下多金玉。神江疑[1]居之。是山也，多怪雨，风云之所出也。

江 疑

［注释］

①江疑：传说中的天神，专司风雨调度，脾气暴躁。

［译文］

由阴山再往西二百里有座山，名叫符惕山，这座山的上半部分生长有很多的棕树和楠树，下半部分蕴藏有丰富的金矿和玉石。江疑神就住在这座山上。山中常年下怪雨，是风云兴起的地方。

三危山

又西二百二十里，曰三危之山，三青鸟①居之。是山也，广员百里。其上有兽焉，其状如牛，白身四角，其豪如披蓑②，其名曰獓㹳(ào yē)，是食人。有鸟焉，一首而三身，其状如䳋(luò)③，其名曰鸱。

［注释］

①三青鸟：传说中的仙鸟名，为西王母的使者，为其取送食物。②豪：豪猪身上的毛刺，指硬毛。蓑：蓑衣。③䳋：鸟名，与雕鹰相似，脖颈为红色，有黑色斑纹。

［译文］

由符惕山再往西二百二十里有座山，名叫三危山，三青鸟就住在这座山上。这座山方圆有百里左右。三危山上生活有一种野兽，其身形似牛，周身白色，头上长有四只角，身上的毛又长又密，有点像披着蓑衣，它的名字叫獓㹳，是一种食人的野兽。三危山上有一种鸟，长着一个脑袋和三个身子，身形似䳋，它的名字叫鸱。

騩(guī)山

又西一百九十里，曰騩山，其上多玉而无石。神耆(qí)童①居之，其音常如钟磬②。其下多积蛇。

［注释］

①耆童：老童。古代神话中的神名，传说是为上古帝王颛顼的儿子。②钟磬：钟和磬，古代礼乐器。

［译文］

由三危山再往西一百九十里有座山，名叫騩山，这座山的山顶上没有普通的石头，但有很多玉石。老童神就住在这里，他的声音像钟磬之声。这座山的山坡下有成堆成堆的蛇。

天山

又西三百五十里，曰天山，多金玉，有青、雄黄。英水出焉，而西南流注于汤谷①。有神焉，其状如黄囊②，赤如丹火，六足四翼，浑敦③无面目，是识歌舞，实惟帝江④也。

帝江

[注释]

①汤谷：旸谷。古代传说日出之处。②囊：口袋，袋子。③浑敦：即“浑沌”，古人想象中天地未开辟以前宇宙凝成一团的状态，形容隐约的样子。④帝江：帝鸿氏，传说中识歌舞的神鸟。

[译文]

由騩山再往西三百五十里有座山，名叫天山，天山上有很多金矿和玉石，还有很多石青和雄黄石。英水就发源于这座山，出山后便向西南流入旸谷。天山上有一位神，远看其身形似黄色的皮囊，近看皮肤红如火，长有六只脚和四只翅膀，面目模糊不清，他精通歌舞音乐，实际上他就是帝江。

泑(yǒu)山

又西二百九十里，曰泑山，神蓐(rù)收①居之。其上多婴脰(dòu)之玉②，其阳多瑾(jǐn)瑜之玉，其阴多青、雄黄。是山也，西望日之所入，其气员，神红光③之所司也。

[注释]

①蓐收：古代传说中的西方神名，即金神，人面、虎爪、白皮，手持钺，管理太阳的降落，司秋。②婴脰之玉：可制作颈饰的玉石。③红光：指蓐收。

[译文]

由天山再往西二百九十里有座山，名叫泑山，蓐收神就住在这座山上。山上有很多可作颈饰的玉石，山的南坡有很多瑾瑜一类的美玉，山的北坡有很多石青和雄黄石。站在泑山上，向西可以看到夕阳西下的场景，每当日落时，这座山便云彩飞扬，气象万千，红光神就主管日落这件事。

翼望山

西水行百里，至于翼望之山，无草木，多金玉。有兽焉，其状如狸，一目而三尾，名曰讙(huān)，其音如夺百声，是可以御凶，服之已瘅(dàn)①。有鸟焉，其状如乌②，三首六尾而善笑，名曰鵸鵌(qí tú)，服之使人不厌③，又可以御凶。

凡《西次三经》之首，自崇吾之山至于翼望之山，凡二十三山，六千七百四十四里。其神状皆羊身人面。其祠之礼：用一吉玉④瘗(yì)，糈(xǔ)用稷⑤米。

讙

[注释]

①瘅：通“疸”，即黄疸病。②乌：乌名，乌鸦。③厌：通“魇”，梦中遇可怕的事而发出的惊叫或呻吟。④吉玉：彩色的玉。⑤稷：稷谷，古代的农作物。

[译文]

由泑山向西经一百里水路，就到了翼望山，这座山很荒凉，寸草不生，倒是蕴藏有丰富的金矿和玉石。翼望山上有一种野兽，其身形似野猫，但长有一只眼睛和三条尾巴，这种野兽名叫讙，它能模仿百物的叫声，这种野兽可用来抵御凶灾，吃了它的肉还可以医好黄疸病。翼望山上还有一种鸟，其形状似乌鸦，但长有三只脑袋和六条尾巴，常常发出笑声，这种鸟名叫鵸鵌，吃了它的肉可以医治好梦魇症，使人能睡上安稳觉，这种鸟也可用来抵御凶灾。

综观《西次三经》西山第三列山系，从崇吾山至翼望山，共计二十三座山，绵延六千七百四十四里。这些山的山神身形都似羊，但都长着人的面孔，祭祀这些山神时，将一块吉玉埋在地下，用粟米作为精米。

阴山

《西次四经》之首，曰阴山，上多榖，无石，其草多茆(mǎo)①蕃②。阴水出焉，西流注于洛。

[注释]

①茆：凫葵。生于水中，嫩叶可食，又名莼菜。②蕃：青蕃草，形似莎草而稍大，生于水边。

[译文]

《西次四经》西山记述的第四列山系的第一座山名叫阴山，阴山的山坡上有很多构树，但没有石头，阴山上生长的主要是凫葵草和青蕃草。阴水就发源于这座山，流出山谷后便向西流入洛河。

劳山

北五十里，曰劳山，多茈(zǐ)草①。弱水出焉，而西流注于洛。

[注释]

①茈草：紫草。多年生草本植物，暗紫色，含紫草素，可作染料，也可药用。

[译文]

由阴山再往北五十里有座山，名叫劳山，劳山上生长着很多紫色的草。弱水就发源于劳山，流出山谷后便向西流入洛河。

罢父山

西五十里，曰罢父之山，洱水①出焉，而西流注于洛，其中多茈碧。

[注释]

①洱水：古水名。

[译文]

由劳山再往西五十里有座山，名叫罢父山，洱水就发源于这座山，流出山谷后转向西汇入洛河，洱水中有很多紫石和碧玉。

申山

北七十里，曰申山，其上多穀柞，其下多杻橿，其阳多金玉。区水出焉，而东流注于河。

[译文]

由罢父山再往北七十里有座山，名叫申山，申山的山顶生长着构树和柞树，山脚生长的树种主要是杻树和橿树，申山的南坡蕴藏有丰富的金矿和玉石。区水就源于这座山，流出山谷后便往东流入黄河。

鸟山

北二百里，曰鸟山，其上多桑[1]，其下多楮(chǔ)，其阴多铁，其阳多玉。辱水出焉，而东流注于河。

[注释]

①桑：桑树。

[译文]

由申山再往北二百里有座山，名叫鸟山，这座山的山顶生长的树种主要是桑树，山脚生长的树种主要是楮树，这座山的北坡蕴藏有丰富的铁矿，南坡有很多的玉石。辱水就发源于这座山，从山谷流出后便向东流入黄河。

上申山

又北百二十里，曰上申之山，上无草木，而多硌(luò)石[1]，下多榛楛(hù)[2]，兽多白鹿[3]。其鸟多当扈[4]，其状如雉(zhì)[5]，以其髯[6]飞，食之不眴(shùn)目[7]。汤水出焉，东流注于河。

[注释]

①硌石：大石头。②榛楛：泛指丛生的杂木。③白鹿：白色的鹿，古时以为祥瑞。④当扈：传说中的鸟名。⑤雉：野鸡。雄鸟尾长，羽毛鲜艳美丽。雌鸟尾短，羽毛黄褐色，体较小。善走而

白鹿

不能久飞。肉可吃，羽毛可做装饰品。⑥髯：两颊上的长须。⑦眴目：眨眼。

[译文]

由鸟山再往北一百二十里有座山，名叫上申山，这座山寸草不生，遍地都是大石头，山坡下生长有很多榛树和楛树，在山坡下出没的野兽主要是白鹿。山上生活的鸟类主要是当扈鸟，当扈鸟的形状像野鸡，它能靠须髯飞翔，人吃了它的肉就不会得眨眼睛的病。汤水就发源于上申山，流出山谷后便向东流入黄河。

诸次山

又北百八十里，曰诸次之山，诸次之水出焉，而东流注于河。是山也，多木无草，鸟兽莫居，是多众蛇。

[译文]

由上申山再往北一百八十里有座山，名叫诸次山，诸次水就是发源于这座山，流出山谷后便向东流入黄河。这座山上有很多树木，但没有草，也没有鸟兽出没，但山上有很多蛇。

号山

又北百八十里，曰号山，其木多漆①棕，其草多药②、虈(xiāo)、芎䓖(xiōngqióng)③。多汵(jīn)石。端水出焉，而东流注于河。

[注释]

①漆：漆树，落叶乔木。树皮常裂开，里面乳白色的液体即生漆，木材致密，是建筑和家具用材。②药：白芷一类的香草。③芎䓖：香草名。

[译文]

由诸次山再往北一百八十里有座山，名叫号山，号山上生长的树种主要有漆树、棕树，生长的草主要有白芷、虈草、芎䓖。山上有很多汵石。端水就发源于这座山，流出山谷后便向东汇入黄河。

盂山

又北二百二十里，曰盂山，其阴多铁，其阳多铜，其兽多白狼、白虎，其鸟多白雉(zhì)、白翟(dí)[1]。生水出焉，而东流注于河。

白狼

[注释]

①白雉：白色羽毛的野鸡，古时以为瑞鸟。白翟：鸟名，白雉类。

[译文]

由号山再往北二百二十里有座山，名叫盂山，盂山的北坡蕴藏有丰富的铁，南坡蕴藏有丰富的铜矿，这座山上经常出没白狼和白虎，生活的鸟类主要是白雉和白翟。生水就发源于这座山，流出山谷后便向东流入黄河。

白於山

西二百五十里，曰白於之山，上多松柏，下多栎檀，其兽多牪牛、羬(xián)羊，其鸟多鸮(xiāo)。洛水出于其阳，而东流注于渭；夹水出于其阴，东流注于生水。

[译文]

由盂山再往西二百五十里有座山，名叫白於山，这座山的山顶生长的树种主要是松柏，山脚生长的树种主要是栎树和檀树，这座山上生活的动物主要是牪牛、羬羊，生活的鸟类主要是鸮鸟。洛水就发源于这座山的南坡，流出山谷后便向东流入渭河；夹水发源于这座山的北坡，流出山谷后便向东流入生水。

申首山

西北三百里，曰申首之山，无草木，冬夏有雪。申水出于其上，潜于其下，是多白玉。

[译文]

由白於山再往西北三百里有座山，名叫申首山，这座山寸草不生，很荒凉，无论冬季还是夏季满山都飘飞着大雪。申水就发源于这座山的山巅，流至山脚后便潜入地下，这座山上有很多白色的玉石。

泾谷山

又西五十五里，曰泾谷之山。泾水出焉，东南流注于渭，是多白金、白玉。

［译文］

由申首山再往西五十五里有座山，名叫泾谷山。泾水就发源于泾谷山，流出山谷后便向东南流入渭河，这座山上有很多白金和白色玉石。

刚山

又西百二十里，曰刚山，多桼木①，多㻬琈(fú)之玉。刚水出焉，北流注于渭。是多神䰠(chì)②，其状人面兽身，一足一手，其音如钦③。

神䰠

［注释］

①桼木：通“漆”，即漆树。②神䰠：魑魅一类的东西，古谓能害人的山泽之神怪。亦泛指鬼怪。③钦：通“吟”，呻吟。

［译文］

由泾谷山再往西一百二十里有座山，名叫刚山，刚山上生长的树种主要是漆树，山上有很多㻬琈玉。刚水就发源于这座山，流出山谷后便向北流入渭河。这座山上有很多神䰠，它的身形似兽，却长着一副人的面孔，只有一只手和一只脚，不时发出如人呻吟般的声音。

刚山尾

又西二百里，至刚山之尾。洛水出焉，而北流注于河。其中多蛮蛮①，其状鼠身而鳖首，其音如吠犬。

［注释］

①蛮蛮：水兽名，属水獭之类，不同于上文的蛮蛮鸟。

[译文]

刚山向西二百里就是刚山尾端。洛水就发源于这里，并向北流入黄河。这里有很多蛮蛮，这种野兽的身形似鼠，却长着一个鳖的脑袋，不时发出如犬吠的叫声。

英鞮山

又西三百五十里，曰英鞮之山，上多漆木，下多金玉，鸟兽尽白。涴(yuān)水出焉，而北流注于陵羊之泽。是多冉遗[①]之鱼，鱼身蛇首六足，其目如马耳，食之使人不眯[②]，可以御凶。

[注释]

①冉遗：古代传说中的鱼名。②眯：梦魇症。

[译文]

由刚山的尾端再往西三百五十里有座山，名叫英鞮山，这座山的山顶生长有很多漆树，山脚蕴藏有丰富的金矿和玉石，山上生长的鸟兽都是白色的。涴水就发源于这座山，流出山谷后向北流入陵羊泽。涴水中有很多冉遗鱼，这种鱼的身似鱼，但头似蛇，而且还长有六只脚，眼睛的形状似马耳朵，人吃了这种鱼可以消除梦魇症，还可以用它来防御凶灾。

中曲山

又西三百里，曰中曲之山，其阳多玉，其阴多雄黄、白玉及金。有兽焉，其状如马，而白身黑尾，一角，虎牙爪，音如鼓，其名曰駮(bó)，是食虎豹，可以御兵。有木焉，其状如棠，而员叶赤实，实大如木瓜[①]，名曰櫰(huái)木，食之多力。

[注释]

①木瓜：落叶乔木。果实长圆形，成熟时果皮为橙黄色，既可食用，也可入药。

[译文]

由英鞮山再往西三百里有座山，名叫

驳

中曲山，这座山的南坡有很多玉石，山的北坡有很多雄黄石、白色玉石及金矿石。山上有一种野兽，其身形似马，全身是白色的，尾巴是黑色的，长着独角，牙似虎牙，爪似虎爪，吼叫声似击鼓声。这种野兽名叫驳，以虎豹为食，这种野兽可以用来抵御武器的伤害。中曲山上还生长有一种树木，其形状似棠树，但树叶是圆的，结的果实是红色的，果实大小似木瓜。这种树名叫櫰树，人吃了这种树的果实可增强体力。

邽(guī)山

又西二百六十里，曰邽山。其上有兽焉，其状如牛，蝟[①]毛，名曰穷奇，音如獋(háo)狗，是食人。濛水出焉，南流注于洋水，其中多黄贝[②]、蠃(luó)鱼，鱼身而鸟翼，音如鸳鸯，见则其邑大水。

[注释]

①蝟：刺猬。②黄贝：水虫名。一种水生甲虫，形如蝌蚪，有头和尾巴。

[译文]

由中曲山再往西二百六十里有座山，名叫邽山。这座山上有一种野兽，其身形似牛，全身长着刺猬毛，这种野兽名叫穷奇，吼叫声似狗叫，是吃人的野兽。濛水就发源于这座山，流出山谷后便向南流入洋水，濛水中生长有很多黄贝和蠃鱼，蠃鱼的身形是鱼，却长着一对鸟翅膀，不时发出鸳鸯似的鸣叫声，这种鱼出现在哪里，哪里就将会发生严重的水灾。

鸟鼠同穴山

又西二百二十里，曰鸟鼠同穴之山，其上多白虎、白玉。渭水出焉，而东流注于河。其中多鳋(sāo)鱼，其状如鳣(zhān)鱼[①]，动则其邑有大兵。滥水出于其西，西流注于汉水，多𩻸(rá)魮(pí)之鱼，其状如覆铫(diào)[②]，鸟首而鱼翼，音如磬石之声，是生珠玉。

[注释]

①鳣鱼：鲟鳇鱼的古称。②铫：吊子，煎药或烧水用的器具，形状像比较高的壶，口大有盖，旁边有柄，用沙土或金属制成。

[译文]

由邽山再往西二百二十里有座山，名叫鸟鼠同穴山。这座山上有很多白虎，还有白色的玉石。渭水就发源于这座山，流出山谷后便向东流入黄河。渭水中有很多鳋鱼，这种鱼的形状似鳣鱼，一旦它出现，便预示这座城邑将会遭受兵灾之苦。滥水发源于鸟鼠同穴山的西麓，流出山谷后便向西流入汉水。滥水中有很多䱻魮鱼，这种鱼的形状似底朝天的吊子，脑袋似鸟头，但鳍和尾巴都还似鱼，这种鱼不时发出如敲击磬石的叫声。这种鱼还会生出珠玉。

崦嵫(yān zī)山

西南三百六十里，曰崦嵫之山，其上多丹木，其叶如榖，其实大如瓜，赤符①而黑理，食之已瘅(dàn)，可以御火。其阳多龟，其阴多玉。苕(tiáo)水出焉，而西流注于海，其中多砥砺(dǐ lì)②。有兽焉，其状马身而鸟翼，人面蛇尾，是好举人，名曰孰湖③。有鸟焉，其状如鸮而人面，蜼(wěi)④身犬尾，其名自号也，见则其邑大旱。

凡《西次四经》，自阴山以下至于崦嵫之山，凡十九山，三千六百八十里。其神祠礼，皆用一白鸡祈⑤，糈(xǔ)以稻米，白菅为席。

右西经之山，凡七十七山，一万七千五百一十七里。

［注释］

①符：通“柎”，即花萼。②砥、砺：可磨刀的石头。质地细的磨刀石叫砥，质地粗的磨刀石叫砺。③孰湖：传说中的怪兽名。④蜼：传说中类似猕猴的野兽。⑤祈：向上天或神明求福。

［译文］

由鸟鼠同穴山再往西南三百六十里有座山，名叫崦嵫山，这座山上有很多丹树，这种树的叶子似构树的叶，果实就像瓜一样大小，花萼是红色的，纹理是黑色的，可用这种树的果实入药医治黄疸症，还可以预防火灾。崦嵫山的南坡有很多龟，山的北坡有很多玉石。苕水就发源于这座山，流出山谷后向西流入大海，苕水中有很多可用来磨刀的石头。崦嵫山上还有一种野兽，其身形似马，但长着一对鸟翅膀，面孔似人，尾巴似蛇，喜欢将人举起来，它叫孰湖。崦嵫山上还有一种鸟，其形状看上去有点像鸮鸟，面孔似人，身似猕猴，尾巴似狗，这种鸟的名字就是它的叫声，这种鸟一旦出现在哪里，哪里就将发生严重的旱灾。

综观《西次四经》记述的西山第四列山系，东南自阴山，西北至崦嵫山，总共有十九座山，绵延三千六百八十里。祭祀这些山的山神时，用一只白鸡作为祭品，祭祀的精米用稻米，用白菅编织成供奉祭品用的席垫。

以上所述西山经，总共有七十七座山，绵延一万七千五百一十七里。

第三卷　北山经

单狐山

《北山经》之首，曰单狐之山，多机木①，其上多华草。漨(féng)水出焉，而西流注于泑(yǒu)水，其中多茈石、文石②。

[注释]

①机木：桤木树，一种类似榆树的树木。②茈石：紫色的石头，传说古代曾作为货币。文石：带有纹理的石头。

[译文]

《北山经》记述的北山第一列山系的第一座山，名叫单狐山。这座山上生长着很多机树。山上还有茂密的花草丛。山间有条名叫漨水的溪流流出，向西流入泑水中。泑水中有很多紫色的石头和带有纹理的石头。

求如山

又北二百五十里，曰求如之山，其上多铜，其下多玉，无草木。滑水出焉，而西流注于诸毗之水。其中多滑鱼①，其状如鳝(shàn)，赤背，其音如梧②，食之已疣(yóu)③。其中多水马④，其状如马，文臂牛尾，其音如呼。

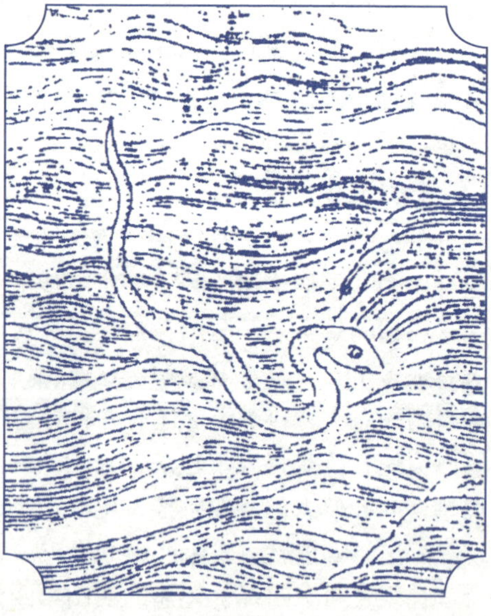

滑鱼

[注释]

①滑鱼：鳝鱼，俗称黄鳝。②梧：枝梧，犹支吾。说话含混躲闪。③疣：皮肤病名，皮肤上长的肉瘤。④水马：古代传说中一种生在水中的怪兽。

[译文]

由单狐山再往北二百五十里有座山，名叫求如山，这座山的山上蕴藏有丰富的铜矿，山脚有很多的玉石，草木不生。滑水就发源于这座山，流出山谷后便向西流入诸𣱱水。滑水中有很多滑鱼。这种鱼的形状就像黄鳝，但背是红色的，不时发出如人支支吾吾的鸣叫声，吃了这种鱼，可以治愈疣疾。滑水中还有很多水马。这种动物的身形似马，但四肢长有花纹，尾巴似牛尾，不时发出如人呼喊的吼叫声。

带山

又北三百里，曰带山，其上多玉，其下多青碧。有兽焉，其状如马，一角有错①，其名曰䑏（huān）疏，可以辟火。有鸟焉，其状如乌，五采而赤文，名曰鵸鵌（qí tú），是自为牝牡，食之不疽②。彭水出焉，而西流注于芘湖之水，中多儵鱼，其状如鸡而赤毛，三尾、六足、四目，其音如鹊，食之可以已忧。

[注释]

①错：通“厝”，即磨刀石。②疽：中医指的一种毒疮。

[译文]

由求如山再往北三百里有座山，名叫带山，这座山的山顶有很多玉石，山脚有很多石青和碧玉。山里有种野兽，其身形像马，却长着一只角，角的尖端如磨刀石般坚硬，这种野兽名叫䑏疏，可以利用它来避火灾。这座山上还有一种鸟，其形状像乌鸦，浑身长着红色斑纹的五色羽毛，这种鸟名叫鵸鵌，这是一种雌雄同体的鸟，人若吃了它的肉，就可以不生疽病。彭水就发源于这座山，流出这座山后便向西流入芘湖。彭水中有很多儵鱼，这种鱼的身形像鸡，但羽毛是红色的，长着三条尾巴、六只脚和四只眼睛，它的鸣叫声就像喜鹊，人若吃了它的肉便可无忧无虑。

谯明山

又北四百里，曰谯明之山。谯水出焉，西流注于河。其中多何罗之鱼，一首而十身，其音如吠犬，食之已痈（yōng）①。有兽焉，其状如貆（huán）②而赤毫，其音如榴榴，名曰孟槐，可以御凶。是山也，无草木，多青、雄黄。

[注释]

①痈：中医指恶性脓疮。②貆：豪猪。

[译文]

由带山再往北四百里有座山，名叫谯明山。谯水就发源于这座山，由这座山流出后便向西流入黄河。谯水中有很多何罗鱼，这种鱼有一个头，却长着十个身子，其叫声像狗叫，若吃了这种鱼，则可以医好痈病。这座山上还生长着一种野兽，其身形像豪猪，但毛是红色的，叫声像榴榴，这种野兽名叫孟槐，用它来躲避邪气凶灾十分灵验。这座山上，不生长草木，倒是有很多石青和雄黄石。

涿光山

又北三百五十里，曰涿光之山。嚻水出焉，而西流注于河。其中多鳛（xí）鳛（xí）之鱼，其状如鹊而十翼，鳞皆在羽端，其音如鹊，可以御火，食之不瘅。其上多松柏，其下多棕橿，其兽多麢羊，其鸟多蕃。

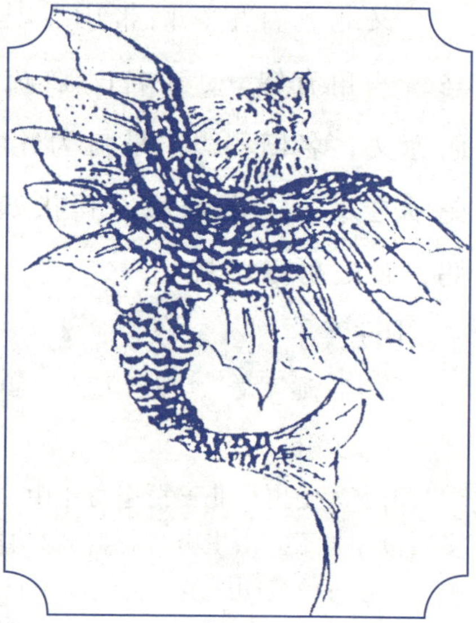

鳛鳛鱼

［译文］

由谯明山再往北三百五十里有座山，名叫涿光山。嚻水就发源于这座山，嚻水流出这座山后便向西流入黄河。嚻水中有很多鳛鳛鱼，这种鱼的形状就像喜鹊，却长着十只翅膀，鱼鳞都长在羽毛的尾端，这种鱼还会叫，叫声像喜鹊，这种鱼可以用来防御火灾，若吃了它的肉还可以不生黄疸病。涿光山的山顶生长的树种主要是松树和柏树，山脚生长的树种主要是棕树和橿树，这座山上出没的野兽主要是羚羊，鸟类主要是蕃鸟。

虢山

又北三百八十里，曰虢（guó）山，其上多漆，其下多桐、椐①。其阳多玉，其阴多铁。伊水出焉，西流注于河。其兽多橐（tuó）驼②，其鸟多寓③，状如鼠而鸟翼，其音如羊，可以御兵。

［注释］

①桐：木名，古书中多指梧桐。椐：木名，即灵寿木，古时常用来制作手杖。②橐驼：骆驼。③寓：寓鸟，即类似于蝙蝠的小型飞禽。

[译文]

由涿光山再往北三百八十里有座山，名叫虢山，这座山的坡上生长着漆树，坡下生长着桐树和椐树。这座山的南坡蕴藏有丰富的玉石，北坡蕴藏有丰富的铁矿。伊水就发源于这座山，从山中流出后，便向西流去，流入黄河。这座山上生活的野兽主要是骆驼，生活的鸟类主要是寓鸟，这种鸟的形状像老鼠，但长着鸟的翅膀，这种鸟的叫声像羊咩，人们饲养这种鸟来躲避兵刃之灾。

虢山尾

又北四百里，至于虢山之尾，其上多玉而无石。鱼水出焉，西流注于河，其中多文贝①。

[注释]

①文贝：有花纹的贝壳。

[译文]

由虢山再往北四百里，就到了虢山的尾端，这上面没有普通的石头，倒是有很多玉石。鱼水发源于这里，流出这座山后便向西流入黄河，鱼水中有很多带有花纹的贝壳。

丹熏山

又北二百里，曰丹熏之山，其上多樗(chū)、柏，其草多韭、䪥(xiè)①，多丹雘。熏水出焉，而西流注于棠水。有兽焉，其状如鼠，而菟首麋身，其音如獆(háo)犬，以其尾飞，名曰耳鼠②，食之不𦢊，又可以御百毒。

耳鼠

[注释]

①韭：韭菜。䪥：同“薤”，也叫藠头，嫩叶和地下鳞茎可食用，也可入药。②耳鼠：兽名。即鼯鼠。

[译文]

由虢山的尾端再往北二百里有座山，名叫丹熏山，这座山上生长着臭椿、柏树以及山韭和薤菜，山坡上有很多可制作成颜料的丹雘。熏水就发源于这座山，流出山后便向西流入棠水。这座山上还有一种野兽，其身形像鼠，但头像兔的头，身形像麋鹿，叫声像狗吠，飞翔靠尾巴的扇动，这种东西名叫耳鼠，人若吃了它的肉就可以不得膨胀病，还可以解百毒。

石者山

又北二百八十里，曰石者之山，其上无草木，多瑶碧。**泚**水出焉，西流注于河。有兽焉，其状如豹，而文题[①]白身，名曰孟极，是善伏[②]，其鸣自呼。

[注释]

①文：花纹、斑纹。题：额头。②善伏：隐藏、藏匿。

[译文]

由丹熏山再往北二百八十里有座山，名叫石者山，这座山上寸草不生，倒是有很多的瑶、碧之类的美玉。泚水就发源于这座山，从山谷流出后便向西流入黄河。山上有一种野兽，其身形似豹，但额头上有很多花纹，身上的毛是白色的，这种野兽名叫孟极，非常机敏，出没不定，它吼叫时就像喊自己的名字“孟——极——”。

边春山

原文

又北百一十里，曰边春之山，多葱、葵、韭、桃、李[①]。杠水出焉，而西流注于泑泽。有兽焉，其状如禺而文身，善笑，见人则卧，名曰幽鴳(yàn)，其鸣自呼。

幽鴳

[注释]

①葱：山葱，一种生于山地的野葱。葵：山葵，一种野菜。桃：山桃，野生桃树。李：李树，落叶乔木，果实叫李子，熟时黄色或紫红色，可吃。

[译文]

由石者山再往北一百一十里有座山，名叫边春山，这座山上生长有很多的山葱、山葵、山韭等山草，还有桃树、李树。杠水就发源于这座山，从山谷流出后便向西流入泑泽。这座山上有一种野兽，其身形像猴，但身上长的毛都有花纹，这种野兽常发出笑声，一见有人便假装睡着，这种野兽名叫幽鴳，它吼叫时就像喊自己的名字“幽——鴳——”。

蔓联山

又北二百里，曰蔓联之山，其上无草木，有兽焉，其状如禺[1]而有鬣，牛尾、文臂、马蹄，见人则呼，名曰足訾(zī)，其鸣自呼。有鸟焉，群居而朋飞，其毛如雌雉，名曰䴔，其鸣自呼，食之已风[2]。

［注释］

①禺：兽名，类似猿猴。②风：风痹。

［译文］

由边春山再往北二百里有座山，名叫蔓联山，山上寸草不生，但有一种奇怪的野兽经常出没，它的身形似猴，但项上长有似马鬣一样的长毛，尾巴像牛尾，臂有花纹，足似马蹄，一见人便大声吼叫，这种动物名叫足訾，它的名字就是依它的吼叫声来取的。这座山上还有一种鸟，生活习惯是群居、群飞，毛像雌雉。它的名字叫䴔，这个名字是依它的叫声来取的，人若吃了这种鸟的肉，则可以医治好风痹。

单张山

又北百八十里，曰单张之山，其上无草木。有兽焉，其状如豹而长尾，人首而牛耳，一目，名曰诸犍，善吒[1]，行则衔其尾，居则蟠其尾。有鸟焉，其状如雉，而文首、白翼、黄足，名曰白鵺(yè)，食之已嗌(yì)痛[2]，可以已痸(chì)[3]。栎水出焉，而南流注于杠水。

诸犍

［注释］

①吒：怒叱声，大声叱叫。②嗌：咽喉。③痸：癫狂病。

［译文］

由蔓联山再往北一百八十里有座山，名叫单张山，这座山上寸草不生。山上有一种野兽，其身形像豹，但尾巴长，头像人头，耳像牛耳，只有一只眼，这种野兽名叫诸犍，善于大声吼叫，它行走的时候总是嘴咬着自己的尾巴，卧伏的时候又总是将尾巴蜷曲起来。山上还生活着一种鸟，其形状像野鸡，头上有花纹，翅膀上的毛是白色的，脚爪是黄色的，这种鸟名叫白鵺，人若吃了它的肉，则可以医治咽喉疼痛，还可以医治癫狂病。栎水就发源于这座山，流出山谷后便向南流入杠水。

灌题山

又北三百二十里，曰灌题之山，其上多樗柘（chū zhè）①，其下多流沙②，多砥。有兽焉，其状如牛而白尾，其音如訆，名曰那父。有鸟焉，其状如雌（zhì）雉而人面，见人则跃，名曰竦（sǒng）斯③，其鸣自呼也。匠韩之水出焉，而西流注于泑泽，其中多磁石④。

［注释］

①柘：柘树。②流沙：堆积在河底、河口的松散、不稳定的沙。③竦斯：传说中的人面神鸟名。④磁石：俗称吸铁石、磁铁，即天然的吸铁石。

［译文］

由单张山再往北三百二十里有座山，名叫灌题山，这座山的山坡上生长着臭椿和柘树，山坡下有很多流沙和磨刀石，山上有一种野兽，其身形似牛，但尾巴是白色的，吼叫声像人在呼喊，这种野兽名叫那父。山上还有一种鸟，其形状像雌雉，但脸像人面，一见有人就跳跃，这种鸟名叫竦斯，它的鸣叫声就像在呼喊自己的名字。匠韩水就发源于这座山，流出山谷后便向西流向泑泽，匠韩水中有很多磁石。

潘侯山

又北二百里，曰潘侯之山，其上多松柏，其下多榛楛（hù），其阳多玉，其阴多铁。有兽焉，其状如牛，而四节生毛，或曰旄牛①。边水出焉，而南流注于栎（lì）泽。

［注释］

①旄牛：牦牛，产于我国西南地区。

［译文］

由灌题山再往北二百里有座山，名叫潘侯山，这座山的山顶生长的树种主要是松树和柏树，山脚生长的树种主要是榛树和楛树，山的南坡蕴藏有很多的玉石，山的北坡蕴藏有丰富的铁矿。山上有一种野兽，其身形似牛，但四脚骨节处长着很长的毛，这种野兽名叫牦牛。边水就发源于这座山，从山谷流出后便向南流入栎泽。

小咸山

又北二百三十里，曰小咸之山，无草木，冬夏有雪。

［译文］

由潘侯山再往北二百三十里有座山，名叫小咸山，山上寸草不生，无论是冬季还是夏季，满山都是雪。

大咸山

北二百八十里，曰大咸之山，无草木，其下多玉。是山也，四方，不可以上。有蛇名曰长蛇①，其毛如彘豪，其音如鼓柝②。

长 蛇

［注释］

①长蛇：一种非常大的蛇，传说有几十丈长，可以将鹿、象等动物吞进肚里。②鼓：敲击、敲打。柝：是古代巡夜人打更用的梆子。

［译文］

由小咸山再往北二百八十里有座山，名叫大咸山，这座山上寸草不生，山脚下有很多玉石。这座山的形状是四四方方的，有四面山坡，但山坡都很陡峭，人无法攀登上去。山上有一种蛇，名叫长蛇，这种蛇身上长着毛，有点像猪鬃，它还不时发出鸣叫声，像敲击木梆发出的声响。

敦薨(hōng)山

又北三百二十里，曰敦薨之山，其上多棕枏(nán)，其下多茈草。敦薨之水出焉，而西流注于泑泽。出于昆仑之东北隅①，实惟河源。其中多赤鲑(guī)②，其兽多兕(sì)，旄牛，其鸟多鳲(shī)鸠。

［注释］

①隅：角落，这里指山水拐弯处。②赤鲑：红色的鲑鱼，古代传说中的一种有翼发光的飞鱼。

［译文］

由大咸山再往北三百二十里有座山，名叫敦薨山，敦薨山的山坡上生长有很多棕树和楠树，山坡上生长有很多紫色的草。敦薨水就发源于这座山，从山谷流出后便向西流入泑泽。敦薨水发源于昆仑山的东北角，实际上它是黄河的源头。敦薨水里有很多红色的鲑鱼，敦薨山上生长的野兽主要是野犀牛、牦牛，生长的鸟主要是鳲鸠鸟。

少咸山

又北二百里，曰少咸之山，无草木，多青碧。有兽焉，其状如牛，而赤身、人面、马足，名曰窫(yà)窳(yǔ)①，其音如婴儿，是食人。敦水出焉，东流注于雁门之水，其中多鲌(bèi)鲌②之鱼，食之杀人。

［注释］

①窫窳：古代传说中一种吃人的怪兽。②鲌鲌：一名江豚。

［译文］

由敦薨山再往北二百里有座山，名叫少咸山，这座山上寸草不生，但有很多青石和碧玉。这座山上有一种野兽，其身形似牛，但全身都是红色的，长着一副人的面孔和四只马腿，这种野兽名叫窫窳，它的叫声像婴儿啼哭，这种野兽非常凶狠，会吃人。敦水发源于少咸山，流出山谷后便向东流入雁门水，敦水中有很多名叫鲌鲌的鱼。人如果吃了这种鱼，便会中毒身亡。

狱法山

又北二百里，曰狱法之山。瀤(huái)泽之水出焉，而东北流注于泰泽①。其中多鱳(zǎo)鱼，其状如鲤而鸡足，食之已疣(yóu)。有兽焉，其状如犬而人面，善投，见人则笑，其名曰山狎(huī)，其行如风，见则天下大风。

［注释］

①泰泽：渤海。

［译文］

由少咸山再往北二百里有座山，名叫狱法山。瀤泽水就发源于这座山，流出山谷后便向东北流入渤海。瀤泽水中有很多鱳鱼，这种鱼的形状像鲤鱼，却长着一对鸡脚，吃了这种鱼，便可以医好疣赘。狱法山上生活有一种野兽，其身形像狗，但长着一副人的面孔，这种动物擅长投掷，一见人便笑，它的名字叫山𤟤。它行走飞快，就像一阵风刮过，这种动物一旦出现，天下便要刮大风了。

北岳山

又北二百里，曰北岳之山，多枳、棘、刚木[1]。有兽焉，其状如牛，而四角、人目、彘耳，其名曰诸怀，其音如鸣雁[2]，是食人。诸怀之水出焉，而西流注于嚣[xiāo]水，水中多鮨[yì]鱼，鱼身而犬首，其音如婴儿，食之已狂。

［注释］

①枳、棘：枳木和棘木，两种矮小的树，因其多刺而称恶木。刚木：类似檀树、柘树。②鸣雁：鸣叫的大雁。

［译文］

由狱法山再往北二百里有座山，名叫北岳山，这座山上生长的主要是枳棘和檀柘一类的树木。山上有一种野兽，其身形像牛，却长着四只角，还长着一对人的眼睛和一对猪的耳朵，这种野兽的名字叫诸怀，它发出的声音像大雁的叫声。它还吃人。这座山中有条诸怀水流出，出了山谷后便向西流入嚣水，诸怀水中有很多鮨鱼，身形是鱼，却长着狗的脑袋，不时还发出似婴儿啼哭般的叫声，人若吃了这种鱼，便可以医治好疯癫病。

浑夕山

又北百八十里，曰浑夕之山，无草木，多铜[1]玉[2]。嚣[xiāo]水出焉，而西北流注于海。有蛇一首两身，名曰肥遗，见则其国大旱。

［注释］

①铜：铜矿。②玉：玉石。

[译文]

由北岳山再往北一百八十里有座山，名叫浑夕山，这座山寸草不生，但蕴藏着丰富的铜矿和玉石资源。䲃水就发源于这座山，出了山谷便流向西北入海。这座山上生活有一种蛇，只有一个头，却长着两个身子，名叫肥遗，一旦它出现，那国家便要遭受严重的旱灾。

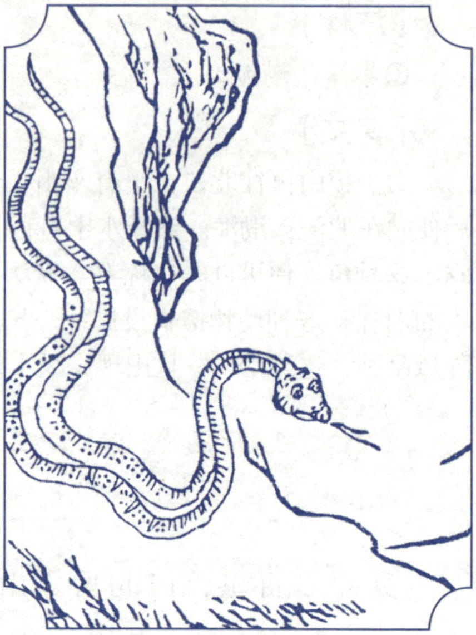

肥遗

北单山

又北五十里，曰北单之山，无草木，多葱、韭。

[译文]

由浑夕山再往北五十里有座山，名叫北单山，这座山光秃秃的，上面只有山葱、山韭。

罴(pí)差山

又北百里，曰罴差之山，无草木，多马。

[译文]

由北单山再往北一百里有座山，名叫罴差山，这座山上不生长草木，倒是有很多野马。

北鲜山

又北百八十里，曰北鲜之山，是多马，鲜水[①]出焉，而西北流注于涂吾之水。

[注释]

①鲜水：传说中的水名。

[译文]

由罴差山再往北一百八十里有座山，名叫北鲜山，山上有很多野马，鲜水就发源于这座山，流出山谷后便向西北流入涂吾水。

隄山

又北百七十里，曰隄山，多马。有兽焉，其状如豹而文首，名曰狕（yǎo）。隄水①出焉，而东流注于泰泽，其中多龙龟。

凡《北山经》之首，自单狐之山至于隄山，凡二十五山，五千四百九十里，其神皆人面蛇身。其祠之，毛用一雄鸡彘瘗，吉玉用一圭，瘗而不糈。其山北人，皆生食②不火之物。

［注释］

①隄水：古代传说中的水名。②生食：未煮而食。

［译文］

由北鲜山再往北一百七十里有座山，名叫隄山，这座山上有很多野马。山上还有一种野兽，其身形像豹，但脑袋上有花纹，这种野兽名叫狕。隄水就发源于这座山，从山谷流出后便向东流入渤海，隄水中有很多龙龟。

狕

《北山经》记述的北山第一列山系，从单狐山到隄山，总共二十五座山，蜿蜒五千四百九十里，这些山的山神都长着人的面孔和蛇的身子。祭祀这些山神时，用的牲畜是一只公鸡和一头猪，将它们埋在地下，祭祀用的玉器是一块圭，祭祀时不用精米，只将这些牲畜和玉器埋在地下。祭祀时，在这些山北坡居住的人，都只吃生食而不用火烧。

管涔（cén）山

《北次二经》之首，在河之东，其首枕汾①，其名曰管涔之山。其上无木而多草，其下多玉。汾水出焉，而西流注于河。

［注释］

①汾：水名，即汾水、汾河，在山西省中部。

［译文］

《北次二经》记述的北山第二列山系的第一座山，在黄河的东边，濒临汾水，名叫管涔山。山上不生长树木，但生长有很多的草，山脚下有很多玉石。汾水就发源于这座山，从山谷流出后便向西流入黄河。

少阳山

又西北二百五十里，曰少阳之山，其上多玉，其下多赤银①。酸水出焉，而东流注于汾水，其中多美赭(zhě)②。

[注释]

①赤银：含银量很高的银矿。②美赭：含有铁质矿物的红土。

[译文]

由管涔山往西北二百五十里有座山，名叫少阳山，这座山的山顶有很多玉石，山脚蕴藏有很丰富的赤银矿。酸水就发源于这座山，流出山谷后便向东流入汾水，酸水水底有很多红土。

县雍山

又北五十里，曰县雍之山，其上多玉，其下多铜，其兽多闾①麋，其鸟多白翟白䳑(yǒu)②。晋水出焉，而东南流注于汾水。其中多鮆(cǐ)鱼，其状如儵③而赤麟，其音如叱，食之不骚。

[注释]

①闾：山驴，又称为羭，一种黑母羊，形体似驴，角如羚羊。②白䳑：白翰鸟，即白雉。③儵：指小鱼。

[译文]

由少阳山再往北五十里有座山，名叫县雍山，山上有很多玉石，山脚蕴藏有很丰富的铜矿，山上生活的野兽主要是山驴和麋鹿，栖息的鸟类主要是白翟和白翰鸟。晋水就发源于这座山，从山谷流出后便向东南流入汾水。晋水中有很多鮆鱼，其身形像小鱼，有红色的鱼鳞，不时发出似斥责人的叫声，人若吃了这种鱼，则可以医治好狐臭。

闾

狐岐山

又北二百里，曰狐岐之山，无草木，多青碧。胜水出焉，而东北流注于汾水，其中多苍玉。

[译文]

由县雍山再往北二百里有座山，名叫狐岐山，这座山寸草不生，有很多青石和碧玉。胜水就发源于这座山，流出山谷后便向东北流入汾水，胜水中有很多青黑色的玉石。

白沙山

又北三百五十里，曰白沙山，广员三百里，尽沙也，无草木鸟兽。鲔(wěi)水出于其上，潜于其下，是多白玉。

[译文]

由狐岐山再往北三百五十里有座山，名叫白沙山，这座山方圆三百里，整个山都是由沙堆成的，山上没有鸟兽，也不生长草木。鲔水就发源于这座山的山顶，并潜入沙里，鲔水中有很多白色的玉石。

尔是山

又北四百里，曰尔是之山，无草木，无水。

[译文]

由白沙山再往北四百里有座山，名叫尔是山，这座山上没有水，因此寸草不生，很荒凉。

狂山

又北三百八十里，曰狂山，无草木，是山也，冬夏有雪。狂水出焉，而西流注于浮水，其中多美玉。

[译文]

由尔是山再往北三百八十里有座山，名叫狂山，这座山上光秃秃的，不生长草木，山上冬天和夏天都被积雪覆盖。狂水就发源于这座山，流出山谷后便向西流入浮水，狂水中有很多品质优良的玉石。

诸余山

又北三百八十里，曰诸余之山，其上多铜玉，其下多松柏。诸余之水出焉，而东流注于旄(máo)水。

[译文]

由狂山再往北三百八十里有座山，名叫诸余山，这座山的山顶蕴藏有丰富的铜矿和玉石，山脚生长有很多的松树和柏树。诸余水就发源于这座山，流出山谷后便向东流入旄水。

敦头山

又北三百五十里，曰敦头之山，其上多金玉，无草木。旄水出焉，而东流注于邛泽。其中多𬳽(bó)马，牛尾而白身，一角，其音如呼。

[译文]

由诸余山再往北三百五十里有座山，名叫敦头山，这座山上蕴藏有丰富的金矿和玉石，但寸草不生。旄水就发源于这座山，从山谷流出后便向东流入邛泽。旄水中有很多𬳽马，𬳽马长着牛一样的尾巴，全身白色，头顶只有一只角，发出的吼叫声就像人的呼喊声。

𬳽马

钩吾山

又北三百五十里，曰钩(gōu)吾之山，其上多玉，其下多铜。有兽焉，其状如羊身人面，其目在腋下，虎齿人爪，其音如婴儿，名曰狍鸮(páoxiāo)①，是食人。

[注释]

①狍鸮：神话传说中的兽名，性情暴躁贪婪，吃人，并将吃剩下的人的各个部位咬碎。

[译文]

由敦头山再往北三百五十里有座山，名叫钩吾山，这座山的山巅有很多玉石，山脚下蕴藏有丰富的铜矿。山上有种野兽，身形似羊，却长着一副人的面孔，眼睛长在腋下，牙似虎牙，爪似人脚，吼叫声似婴儿啼哭，这种兽名叫狍鸮，是吃人的动物。

北嚻山

又北三百里，曰北嚻(xiāo)之山，无石，其阳多碧，其阴多玉。有兽焉，其状如虎，而白身犬首，马尾彘鬣(zhì liè)，名曰独狢(yù)。有鸟焉，其状如乌，人面，名曰鷩鹛(pánmào)，宵飞而昼伏，食之已暍(yē)[①]。涔水出焉，而东流注于邛泽。

独狢

[注释]

①暍：中暑。

[译文]

由钩吾山再往北三百里有座山，名叫北嚻山，这座山上没有石头。山上蕴藏着丰富的玉石，南坡多碧玉，北坡多玉石。山上有一种野兽，其身形似虎，但全身都是白色的，并且长着狗一样的脑袋，尾巴似马尾，毛似猪鬃，这种兽名叫独狢。山上还有一种鸟，其形状似乌鸦，脸似人面，这种鸟名叫鷩鹛，它的生活习性是夜里活动而白天回巢，人若吃了这种鸟，则可以消暑。这座山上有条涔水流出，涔水流出山谷后便向东汇入邛泽。

梁渠山

又北三百五十里，曰梁渠之山，无草木，多金玉。脩水[①]出焉，而东流注于雁门，其兽多居暨，其状如彙(huì)[②]而赤毛，其音如豚。有鸟焉，其状如夸父[③]，四翼、一目、犬尾，名曰嚻(xiāo)，其音如鹊，食之已腹痛，可以止衕(dòng)[④]。

［注释］

①倏水：长江中游支流，属鄱阳湖水系。②彙：传说中的动物名，长得像老鼠，红色的毛如同刺猬的刺。③夸父：兽名，即举父，长得像猕猴。④衕：腹泻。

［译文］

由北嚻山再往北三百五十里有座山，名叫梁渠山，这座山上光秃秃的，寸草不生，但蕴藏有丰富的金矿和玉石。倏水就发源于这座山，流出山谷后便向东流入雁门水，这座山上生活的野兽主要是居暨，它的身形似刺猬，但周身长着红色的毛，不时发出如猪仔一样的叫声。这座山上还生活着一种鸟，其形状似夸父，但长着四只翅膀、一只眼睛和一条狗样的尾巴，它的名字叫嚻，不时发出鹊鸟一样的叫声，人吃了这种鸟的肉，就可以止腹痛，还可医治腹泻。

姑灌山

又北四百里，曰姑灌之山，无草木。是山也，冬夏有雪。

［译文］

由梁渠山再往北四百里有座山，名叫姑灌山。这座山上光秃秃的，没有草木，终年积雪。

湖灌山

又北三百八十里，曰湖灌之山，其阳多玉，其阴多碧，多马，湖灌之水出焉，而东流注于海，其中多䱻[1]。有木焉，其叶如柳而赤理。

［注释］

①䱻：黄鳝。

［译文］

由姑灌山再往北三百八十里有座山，名叫湖灌山，这座山的南坡有很多玉石，北坡有很多碧玉，山上有很多野马。湖灌水就发源于这座山，流出山谷后便向东流入大海，湖灌水中有很多黄鳝。湖灌山中有一种树木，树叶很像柳叶，但木纹是红色的。

洹山

又北水行五百里，流沙三百里，至于洹（huán）山，其上多金玉。三桑[1]

生之，其树皆无枝，其高百仞[2]。百果树生之。其下多怪蛇。

蛇身人面神（北山神）

[注释]

①三桑：传说中的三株扶桑，扶桑为古神木名，传说日出其下。②百仞：古代的八尺为一仞。百仞，形容极深或极高。

[译文]

由湖灌山再往北，经五百里水路、三百里流沙，便到了洹山，这座山上蕴藏有丰富的金矿和玉石。山上生长着三株扶桑树。这种树都不长树枝，只有树干，树干有百仞高。各种果树也生长在这座山上。山下有很多奇形怪状的蛇。

敦题山

又北三百里，曰敦题之山，无草木，多金玉。是錞于北海。

凡《北次二经》之首，自管涔之山至于敦题之山，凡十七山，五千六百九十里。其神皆蛇身人面。其祠：毛用一雄鸡彘（zhì）瘗（yì）；用一璧一圭，投[1]而不糈。

[注释]

①投：投掷。

[译文]

由洹山再往北三百里有座山，名叫敦题山，这座山上寸草不生，倒是蕴藏有丰富的金矿和玉石。这座山的位置就在北海岸边。

综观《北次二经》记述的北山第二列山系，自管涔山到敦题山，共计十七座山，蜿蜒五千六百九十里。这十七座山的山神都长着蛇样的身子和人样的面孔。祭祀这些山神时，用的祭品是一只雄鸡、一头猪，将它们埋在地下；玉器用一块璧、一块圭，将它们投掷山间，不用精米祭祀。

太行山　归山

《北次三经》之首，曰太行之山。其首曰归山，其上有金玉，其下有碧。有兽焉，其状如麢羊而四角，马尾而有距，其名曰䮝(hún)，善还①，其名自訆(jiào)②。有鸟焉，其状如鹊，白身、赤尾、六足，其名曰䳤(bēn)，是善惊③，其鸣自詨。

［注释］

①还：通“旋”，盘旋、旋转。②訆：通“叫”，大声呼叫。③惊：敏锐、灵敏。

［译文］

《北次三经》记述的北山第三列山系的第一座叫太行山。太行山第一座山名为归山，这座山的山顶蕴藏着丰富的金矿和玉石，山脚有很多青绿色的玉石。这座山上有一种野兽，其身形似羚羊，但长有四只角，尾巴似马尾，脚似鸡爪，这种野兽名叫䮝，它擅长旋转，它的吼叫声就像是在叫它自己的名字。这座山上有一种鸟，其身形似鹊，周身是白色的，尾巴是红色的，长着六只脚爪。这种鸟名叫䳤，它反应非常灵敏，它的鸣叫声就像在呼喊它自己的名字。

龙侯山

又东北二百里，曰龙侯之山，无草木，多金玉。决决之水出焉，而东流注于河。其中多人鱼，其状如鳑(tí)鱼，四足，其音如婴儿，食之无痴疾。

［译文］

由归山再往东北二百里有座山，名叫龙侯山，这座山上寸草不生，但蕴藏有丰富的金矿和玉石。决决水就发源于这座山，流出山谷便向东流入黄河。决决水中有很多人鱼。这种人鱼有点像鳑鱼，但长着四只脚，不时发出如婴儿啼哭的鸣叫声，吃这种鱼可用来医治痴呆症。

马成山

又东北二百里，曰马成之山，其上多文石，其阴多金玉。有兽焉，其状如白犬①而黑头，见人则飞，其名曰天马②，其鸣自訆(jiào)。有鸟焉，其状如乌，首白而身青、足黄，是名曰鶌鶋(qū jū)。其名自詨，食之不饥，可以已寓③。

[注释]

①白犬：白狗。②天马：传说中的兽名，一种神马。③寓：指失眠昏忘之病，即健忘症。

天马

[译文]

由龙侯山再往东北二百里有座山，名叫马成山，这座山上有很多带花纹的石头，山的北坡蕴藏有丰富的金矿和玉石。这座山上有一种野兽，其形状像白狗，但头是黑色的，见有人来便展翅飞走，这种野兽名叫天马，它的叫声就像是在叫自己的名字。这座山上还有一种鸟，其形状像乌鸦，但脑袋是白色的，身上的毛是青色的，爪子是黄色的，这种鸟名叫鶌鶋，它的叫声也像是在呼喊自己的名字，这种鸟的肉可用来充饥，而且还可医治健忘症。

咸山

又东北七十里，曰咸山，其上有玉，其下多铜，是多松柏，草多茈草。条菅[①]之水出焉，而西南流注于长泽。其中多器酸[②]，三岁一成，食之已疠。

[注释]

①条菅：古水名。②器酸：一种产于水中的酸味食物。

[译文]

由马成山再往东北七十里有座山，名叫咸山，这座山上有很多玉石，山坡下蕴藏有丰富的铜矿。这座山上长有很多松树和柏树以及茈草。条菅水就发源于这座山，从山谷流出后便向西南流入长泽。水中有很多器酸，每三年成熟一次，器酸可用来医治麻风病。

天池山

又东北二百里，曰天池之山，其上无草木，多文石。有兽焉，其状如兔而鼠首，以其背飞，其名曰飞鼠。渑水[①]出焉，潜于其下，其中多黄垩。

［注释］

①渑水：古水名。

［译文］

由咸山再往东北二百里有座山，名叫天池山，这座山上寸草不生，倒有很多带有花纹的美石。天池山上有一种野兽，其身形像兔，但长着鼠的脑袋，没有翅膀，但会飞，飞时凭借背部的毛，这种兽名叫飞鼠。渑水就发源于这座山，水潜入山中至山下，水中有很多黄色垩土。

阳山

又东三百里，曰阳山，其上多玉，其下多金铜。有兽焉，其状如牛而赤尾，其颈腎(shèn)，其状如句瞿(gōu qú)[①]，其名曰领胡，其鸣自詨，食之已狂。有鸟焉，其状如雌雉，而五采以文，是自为牝(pìn)牡，名曰象蛇[②]，其鸣自詨。留水出焉，而南流注于河。其中有䱤(xiàn)父之鱼，其状如鲋鱼[③]，鱼首而彘身，食之已呕。

［注释］

①句瞿：斗，此处指肉瘤像斗。②象蛇：古代传说中的鸟名，雌雄同体。③鲋鱼：鲫鱼。

［译文］

象蛇

由天池山再往东三百里有座山，名叫阳山，这座山上有很多玉石，山下蕴藏有丰富的金矿和铜矿。阳山上有一种野兽，其身形似牛，但尾巴是红色的，颈项上长着一个斗大的肉瘤，它名叫领胡，它的吼叫声似在叫自己的名字，吃了它的肉可以医治癫狂症。阳山上还有一种鸟，其身形似红色的山鸡，周身五彩斑斓，这种鸟自身兼具雄雌两性，它名叫象蛇，其鸣叫声很奇怪，似在呼叫自己的名字。留水就发源于阳山，从山谷流出后便向南流入黄河。水中有很多䱤父鱼，这种鱼很像鲋鱼，长着鱼头，但鱼身似小猪，人吃了这种鱼，可以止吐。

贲闻山

又东三百五十里，曰贲闻之山，其上多苍玉，其下多黄垩，多涅石①。

[注释]

①涅石：黑矾石，可做染料。

[译文]

由阳山再往东三百五十里有座山，名叫贲闻山，山上有很多青黑色的玉石，山下有很多黄垩土，还有储量丰富的涅石。

王屋山

又北百里，曰王屋之山①，是多石。湳(lián)水出焉，而西北流注于泰泽。

[注释]

①王屋之山：山名。山有三重，其状如屋，故名。

[译文]

由贲闻山再往北一百里有座山，名叫王屋山，王屋山上石头很多。湳水发源于这座山，流出山谷后便向西北流入泰泽。

教山

又东北三百里，曰教山，其上多玉而无石。教水出焉，西流注于河，是水冬干而夏流，实惟干河。其中有两山。是山也，广员三百步，其名曰发丸之山①，其上有金玉。

[注释]

①发丸之山：相传此山居于水中，如同神人发射的两颗弹丸，因此得名。

[译文]

由王屋山再往东北三百里有座山，名叫教山，这座山上有很多玉石，没一块石头。教水就发源于这座山，流出山谷后便向西流入黄河，教水河道只在夏天有水流，而冬天则干涸断流，因此这条河实际上只是条干河。河床中有两座小山丘，这两座小山丘方圆只有三百步，名叫发丸山，山丘上有很多金矿和玉石。

景山

又南三百里，曰景山，南望盐贩之泽，北望少泽。其上多草、藷(shǔ)芎(yù)①，其草多秦椒②，其阴多赭(zhě)，其阳多玉。有鸟焉，其状如蛇，而四翼、六目、三足，名曰酸与，其鸣自设，见则其邑有恐③。

[注释]

①藷芎：植物名，即山药。②秦椒：花椒。因产于秦地，故名。③恐：恐慌、恐怖之事。

[译文]

由教山再往南三百里有座山，名叫景山，站在景山的山巅，往南可远眺盐池，往北可远眺少泽。景山的山坡上有很多草，主要是秦椒，山上还生长有很多山药，景山的北坡有很多红土，南坡有很多玉石。景山上有一种鸟，其身形似蛇，但长着四只翅膀、六只眼睛和三只脚，这种鸟名叫酸与，它的叫声像是在叫自己的名字，这种鸟一旦出现在哪里，哪里就会有恐怖事件发生。

酸与

孟门山

又东南三百二十里，曰孟门之山，其上多苍玉，多金，其下多黄垩(è)，多涅石。

[译文]

由景山再往东南三百二十里有座山，名叫孟门山，这座山上有很多青黑色的玉石，还蕴藏有丰富的金矿，山坡下有很多黄垩土，还有很多涅石。

平山

又东南三百二十里，曰平山。平水出于其上，潜于其下，是多美玉。

[译文]

由孟门山再往东南三百二十里有座山，名叫平山。平水就发源于这座山的山巅，从山上流下，并潜入山脚，山上有很多上等的玉石。

京山

又东二百里，曰京山，有美玉，多漆木，多竹，其阳多赤铜，其阴有玄砞（sù）[①]。高水出焉，南流注于河。

[注释]

①玄：黑色。砞：砥石，就是磨刀石。

[译文]

由平山再往东二百里有座山，名叫京山，山上有很多上等玉石以及漆树和竹子，这座山的南坡蕴藏有丰富的赤铜矿，山的北坡有很多黑色的磨刀石。高水就发源于这座山，流出山谷后便向南流入黄河。

虫尾山

又东二百里，曰虫尾之山，其上多金玉，其下多竹、多青碧。丹水出焉，南流注于河。薄水出焉，而东南流注于黄泽。

[译文]

由京山再往东二百里有座山，名叫虫尾山，虫尾山上蕴藏有丰富的金矿和玉石，山脚下有很多竹子，还有很多青石和碧玉。丹水就发源于这座山，流出山谷后便向南流入黄河。薄水也发源于这座山，流出山谷后便向东南流入黄泽。

彭毗山

又东三百里，曰彭毗之山，其上无草木，多金玉，其下多水。蚤林之水出焉，东南流注于河。肥水出焉，而南流注于床水，其中多肥遗之蛇。

[译文]

由虫尾山再往东三百里有座山，名叫彭毗山，这座山上寸草不生，蕴藏有丰富的金矿和玉石，山坡下有很多水。蚤林水就发源于这座山，流出山谷后便向东南流入黄河。肥水也发源于这座山，流出山谷后便向南流入床水，肥水中有很多肥遗蛇。

小侯山

又东百八十里，曰小侯之山。明漳之水出焉，南流注于黄泽。有鸟焉，其状如乌而白文，名曰鸪鸐（gū xí），食之不灂（jiào）①。

[注释]

①灂：眼睛昏矇。

[译文]

由彭毗山再往东一百八十里有座山，名叫小侯山。明漳水就发源于这座山，流出山谷后便向南流入黄泽。小侯山上有一种鸟，其形状像乌，但全身羽毛有白色花纹，这种鸟名叫鸪鸐，吃了它的肉可医治眼睛昏矇。

鸪鸐

泰头山

又东三百七十里，曰泰头之山。共水出焉，南注于虖（hū）池。其上多金玉，其下多竹箭。

[译文]

由小侯山再往东三百七十里有座山，名叫泰头山。共水就发源于这座山，流出山谷后向南流入虖池河。小侯山的山顶蕴藏有丰富的金矿和玉石，山坡下到处都是小竹丛。

轩辕山

又东北二百里，曰轩辕之山①，其上多铜，其下多竹。有鸟焉，其状如枭而白首，其名曰黄鸟②，其鸣自诐（jiào），食之不妒③。

[注释]

①轩辕之山：古代传说中的山名。②黄鸟：黄雀，麻雀的一种。③妒：嫉妒。

[译文]

由泰头山再往东北二百里有座山，名叫轩辕山，这座山上蕴藏有丰富的铜矿，山坡下生长有很多竹子。这座山上有一种鸟，其形状像枭，但脑袋是白色的，这种鸟名叫黄鸟，它的鸣叫声就像在叫自己的名字，吃了它的肉可以消除妒忌心理。

谒戾(lì)山

又北二百里，曰谒戾之山，其上多松柏，有金玉。沁水出焉，南流注于河。其东有林焉，名曰丹林。丹林之水出焉，南流注于河。婴侯之水出焉，北流注于汜水。

[译文]

由轩辕山再往北二百里有座山，名叫谒戾山，山上生长着很多松树和柏树，还蕴藏有丰富的金矿和玉石。沁水就发源于这座山，流出山谷后便向南流入黄河。这座山的东麓有一片树林，名叫丹林。这里有条河流流出，名叫丹林水，出山谷后便向南流入黄河。婴侯水也源于这座山，流出山谷后便向北流入汜水。

沮洳(rù)山

东三百里，曰沮洳之山，无草木，有金玉。濝(qí)水出焉，南流注于河。

[译文]

由谒戾山再往东三百里有座山，名叫沮洳山，这座山上寸草不生，倒是蕴藏有丰富的金矿和玉石。濝水就发源于这座山，流出山谷后便向南流入黄河。

神囷(qūn)山

又北三百里，曰神囷之山，其上有文石，其下有白蛇，有飞虫①。黄水②出焉，而东流注于洹。滏水出焉，而东流注于欧水。

[注释]

①飞虫：能飞的虫，指蠛蠓、蚊子之类的小虫。②黄水：古水名。

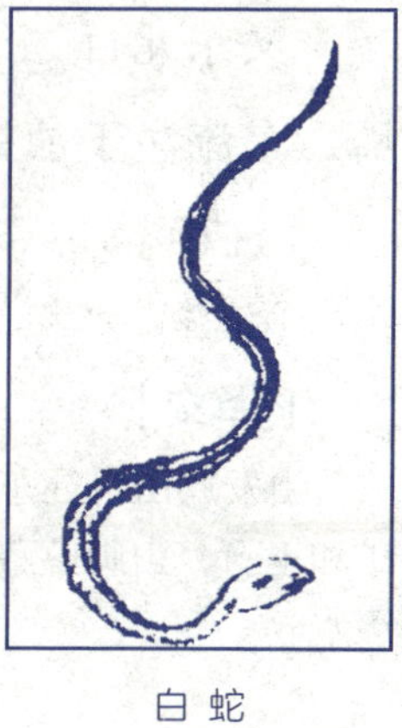

白蛇

［译文］

由沮洳山再往北三百里有座山，名叫神囷山，这座山上有带有花纹的石头，山坡下有白蛇和飞虫。黄水就发源于这座山，流出山谷后便向东流入洹水。滏水也发源于这座山，流出山后便向东流入欧水。

发鸠山

又北二百里，曰发鸠之山，其上多柘(zhè)木。有鸟焉，其状如乌，文首、白喙、赤足，名曰精卫①，其鸣自詨(jiào)。是炎帝②之少女名曰女娃，女娃游于东海，溺而不返，故为精卫，常衔西山之木石，以堙(yīn)③于东海。漳水出焉，东流注于河。

［注释］

①精卫：古代神话中的鸟名。②炎帝：传说中的上古姜姓部族首领，号神农氏。炎帝与黄帝同为中华民族的祖先。③堙：堵塞。

［译文］

由神囷山再往北二百里有座山，名叫发鸠山，这座山上生长着柘树。山上有一种鸟，其形似乌鸦，但脑袋上有花纹，嘴是白色的，脚爪是红色的，这就是精卫鸟，它的鸣叫声就像在叫自己的名字。精卫鸟原是炎帝的小女儿，名叫女娃，有天她去东海游泳，结果沉到海里再也没有回家，后来化身为精卫鸟，经常从西山衔树枝和石头到东海，想用来填没东海。漳水就发源于发鸠山，流出山谷后便向东流入黄河。

少山

又东北百二十里，曰少山，其上有金玉，其下有铜。清漳①之水出焉，东流注于浊漳之水。

［注释］

①清漳：水名，漳河上游。

［译文］

由发鸠山再往东北一百二十里有座山，名叫少山，这座山的山顶蕴藏有丰富的金矿和玉石，山脚蕴藏有丰富的铜矿。清漳水发源于这座山，流出山谷后便向东流入浊漳水。

锡山

又东北二百里，曰锡山，其上多玉，其下有砥。牛首之水出焉，而东流注于滏水。

［译文］

由少山再往东北二百里有座山，名叫锡山，锡山的山巅有很多玉石，山脚下有很多砥石可用来磨刀。牛首水就发源于这座山上，流出山谷后便向东流入滏水。

景山

又北二百里，曰景山，有美玉。景水出焉，东南流注于海泽。

［译文］

由锡山再往北二百里有座山，名叫景山，山上有很多优质的玉石。景水就发源于这座山，从山谷流出后便向东南流入海泽。

题首山

又北百里，曰题首之山，有玉焉，多石，无水。

［译文］

由景山再往北大约一百里有座山，名叫题首山。山上有很多玉石，还有很多石头，但没有水。

绣山

又北百里，曰绣山，其上有玉、青碧，其木多栒（xún）①，其草多芍药、芎（xiōng）䓖。洧（wěi）水出焉，而东流注于河，其中有鳠（hù）②黾（měng）③。

［注释］

①栒：栒树，古人常用于制作拐杖。②鳠：鱼名，类似鲇鱼。无鳞。③黾：蛙的一种。

黾

[译文]

由题首山再往北大约一百里有座山，名叫绣山，山上有很多玉石和青玉，山上生长着栒树以及芍药、芎䓖。洧水就发源于这座山，从山谷流出后便向东流入黄河，洧水中有很多鳠鱼和黾。

松山

又北百二十里，曰松山。阳水出焉，东北流注于河。

[译文]

由绣山再往北一百二十里有座山，名叫松山。阳水就发源于这座山，从山谷流出后便向东北流入黄河。

敦与山

又北百二十里，曰敦与之山，其上无草木，有金玉。溹水出于其阳，而东流注于泰陆之水；泜(dǐ)水出于其阴，而东流注于彭水。槐水出焉，而东流注于泜泽。

[译文]

由松山再往北一百二十里有座山，名叫敦与山，这座山上寸草不生，倒是蕴藏有丰富的金矿和玉石。溹水发源于这座山的南坡，流出山谷后便向东流入泰陆水。泜水发源于这座山的北坡，流出山谷后便向东流入彭水。槐水也发源于这座山，流出山谷后便向东流入泜泽。

柘山

又北百七十里，曰柘山，其阳有金玉，其阴有铁。历聚之水出焉，而北流注于洧(wěi)水。

[译文]

由敦与山再往北一百七十里有座山，名叫柘山，山的南坡蕴藏有丰富的金矿和玉石，北坡蕴藏有丰富的铁矿。历聚水就发源于这座山，流出山谷后便向北流入洧水。

维龙山

又北三百里，曰维龙之山，其上有碧玉，其阳有金，其阴有铁。肥水出焉，而东流注于皋泽，其中多礨(lěi)石。敞铁之水出焉，而北流注于大泽。

［译文］

由柘山再往北三百里有座山，名叫维龙山，山巅有很多青碧色的玉石，山的南坡蕴藏有丰富的金矿，山的北坡蕴藏有丰富的铁矿。肥水就发源于这座山，流出山谷后便向东流入皋泽。肥水中有很多礨石。敞铁水也发源于这座山，流出山谷后便向北流入大泽。

白马山

又北百八十里，曰白马之山，其阳多石玉，其阴多铁，多赤铜。木马之水出焉，而东北流注于虖(hū)沱[1]。

［注释］

①虖沱：即滹沱河，今河北西部有滹沱河。

［译文］

由维龙山再往北一百八十里有座山，名叫白马山，白马山的南坡有很多石头和玉石，北坡蕴藏有丰富的铁矿，山上还蕴藏有丰富的赤铜矿。木马水就发源于这座山，流出山谷后便向东北流入滹沱河。

空桑山

又北二百里，曰空桑之山，无草木，冬夏有雪。空桑之水出焉，东流注于虖(hū)沱。

［译文］

由白马山再往北二百里有座山，名叫空桑山，空桑山上光秃秃的，不论冬夏都有雪。空桑水就发源于这座山，流出山谷后便向东流入滹沱河。

泰戏山

又北三百里，曰泰戏之山，无草木，多金玉。有兽焉，其状如羊，一角一目，目在耳后，其名曰辣辣（dòngdòng），其鸣自训。虖（hū）沱之水出焉，而东流注于溇水。液女之水出于其阳，南流注于沁水。

［译文］

由空桑山再往北三百里有座山，名叫泰戏山，泰戏山上寸草不生，但有很多金矿和玉石。山上有一种野兽，其身形似羊，但只长有一只角和一只眼睛，眼睛长在耳朵后，这种野兽名叫辣辣，它的叫声就像在叫自己的名字。滹沱河就发源于这座山，流出山谷后便向东流入溇水。液女水发源于这座山的南坡，并向南流入沁水。

石山

又北三百里，曰石山，多藏金玉。濩濩（huò huò）之水出焉，而东流注于虖（hū）沱。鲜于之水出焉，而南流注于虖沱。

［译文］

由泰戏山再往北三百里有座山，名叫石山，山上有很多金矿石和优质玉石。濩濩水就发源于这座山，流出山谷后便向东流入滹沱河。鲜于水也发源于这座山，流出山谷后便向南流入滹沱河。

童戎山

又北二百里，曰童戎之山。皋涂之水出焉，而东流注于溇液水。

［译文］

由石山再往北二百里有座山，名叫童戎山。皋涂水就发源于这座山，流出山谷后便向东流入溇液水。

高是山

又北三百里，曰高是之山。滋水出焉，而南流注于虖（hū）沱。其木多棕，其草多条。滱（kòu）水出焉，东流注于河。

[译文]

由童戎山再往北三百里有座山，名叫高是山。滋水发源于这座山，流出山谷后便向南流入滹沱河。高是山上生长着很多棕树和条草。滱水也发源于这座山，流出山谷后便向东流入黄河。

陆山

又北三百里，曰陆山，多美玉。䣯(jiāng)水出焉，而东流注于河。

[译文]

由高是山再往北三百里有座山，名叫陆山，山上有很多优质的玉石。䣯水就发源于这座山，流出山谷后便向东汇入黄河。

沂山

又北二百里，曰沂(yí)山，般(pán)水出焉，而东流注于河。

[译文]

由陆山再往北二百里有座山，名叫沂山，般水就发源于这座山，流出山谷后便向东流入黄河。

燕山

又北百二十里，曰燕山，多婴石①。燕水出焉，东流注于河。

[注释]

①婴石：古代传说燕山所产之石，美似玉。又称燕石。

[译文]

由沂山再往北一百二十里有座山，名叫燕山，这座山上有很多婴石。燕水就发源于燕山，流出燕山后便向东流入黄河。

饶山

又北山行五百里，水行五百里，至于饶山。是无草木，多瑶碧，其兽多橐(tuó)驼，其鸟多鹠(liú)①。历虢(guó)之水出焉，而东流注于河，其中有师鱼②，食之杀人。

[注释]

①鹠：鸺鹠，鸱鸮的一种。古书中常将其视为不祥之鸟。②师鱼：鲵鱼。

[译文]

由燕山再往北走五百里山路和五百里水路，便到了饶山。饶山上不生长草木，但有很多瑶、碧一类的美玉，这里生长的动物主要是骆驼和鹠鸟。历虢水就发源于这座山，流出山谷后便向东汇入黄河，历虢水中有很多师鱼，人吃了便会中毒身亡。

乾(gān)山

又北四百里，曰乾山，无草木，其阳有金玉，其阴有铁而无水。有兽焉，其状如牛而三足，其名曰獂(huán)①，其鸣自訆(jiào)。

獂

[注释]

①獂：传说中的野兽名。

[译文]

由饶山再往北四百里有座山，名叫乾山，山上寸草不生，山的南坡蕴藏有丰富的金矿石和玉石，山的北坡蕴藏有丰富的铁矿。乾山上有一种野兽，其形似牛，但只长了三只脚，它名叫獂。它的叫声就像在叫喊自己的名字。

伦山

又北五百里，曰伦山。伦水出焉，而东流注于河。有兽焉，其状如麋，其州在尾上，其名曰罴(pí)九。

[译文]

由乾山再往北五百里有座山，名叫伦山。伦水就发源于这座山，流出山谷后便向东流入黄河。伦山上有一种动物，其身形似麋鹿，但肛门却长在尾巴上，这种动物名叫罴九。

碣石山

jié

又北五百里，曰碣石①之山。绳水出焉，而东流注于河，其中多蒲夷之鱼②。其上有玉，其下多青碧。

[注释]

①碣石：山名。②蒲夷之鱼：古代传说中的鱼名。

[译文]

由伦山再往北五百里有座山，名叫碣石山。绳水就发源于这座山，流出山谷后便向东流入黄河，绳水中有很多蒲夷鱼。碣石山的山巅有很多玉石，山脚下有很多青石和碧玉。

雁门山

又北水行五百里，至于雁门之山①，无草木。

[注释]

①雁门之山：山名。在今山西。

[译文]

由碣石山再往北经五百里水路，便到了雁门山，这座山上寸草不生。

帝都山

又北水行四百里，至于泰泽。其中有山焉，曰帝都之山，广员百里，无草木，有金玉。

[译文]

由雁门山再往北经四百里水路，就到了泰泽。泰泽中有一座孤山，名叫帝都山，方圆百里，帝都山上没有草木生长，但蕴藏有丰富的金矿和玉石。

𬭚(chún)于毋逢山

又北五百里，曰𬭚于毋逢之山，北望鸡号之山，其风如飈(lì)①。西望幽都之山，浴水出焉。是有大蛇②，赤首白身，其音如牛，见则其邑大旱。

凡《北次三经》之首，自太行之山以至于毋逢之山，凡四十六山，万二千三百五十里。其神状皆马身而人面者廿神。其祠之，皆用一藻、茝(chǎi)③瘗(yì)之。其十四神状皆彘身而载④玉。其祠之，皆玉，不瘗。其十神状皆彘身而八足蛇尾。其祠之，皆用一璧瘗之。大凡四十四神，皆用稌糈米祠之。此皆不火食。

右北经之山，凡八十七山，二万三千二百三十里。

[注释]

①飈：急风之貌。②大蛇：中国古代神话传说中一种极为凶残的蛇。③藻：聚藻，一种香草。茝：古书上说的一种香草，即白芷。④载：通“戴”。

[译文]

由帝都山再往北五百里有座山，名叫𬭚于毋逢山，站在这座山的山巅，往北可远眺鸡号山，鸡号山里有一股急风刮出。往西可远眺幽都山，浴水就发源于幽都山。𬭚于毋逢山上有一种大蛇，其脑袋是红色的，身子是白色的，不时发出如牛哞一样的吼叫声，这种蛇一旦出现在哪里，哪里的城邑必将有旱灾降临。

大蛇

综观《北次三经》记述的北山第三列山系，自太行山到𬭚于毋逢山，共计四十六座山，绵延一万二千三百五十里。这四十六座山的山神中，有二十尊山神身形似马而长着人样的面孔。祭祀这二十尊山神时，用聚藻、白芷作祭品，将它们埋在地下。还有十四尊山神的身形似猪，身上还佩戴着玉。祭祀这十四尊山神的祭品都是用玉，但不埋在地下。另有十尊山神身形似猪，但长着八只脚和一条蛇样的尾巴。祭祀这十尊山神的祭品都是用一块璧玉，将它埋在地下。所有这四十四尊山神祭祀时，都用稻米供奉，而且祭祀诸山的山神都要用未经火烹调的食物。

以上所记北方山系的山，共有八十七座，绵延二万三千二百三十里。

第四卷　东山经

樕𧑒(sù zhū)山

鳙鳙鱼

《东山经》之首，曰樕𧑒之山，北临乾昧(gān mèi)。食水出焉，而东北流注于海。其中多鳙鳙(yōng yōng)之鱼①，其状如犁牛②，其音如彘鸣。

[注释]

①鳙鳙之鱼：古代传说中的一种怪鱼。②犁牛：杂色之牛。

[译文]

《东山经》记述的东山第一列山系的第一座山名叫樕𧑒山，北邻乾昧山。食水就发源于这座山，流出山谷后便向东北流入大海。食水中有很多鳙鳙鱼，这种鱼的身形有些像犁牛，叫声似猪叫。

藟(lěi)山

又南三百里，曰藟山，其上有玉，其下有金。湖水出焉，东流注于食水，其中多活师①。

[注释]

①活师：即蝌蚪。

[译文]

由樕𧑒山再往南三百里有座山，名叫藟山，这座山的山巅上有很多玉石，山坡下有很多金矿。湖水就发源于这座山，流出山谷后便向东流入食水，湖水中有很多蝌蚪。

栒状山

又南三百里，曰栒状之山，其上多金玉，其下多青碧石。有兽焉，其状如犬，六足，其名曰从从，其鸣自诶。有鸟焉，其状如鸡而鼠毛，其名曰蚩（zī）鼠，见则其邑大旱。沢（zhǐ）水出焉。而北流注于湖水。其中多箴鱼[①]，其状如儵（tiáo），其喙如箴，食之无疫疾。

［注释］

①箴鱼：箴，同“针”。此鱼嘴部像针一样。

［译文］

由䃌山再往南三百里有座山，名叫栒状山，这座山的山巅有很多金矿石和玉石，山脚下有很多青石和碧玉。这座山上有一种野兽，其身形似狗，但长有六只脚，它名叫从从，它的吼叫声就像是在喊叫自己的名字。这座山上还有一种鸟，其身形似鸡，但长着老鼠的毛，它名叫蚩鼠，一旦发现蚩鼠，必将发生严重旱灾。沢水就发源于这座山，从山谷流出后便向北流入湖水。沢水中有很多箴鱼，这种鱼形似儵鱼，嘴很尖，似针一样。人吃了这种鱼，可以医治瘟疫。

从从

勃亝山

又南三百里，曰勃亝（qí）[①]之山，无草木，无水。

［注释］

①亝：“齐”的古字。

［译文］

由栒状山再往南三百里有座山，名叫勃亝山，这座山上没有水，寸草不生。

番条山

又南三百里，曰番条之山，无草木，多沙。減（jiǎn）水出焉，北流注于海，其中多鳡（gǎn）鱼[①]。

［注释］

①鳡鱼：又名竿鱼，古代称为鳏鱼。身体长大，呈圆筒形，性凶猛。

［译文］

自勃亝山再往南三百里有座山，名叫番条山，山上不生长草木，但有很多沙。减水就发源于这座山，流出山谷后便向北流入大海，减水中有很多鳡鱼。

鳡鱼

姑儿山

又南四百里，曰姑儿之山，其上多漆，其下多桑柘。姑儿之水出焉，北流注于海，其中多鳡鱼。

［译文］

由番条山再往南四百里有座山，名叫姑儿山，这座山上生长有很多漆树，山坡下生长有很多桑树和柘树。姑儿水就发源于这座山，流出山谷后便向北流入大海，姑儿水中有很多鳡鱼。

高氏山

又南四百里，曰高氏之山，其上多玉，其下多箴石[①]。诸绳之水出焉，东流注于泽，其中多金玉。

［注释］

①箴石：石制的针，古代治病工具，亦指可用以制针的石头。

［译文］

由姑儿山再往南四百里有座山，名叫高氏山，这座山的山巅有很多玉石，山坡下有很多箴石。诸绳水就发源于这座山，流出山谷后便向东流入大泽，诸绳水底有很多金矿和玉石。

岳山

又南三百里，曰岳山，其上多桑，其下多樗（chū）。泺水出焉，东流注于泽，其中多金玉。

[译文]

由高氏山再往南三百里有座山，名叫岳山，山上有很多桑树，山下生长着很多樗树。泺水就发源于这座山，流出山谷后便向东流入大泽，泺水中有很多金矿和玉石。

豺(chái)山

又南三百里，曰豺山，其上无草木，其下多水，其中多堪抒(xù)之鱼。有兽焉，其状如夸父而彘毛，其音如呼，见①则天下大水②。

[注释]

①见：出现。②大水：特大水灾。

[译文]

由岳山再往南三百里有座山，名叫豺山，这座山上寸草不生，山脚下倒是有很多水，水中有很多堪抒鱼。这座山上生活的野兽，其形状似夸父，但周身都长着如猪鬃一样的毛，其吼叫声像是在呼喊着什么，这种野兽一旦出现，那便预示天下将发生特大水灾。

独山

又南三百里，曰独山，其上多金玉，其下多美石，末涂之水出焉，而东南流注于沔(miǎn)①，其中多偹𫚭(tiáoyóng)，其状如黄蛇②，鱼翼，出入有光，见则其邑大旱。

[注释]

①沔：水名，古代汉水的别称。②黄蛇：黄色的蛇或指传说故事中铜剑所变的蛇。

[译文]

由豺山再往南三百里有座山，名叫独山，这座山的山巅蕴藏有丰富的金矿和玉石，山坡下有很多很好看的石头。末涂水就发源于这座山，流出山谷后便向东南流入沔水，末涂水中有很多偹𫚭，这种动物的身形似黄蛇，长有一对鱼鳍，出入水中时闪闪发光，这种动物一旦出现在哪个地方，哪里的城邑便将有严重的旱灾发生。

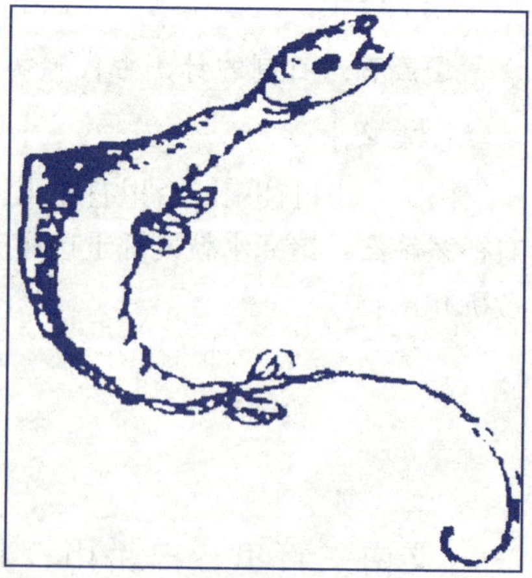

偹𫚭

泰　山

又南三百里，曰泰山[1]，其上多玉，其下多金。有兽焉，其状如豚而有珠，名曰狪狪（tóngtóng），其鸣自训。环水出焉，东流注于江，其中多水玉。

［注释］

①泰山：古称“东岳”，又称“岱山”“岱宗”，五岳之一，在山东省中部。

［译文］

由独山再往南三百里有座山，名叫泰山，山上有很多玉石，山脚下有很多金矿。山上生活有一种野兽，其身形似小猪，但肚里有珠，它名叫狪狪，它的吼叫声像是在叫喊自己的名字。环水就发源于泰山，从泰山流出后便向东流入江水，环水中有很多水晶。

竹山

又南三百里，曰竹山，錞（chún）于汶，无草木，多瑶碧。激水出焉，而东流注于娶檀之水，其中多茈蠃（luó）[1]。

凡《东山经》之首，自樕螽之山以至于竹山，凡十二山，三千六百里。其神状皆人身龙首。祠，毛用一犬祈，衈（èr）用鱼。

［注释］

①茈蠃：即紫螺。

［译文］

由泰山再往南三百里有座山，名叫竹山，这座山雄踞江边，山上寸草不生，但有很多瑶玉和碧玉。激水就发源于这座山，从山谷流出后便向东南流入娶檀水，激水中有很多紫色螺。

综观《东山经》记述的东山第一列山系，北起樕螽山，南至竹山，共计十二座山，绵延三千六百里。这十二座山的山神，其身形似人，但脑袋像龙。祭祀这些山神时，供品用一只狗，杀牲取血，祷告时要用鱼。

人身龙首神（东山神）

空桑山

《东次二经》之首，曰空桑之山，北临食水[1]，东望沮吴，南望沙陵，西望湣(mǐn)泽。有兽焉，其状如牛而虎文，其音如钦，其名曰軨軨(líng líng)，其鸣自叫，见则天下大水。

［注释］

①食水：传说中的水名。

［译文］

《东次二经》记述的东山第二列山系的第一座山名叫空桑山，这座山北临食水，向东可眺望沮吴山，向南可眺望沙陵，向西可眺望湣泽。空桑山上有一种野兽，其身形似牛，但全身毛纹似虎斑，吼叫声似人呻吟。这种兽名叫軨軨，它的吼叫声似在叫喊自己的名字，这种野兽一旦出现，便预示天下将发生特大水灾。

曹夕山

又南六百里，曰曹夕之山，其下多穀而无水，多鸟兽。

［译文］

由空桑山再往南六百里有座山，名叫曹夕山，山坡下生长着很多构树，没有水，却有很多鸟兽。

峄(yì)皋山

又西南四百里，曰峄皋之山，其上多金玉，其下多白垩。峄皋之水出焉，东流注于激女之水，其中多蜃(rǔ)珧(yáo)[1]。

［注释］

①蜃珧：蜃，大蛤蜊，软体动物。珧，体型较小的蚌，软体动物。

［译文］

由曹夕山再往西南四百里有座山，名叫峄皋山，这座山上有很多金矿石和玉石，山坡下有很多白垩土。峄皋水就发源于这座山，流出山谷后便向东流入激女水，水中有很多蜃和珧。

葛山尾

又南水行五百里，流沙三百里，至于葛山之尾，无草木，多砥砺(lì)。

[译文]

由峄皋山再往南经过五百里水路、三百里流沙，就到了葛山的尾端，这里没有草木，但有很多磨刀石。

葛山首

又南三百八十里，曰葛山之首，无草木。澧(lǐ)水出焉，东流注于余泽，其中多珠鳖(biē)鱼，其状如胏①而有目，六足有珠，其味酸甘，食之无疠。

[注释]

①胏：一作“肺”。

[译文]

由葛山的尾端再往南三百八十里，就到了葛山的首端，这里寸草不生。澧水就发源于这里，流出山谷后便向东流入余泽。澧水中有很多珠鳖鱼，这种鱼的形状似肺，长有眼睛和六只脚，能从嘴里生出珠子，这种鱼的味道酸中带甜，人吃了这种鱼可以医治瘟疫。

余峩山

犰狳

又南三百八十里，曰余峩之山。其上多梓柟，其下多荆芑(qǐ)①。杂余之水出焉，东流注于黄水。有兽焉，其状如菟(tù)而鸟喙，鸱(chī)目蛇尾，见人则眠②，名曰犰狳(qiú yú)，其鸣自训(jiào)，见则螽(zhōng)蝗③为败。

[注释]

①荆：荆棘，山野丛生的带刺小灌木。芑：通“杞”。即枸杞树。②眠：装死。③螽：螽斯。蝗：蝗虫。

[译文]

由葛山首端再往南三百八十里有座山，名叫余峩山。这座山的山巅生长着梓树和楠树，山坡下生长着荆棘和枸杞。杂余水就发源于这座山，流出山谷后便向东流入黄水。余峩山上生活有一种野兽，其体形像兔，却有鸟一样的嘴，眼睛似鸱鸟，尾巴似蛇，一见有人便装死，这种兽名叫犰狳。它的吼叫声就像是在叫喊自己的名字。这种兽出现在哪里，便预示哪里将遭受蝗灾。

杜父山

又南三百里，曰杜父之山，无草木，多水。

[译文]

由余峩山再往南三百里有座山，名叫杜父山，山上不生长草木，但有很多水。

耿山

又南三百里，曰耿山，无草木，多水碧[①]，多大蛇。有兽焉，其状如狐而鱼翼，其名曰朱獳(rú)，其鸣自训(jiào)，见则其国有恐。

朱 獳

[注释]

①水碧：玉的一种，又名碧玉。

[译文]

由杜父山再往南三百里有座山，名叫耿山，山上不生长草木，但有很多水晶，还有很多巨蛇。这座山上生活有一种野兽，其形状似狐但长有鱼样的背鳍，它的名字叫朱獳，它的吼叫声就像是在叫喊自己的名字，这种动物一旦出现在哪里，就预示这个国家将有恐怖的事件发生。

卢其山

又南三百里，曰卢其之山，无草木，多沙石。沙水出焉，南流注于涔(cén)水，其中多鵹鹕(lí hú)①，其状如鸳鸯而人足，其鸣自讠，见则其国多土功②。

［注释］

①鵹鹕：鹈鹕鸟。②土功：指治水、筑城、建造官殿等工程。

［译文］

由耿山再往南三百里有座山，名叫卢其山，这座山上不生长草木，遍地都是沙石。沙水就发源于这座山，流出山谷后便向南流入涔水，沙水中有很多鵹鹕鸟，这种鸟形似鸳鸯，却长着一对人的脚，它的鸣叫声就像是在叫喊自己的名字，这种鸟一旦出现在哪里，就预示哪个国家会有大兴土木的劳役。

姑射山

又南三百八十里，曰姑射之山①，无草木，多水。

［注释］

①姑射之山：山名。在山西临汾。

［译文］

由卢其山再往南三百八十里有座山，名叫姑射山，这座山上寸草不生，但有很多水。

北姑射山

又南水行三百里，流沙百里，曰北姑射之山，无草木，多石。

［译文］

由姑射山再往南经三百里水路、一百里流沙，就到了北姑射山，这座山上没有一草一木，全都是石头。

南姑射山

又南三百里，曰南姑射之山，无草木，多水。

［译文］

由北姑射山再往南三百里有座山，名叫南姑射山，这座山上寸草不生，但有很多水。

碧山

又南三百里，曰碧山，无草木，多大蛇，多碧、水玉[①]。

［注释］

①水玉：水晶，意为似水之玉。

［译文］

由南姑射山再往南三百里有座山，名叫碧山，这座山上没有草木生长，但有很多巨蛇，还有很多青碧色的玉石和水晶石。

缑(gōu)氏山

又南五百里，曰缑氏之山[①]，无草木，多金玉。原水出焉，东流注于沙泽。

［注释］

①缑氏之山：山名，在河南偃师。

［译文］

由碧山再往南五百里有座山，名叫缑氏山，这座山上寸草不生，但蕴藏有丰富的金矿石和玉石。原水就发源于这座山，流出山谷后便向东流入沙泽。

姑逢山

又南三百里，曰姑逢之山，无草木，多金玉。有兽焉，其状如狐而有翼，其音如鸿雁[①]，其名曰獙獙(bì bì)，见则天下大旱。

［注释］

①鸿雁：大雁。

［译文］

由缑氏山再往南三百里有座山，名叫姑逢山，这座山上没有一草一木，但蕴藏有丰富的金矿石和玉石。这座山上有一种野兽，其身形似狐狸，但长有一对翅膀，叫声似大雁，它名叫獙獙，这种野兽一旦出现，天下便将有严重的旱灾发生。

凫丽山

又南五百里，曰凫丽之山，其上多金玉，其下多箴石，有兽焉，其状如狐，而九尾、九首、虎爪，名曰𧏡蛭(lóng zhì)，其音如婴儿，是食人。

[译文]

由姑逢山再往南五百里有座山，名叫凫丽山，这座山上有很多金矿石和玉石，山坡下有很多可用来制成石针的箴石。凫丽山上有一种野兽，其身形似狐，但长有九只尾巴和九个脑袋，爪似虎，这种兽名叫𧏡蛭，它的吼叫声像婴儿啼哭，是一种吃人兽。

䃌(zhēn)山

又南五百里，曰䃌山，南临䃌水，东望湖泽。有兽焉，其状如马，而羊目、四角、牛尾，其音如獆(háo)狗，其名曰峳(yóu)峳。见则其国多狡客[1]。有鸟焉，其状如凫而鼠尾，善登木[2]，其名曰絜(xié)钩，见则其国多疫[3]。

凡《东次二经》之首，自空桑之山至于䃌山，凡十七山，六千六百四十里。其神状皆兽身人面载觡(gé)[4]。其祠，毛用一鸡祈，婴用一璧瘗(yì)。

兽身人面神

[注释]

①狡客：奸诈、狡诈之人。②登木：爬树、上树。③疫：瘟疫。④载：同“戴”，戴在头上。觡：骨角、兽角。

[译文]

由凫丽山再往南五百里有座山，名叫䃌山，这座山南边濒临䃌水，往东可远眺湖泽。山上有一种野兽，其身形似马，但眼睛似羊，角有四只，尾巴似牛，吼声似狗叫，这种野兽名叫峳峳。这种野兽一旦出现在哪里，哪个国家就会有狡辩的游士出现。䃌山还有一种鸟，其身形似凫，尾巴似鼠，擅长攀缘树木，它名叫絜钩，这种鸟一旦出现在哪里，哪个国家就会发生瘟疫。

综观《东次二经》记述的东山第二列山系，自空桑山到䃌山，总计十七座山，绵延六千六百四十里。这十七座山的山神，身形都似野兽，却长着人样的面孔，头上还长着麋鹿似的角。祭祀这些山神时，祭品都是用一只鸡取血涂祭，玉器用一块璧玉，将玉埋在地下。

尸胡山

《东次三经》之首，曰尸胡之山，北望殚（xiáng）山，其上多金玉，其下多棘。有兽焉，其状如麋而鱼目，名曰妴（wǎn）胡，其鸣自训。

[译文]

《东次三经》记述的东山第三列山系的第一座山，名叫尸胡山，这座山往北可远眺殚山，尸胡山上有很多金矿石和玉石，山下有很多荆棘。尸胡山上有一种野兽，其身形似麋鹿，眼似鱼，它名叫妴胡，其叫声就像是在叫喊自己的名字。

岐山

又南水行八百里，曰岐山①，其木多桃李，其兽多虎。

[注释]

①岐山：山名。在今陕西岐山。

[译文]

由尸胡山再往南经八百里水路，就到了岐山，山上生长着很多桃树和李树，出没的野兽主要是虎。

诸钩山

又南水行七百里，曰诸钩之山，无草木，多沙石。是山也，广员百里，多寐鱼①。

［注释］

①鮆鱼：鱼名，又称为鮆鱼。

［译文］

由岐山再往南经七百里水路，就到了诸钩山，这座山上寸草不生，遍地都是沙子和石头。这座山方圆百里，山附近的水中有很多鮆鱼。

中父山

又南水行七百里，曰中父之山，无草木，多沙。

［译文］

由诸钩山再往南经七百里水路，就到了中父山，这座山上寸草不生，遍地沙石。

胡射山

又东水行千里，曰胡射之山，无草木，多沙石。

［译文］

由中父山再往东经一千里水路，就到了胡射山，这座山上没有一草一木，遍地都是沙子和石头。

孟子山

又南水行七百里，曰孟子之山，其木多梓[①]桐，多桃李，其草多菌蒲[②]，其兽多麋鹿。是山也，广员百里。其上有水出焉，名曰碧阳，其中多鳣鲔(zhān wěi)[③]。

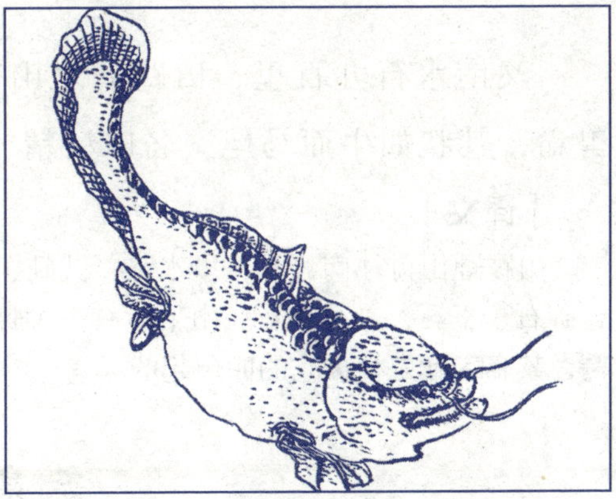
鳣

［注释］

①梓：梓树。②菌：一种野菜。蒲：蒲草，即香蒲。③鳣：鳣鱼，鲟鳇鱼的古称。鲔：鲔鱼，鲟鱼和鳇鱼的古称。

［译文］

由胡射山再往南经七百里水路，就到了孟子山，山上主要生长着梓树、桐树、桃树、李树以及菌、蒲等野菜，生活的野兽主要是麋鹿。这座山方圆达百里。山上有水流出，这就是碧阳水，水中有很多鳣鱼和鲔鱼。

跂踵山

又南水行五百里，曰流沙，行五百里，有山焉，曰跂踵之山，广员二百里，无草木，有大蛇，其上多玉。有水焉，广员四十里皆涌，其名曰深泽，其中多蠵(xī)龟①。有鱼焉，其状如鲤，而六足鸟尾，名曰鮯(gé)鮯之鱼，其鸣自叫。

［注释］

①蠵龟：也叫赤蠵龟，体型较大，身体扁平，背甲红棕色，腹甲橘黄色。头部较大，具有极为强健的钩状喙。

［译文］

由孟子山再往南经五百里水路，是一片流沙地，再走五百里，便到了跂踵山。这座山方圆二百里，山上没有一草一木，但有很多巨蛇出没，山上还有很多玉石。这座山上有个大泽，方圆约四十里，都是从地下奔涌而出的水，这个大泽名叫深泽，泽里有很多蠵龟。水中还有一种鱼，其形状似鲤鱼，但长有六只爪，尾似鸟尾，这种鱼名叫鮯鮯鱼，这种鱼不时发出叫声，就像是在叫喊自己的名字。

踇隅山

又南水行九百里，曰踇隅之山，其上多草木，多金玉，多赭(zhě)。有兽焉，其状如牛而马尾，名曰精精，其鸣自叫。

［译文］

由跂踵山再往南经九百里水路，就到了踇隅山，这座山上有很多草木，还有很多金矿石、玉石，以及赭石。山上还有一种野兽，其身形似牛，但尾巴似马，它名叫精精，其名字就是根据它的叫声起的。

无皋山

又南水行五百里，流沙三百里，至于无皋之山，南望幼海，东望榑(fú)木①，无草木，多风。是山也，广员百里。

凡《东次三经》之首，自尸胡之山至于无皋之山，凡九山，六千九百里。其神状皆人身而羊角。其祠：用一牡羊②，糈用黍。是神也，见则风雨水为败。

[注释]

①榑木：榑桑、扶桑，古代神话中海外的大树，据说太阳从这里出来。②牡羊：公羊。

[译文]

由踌隅山再往南经五百里水路、三百里流沙，就到了无皋山，站在无皋山巅，往南可远眺幼海，往东可远眺扶桑，无皋山上寸草不生，经常刮风，这座山方圆达百里左右。

综观《东次三经》记述的东山第三列山系，北自尸胡山，南到无皋山，总计九座山，绵延六千九百里。这九座山的山神，身形都似人，但都长有羊角。祭祀这些山神时，牲畜用一只公羊，精米用黍米。这九座山的山神，一旦什么时候出现，就会有暴风骤雨，往往会有水灾毁坏农作物。

北号山

又《东次四经》之首，曰北号之山，临于北海。有木焉，其状如杨，赤华，其实如枣而无核，其味酸甘，食之不疟①。食水出焉，而东北流注于海。有兽焉，其状如狼，赤首鼠目，其音如豚，名曰猲狚(gé dàn)②，是食人。有鸟焉，其状如鸡而白首，鼠足而虎爪，其名曰鬿(qí)雀，亦食人。

[注释]

①疟：疟疾。②猲狚：古代传说中的野兽。

[译文]

《东次四经》记述的东部第四列山系第一座山名叫北号山，这座山濒临北海。山上生长有一种树木，其形状似杨树，花是红色的，果实似枣，但果实里没长核，味道酸中带甜，吃了这种果实就可以防治疟疾。食水就发源于北号山，从山谷流出后便向东北流入大海。北号山上有一种野兽，其身形似狼，脑袋是红色的，眼睛似鼠，不时发

猲狚

出如小猪一样的叫声，这种野兽名叫獦狚，是一种吃人兽。北号山上还生活有一种鸟，其身形似鸡，脑袋是白色的，脚似鼠，爪子似虎，这种鸟名叫鬿雀，也吃人。

旄(máo)山

又南三百里，曰旄山，无草木。苍体之水出焉，而西流注于展水，其中多鱃(qiū)鱼[1]，其状如鲤而大首，食者不疣(yóu)[2]。

[注释]

①鱃鱼：俗称泥鳅。②疣：一种皮肤病，症状为皮肤上长肉瘤。

[译文]

由北号山再往南三百里有座山，名叫旄山，这座山上光秃秃的。苍体水就发源于这座山，流出山谷后便向西流入展水。苍体水中有很多鱃鱼，这种鱼形似鲤鱼，鱼头较大，人吃了这种鱼就不会长赘疣。

东始山

又南三百二十里，曰东始之山，上多苍玉。有木焉，其状如杨[1]而赤理，其汁如血，不实，其名曰芑[2]，可以服马。泚水出焉，而东北流注于海，其中多美贝[3]，多茈鱼[4]，其状如鲋[5]，一首而十身，其臭如蘪芜[6]，食之不糟(pì)。

[注释]

①杨：杨树。②芑：木名，枸杞。③美贝：好看的贝类。④茈鱼：神话中的鱼名，身体为紫色。⑤鲋：鲫鱼。⑥蘪芜：蘼芜，一种香草，叶有香气。

[译文]

由旄山再往南三百二十里有座山，名叫东始山，东始山上有很多苍玉。山上生长有一种树木，其形状似杨树，纹理是红色的，从树干中流出的汁液似血一样，这种树没有果实，树名叫芑，流出的树汁可以用来涂在马身上以使马驯服。泚水就发源于这座山，流出山谷后便向东北流入大海。泚水中有很多壳纹好看的贝，还有一种紫色的鱼，形似鲋鱼，长着一只脑袋十个身子，身上散发出一种香气，人吃了这种鱼可以少放屁。

女烝(zhēng)山

又东南三百里，曰女烝之山，其上无草木，石膏水出焉，而西流注于鬲水，其中多薄鱼①，其状如鳣鱼而一目，其音如欧②，见则天下大旱。

[注释]

①薄鱼：传说中的一种鱼名，像鳣鱼，只有一只眼睛，叫声就像人呕吐一样。②欧：呕吐。

薄鱼

[译文]

由东始山再往东南三百里有座山，名叫女烝山，这座山上没有一草一木，石膏水就发源于这座山，流出山谷后便往西流入鬲水。石膏水中有很多薄鱼，其形状很像鳣鱼，但只长有一只眼睛，不时发出如人呕吐的声音，只要它出现，天下就会发生大旱。

钦山

又东南二百里，曰钦山，多金玉而无石。师水出焉，而北流注于皋泽，其中多鳝鱼，多文贝。有兽焉，其状如豚而有牙①，其名曰当康，其鸣自叫，见则天下大穰(ráng)。

[注释]

①牙：指露于嘴唇之外的尖锐锋利的牙齿。

[译文]

由女烝山再往东南二百里有座山，名叫钦山，这座山上没有普通的石头，但有很多金矿石和玉石。师水就发源于这座山，流出山谷后便向北流入皋泽。师水中有很多鳝鱼，还有很多带有花纹的贝壳。钦山上生长有一种野兽，其形似小猪，长着獠牙，它名叫当康，其叫声就像在叫自己的名字，这种野兽一旦出现，就预示天下将有好收成。

子桐山

又东南二百里，曰子桐之山。子桐之水出焉，而西流注于余如之泽。其中多鮹鱼，其状如鱼而鸟翼，出入有光，其音如鸳鸯，见则天下大旱。

[译文]

由钦山再往东南二百里有座山，名叫子桐山。子桐水就发源于这座山，流出山谷后便向西流入余如泽。子桐水中有很多鮹鱼，这种鱼看起来和一般的鱼差不多，但长有一对鸟的翅膀，在水面飞上飞下，且闪闪发光，不时还发出如鸳鸯一样的叫声。这种鱼一旦出现，便预示天下将有严重的旱灾出现。

剡山

又东北二百里，曰剡山，多金玉。有兽焉，其状如彘而人面，黄身而赤尾，其名曰合窳（yǔ），其音如婴儿。是兽也，食人，亦食虫蛇，见则天下大水。

[译文]

由子桐山再往东北二百里有座山，名叫剡山，山上有很多金矿石和玉石。这座山上有一种野兽，其身形似猪，但长着一副人的面孔，全身是黄色的，尾巴是红色的，这种野兽名叫合窳，叫声如婴儿的哭声。这是一种吃人兽，也吃虫和蛇，这种野兽一旦出现，便预示天下将有严重的水灾。

合窳

太山

又东二百里，曰太山，上多金玉、桢木①。有兽焉，其状如牛而白首，一目而蛇尾，其名曰蜚②，行水则竭，行草则死，见则天下大疫。钩水出焉，而北流注于劳水，其中多鱃鱼。

凡《东次四经》之首，自北号之山至于太山，凡八山，一千七百二十里。

右东经之山志，凡四十六山，万八千八百六十里。

［注释］

①桢木：木名，即女贞，灌木。凌冬青翠不凋，其子可入药。②蜚：传说中的灾兽。

［译文］

由剡山再往东二百里有座山，名叫太山。太山上有很多金矿石和玉石，还生长有很多桢树。山上有一种野兽，其身形似牛，脑袋是白色的，只长有一只眼睛，尾巴似蛇，它名叫蜚。这种野兽在水中行走，水便要枯竭；在草中行走，草便会枯死。它一旦出现，天下便将发生瘟疫灾害。钩水就发源于太山上，从山谷流出后便向北流入劳水，钩水中有很多鱃鱼。

综观《东次四经》记述的东部第四列山系，自北号山至太山，共八座山，绵延一千七百二十里。

以上所述东部山系，共计四十六座山，绵延一万八千八百六十里。

第五卷　中山经

薄山　甘枣山

《中山经》薄山之首，曰甘枣之山，共(gōng)水出焉，而西流注于河。其上多杻木。其下有草焉，葵本而杏叶①。黄华而荚实，名曰箨(tuò)，可以已瞢(méng)②。有兽焉，其状如獃(huǐ)鼠而文题，其名曰𧍊(nài)，食之已瘿(yǐng)③。

［注释］

①杏叶：杏树的叶子。②瞢：眼目不明。③瘿：生在皮肤、肌肉、筋骨等处的肿块。

［译文］

《中山经》记述的中山第一列山系为薄山山脉，薄山的第一座山名叫甘枣山，共水就发源于这座山，流出山谷后便向西流入黄河。甘枣山上生长有很多杻树。山坡下生长有一种草，草茎似葵草，叶似杏叶，开黄花，结荚果。这种草名叫箨，可以用来医治眼睛昏花看不清。山上还生活着一种野兽，其形状似獃鼠，额头上有花纹，名叫𧍊，人吃了它可以医治脖子上长的赘瘤。

历儿山

又东二十里，曰历儿之山，其上多橿，多枥木，是木也，方茎而员叶，黄华而毛，其实如楝(liàn)①，服之不忘②。

［注释］

①楝：楝树，又叫“苦楝”。②忘：健忘。

［译文］

由甘枣山往东二十里有座山，名叫历儿山，历儿山上生长有很多橿树，还生长有一种名叫枥木的树，这种树的树干是方柱形的，叶子圆圆的，开出的花朵是黄色的，表面还有一层绒毛，结出的果实似楝树的果实，人吃了它可医治健忘症。

渠猪山

又东十五里，曰渠猪之山，其上多竹。渠猪之水出焉，而南流注于河。其中是多豪鱼①，状如鲔(wěi)，赤喙尾赤羽，可以已白癣②。

［注释］

①豪鱼：神话传说中的一种鱼。②白癣：由皮肤感染真菌引起的一种疾病。

［译文］

由历儿山往东十五里有座山，名叫渠猪山，渠猪山满山都是竹子。渠猪水就发源于这座山，流出山谷后便往南流入黄河。渠猪水中有很多豪鱼，这种鱼的形状似鲔鱼，但嘴巴是红色的，尾巴上还长有红色的羽毛，这种鱼可以用来医治白癣病。

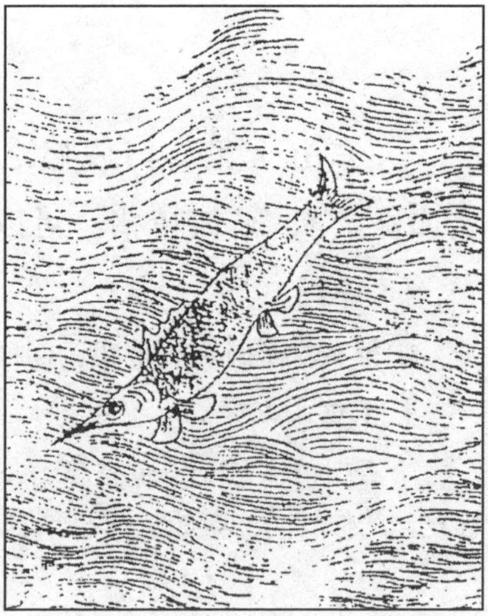

豪鱼

葱聋山

又东三十五里，曰葱聋之山，其中多大谷，是多白垩①，黑、青、黄垩。

［注释］

①垩：土。

［译文］

由渠猪山再往东三十五里有座山，名叫葱聋山，葱聋山沟谷纵深，谷中有很多白垩土，还有很多黑垩土、青垩土、黄垩土。

涹山

又东十五里，曰涹山，其上多赤铜①，其阴多铁。

［注释］

①赤铜：指纯铜，也称红铜、紫铜。

［译文］

由葱聋山再往东十五里有座山，名叫涹山，山上蕴藏有丰富的赤铜矿，山的北坡蕴藏有丰富的铁矿。

脱扈山

又东七十里，曰脱扈之山。有草焉，其状如葵叶而赤华，荚实，实如棕荚①，名曰植楮(chǔ)，可以已癙(shǔ)②，食之不眯。

［注释］

①棕荚：棕榈树的果实。②癙：即瘘管，人或动物由于外伤、脓肿引起的疾病。

［译文］

由溇山再往东七十里有座山，名叫脱扈山。山上生长有一种草，其形似葵草，开红花，结似棕树的荚果，这种草名叫植楮，可用来医治瘘管病，吃了它可以不做噩梦。

金星山

又东二十里，曰金星之山，多天婴，其状如龙骨，可以已痤①。

［注释］

①痤：痤疮，一种皮肤病。

［译文］

由脱扈山再往东二十里有座山，名叫金星山，山上生长有很多天婴，它形似龙骨，可以用来医治痤疮。

泰威山

又东七十里，曰泰威之山。其中有谷，曰枭谷，其中多铁。

［译文］

由金星山再往东七十里有座山，名叫泰威山。这座山中有个谷，名叫枭谷，枭谷中蕴藏有丰富的铁矿石。

橿谷山

又东十五里，曰橿谷之山，其中多赤铜。

［译文］

由泰威山再往东十五里有座山，名叫橿谷山，山上蕴藏有丰富的赤铜矿。

吴林山

又东百二十里，曰吴林之山，其中多葌草①。

[注释]

①葌草：茅草，一说“葌”通“菅”。

[译文]

由欙谷山再往东一百二十里有座山，名叫吴林山，山上长着很多茅草。

牛首山

又北三十里，曰牛首之山。有草焉，名曰鬼草，其叶如葵而赤茎，其秀如禾①，服之不忧。劳水出焉，而西流注于潏水。是多飞鱼，其状如鲋鱼，食之已痔衕(dòng)②。

[注释]

①秀：指谷物或植物吐穗开花。禾：古代指粟，即今之小米。②痔衕：即痔漏，俗称痔疮。

飞鱼

[译文]

由吴林山再往北三十里有座山，名叫牛首山。山上生长一种草，名叫鬼草。这种草的叶似山葵草，草茎是红色的，开出的花似禾类植物吐的穗，用这种草入药，吃了可以消除忧郁。劳水就发源于这座山，流出山谷后便向西流入潏水。劳水中有很多飞鱼，这种鱼形似鲋鱼，吃了这种鱼可以治愈痔疮。

霍山

又北四十里，曰霍山，其木多榖。有兽焉，其状如狸，而白尾有鬣(liè)，名曰朏朏(fěi fěi)，养之可以已忧。

[译文]

由牛首山再往北四十里有座山，名叫霍山，霍山上生长的树种主要是构树。霍山上有一种野兽，其形状似狸，但尾巴是白色的，长有鬃毛，这种野兽名叫朏朏，饲养这种动物可以使人消除忧郁。

合谷山

又北五十二里，曰合谷之山，是多薝（zhān）棘[①]。

［注释］

①薝棘：天棘草，即天门冬。

［译文］

由霍山再向北约五十二里处有座山，名叫合谷山，那里遍布着薝棘草。

阴山

又北三十五里，曰阴山，多砺石、文石。少水出焉，其中多雕棠[①]，其叶如榆[②]叶而方，其实如赤菽[③]，食之已聋。

［注释］

①雕棠：传说中的植物名。②榆：榆树。③赤菽：赤小豆。菽，豆类的总称。

［译文］

由合谷山再往北三十五里有座山，名叫阴山，山上有很多磨刀石和嵌有花纹的石头。少水就发源于这座山，这座山上有很多雕棠树，树叶像榆树叶，但形状呈方形，结的果实像红豆，吃了它可以治愈耳聋。

鼓镫山

又东北四百里，曰鼓镫（dèng）之山，多赤铜。有草焉，名曰荣草，其叶如柳，其本如鸡卵[①]，食之已风。

凡薄山之首，自甘枣之山至于鼓镫之山，凡十五山，六千六百七十里。历儿，冢也，其祠礼：毛，太牢之具，县[②]婴以吉玉。其余十三山者，毛用一羊，县婴用藻圭，瘗而不糈。藻圭者，藻玉也，方其下而锐[③]其上，而中穿之加金。

［注释］

①鸡卵：鸡蛋。②县：同“悬”。③锐：上小下大，尖锐。

［译文］

由阴山再往东北四百里，就到了鼓镫山，这座山上蕴藏有丰富的赤铜矿。山上生长有一种草，名叫荣草，这种草的叶似柳叶，草茎如鸡蛋，用这种草入药可以医治风痹病。

综观中部薄山山脉，自甘枣山到鼓镫山，总共十五座山，绵延六千六百七十里。其中历儿山是诸山的宗主，祭祀这尊山神时，祭品有全猪、全牛、全羊，玉器用吉玉。祭祀另外十三位山神时，祭品用一头羊，玉器用藻圭，将它们埋在地里，祭祀时不用精米。藻圭就是藻玉，上头尖尖的，下端方方的，中间有穿孔并嵌入金属做装饰。

济山　辉诸山

《中次二经》济山之首，曰辉诸之山，其上多桑，其兽多闾麋(lú)，其鸟多鹖(hé)[1]。

［注释］

①鹖：鸟名，即鹖鸡、鹖鸟，形体比野鸡稍大，羽毛黄黑色，头有毛角，天性好斗，至死不却。

［译文］

《中经二次》记述的中部第二列山系是济山，济山的第一座山名叫辉诸山。辉诸山上生长最多的树种是桑树，出没的野兽主要是山驴和麋鹿，栖息的鸟类主要是鹖。

发视山

又西南二百里，曰发视之山，其上多金玉，其下多砥砺。即鱼之水出焉，而西流注于伊水[1]。

［注释］

①伊水：伊河。

［译文］

由辉诸山往西南二百里有座山，名叫发视山，发视山上蕴藏有丰富的金矿和玉石，山坡下有很多磨刀石。即鱼水就发源于这座山，流出山谷后便向西流入伊水。

豪山

又西三百里，曰豪山，其上多金玉而无草木。

[译文]

由发视山再往西三百里有座山，名叫豪山，豪山上蕴藏有丰富的金矿和玉石，但山上寸草不生。

鲜山

又西三百里，曰鲜山，多金玉，无草木。鲜水出焉，而北流注于伊水。其中多鸣蛇[①]，其状如蛇而四翼，其音如磬(qìng)[②]，见则其邑大旱。

[注释]

①鸣蛇：传说中的兽名，体大如蛇，但有四翼。②磬：古代乐器，用石或玉雕成，悬挂于架上，击之而鸣。

[译文]

由豪山再往西三百里有座山，名叫鲜山，鲜山上蕴藏着丰富的金矿和玉石。山上没有一草一木，鲜水就发源于这座山，流出山谷后便向北流入伊水。鲜水中有很多鸣蛇，它的外形似蛇但长有四只翅膀，不时发出如击磬的鸣叫声，它一旦出现在哪里，哪里必将有严重旱灾。

鸣 蛇

阳山

又西三百里，曰阳山，多石，无草木。阳水出焉，而北流注于伊水。其中多化蛇[①]，其状如人面而豺[②]身，鸟翼而蛇行[③]，其音如叱呼[④]，见则其邑大水。

[注释]

①化蛇：古代神话中的怪兽。②豺：野兽名，形似犬而残猛如狼，俗名豺狗。

③蛇行：像蛇一样蜿蜒曲折地前进。④叱呼：呼喝。

［译文］

由鲜山再往西三百里有座山，名叫阳山，阳山上都是石头，没有一草一木。阳水就发源于这座山，流出山谷后便向北流入伊水。阳水中有很多化蛇，这种蛇的身形似豺，面孔似人，并长着一对鸟的翅膀，但爬行还是似蛇，不时发出如人的呵斥声的鸣叫，它一旦出现在哪里，哪里的百姓就将遭受严重的水灾。

昆吾山

又西二百里，曰昆吾之山，其上多赤铜[①]。有兽焉，其状如彘而有角，其音如号[②]，名曰蛮蚳，食之不眯。

［注释］

①赤铜：古代传说昆吾之山所出的铜，其色如火，质地极坚，用它铸刀剑，锋利无比。②号：号叫，号哭。

［译文］

由阳山再往西二百里有座山，名叫昆吾山，昆吾山上蕴藏的矿物主要是赤铜。山上生长有一种野兽，其身形似猪，且长有角，发出的吼叫声似人号哭一般，这种野兽名叫蛮蚳，人吃了它的肉可以医治梦魇症。

葌(jiān)山

又西百二十里，曰葌山。葌水出焉，而北流注于伊水，其上多金玉，其下多青、雄黄。有木焉，其状如棠而赤叶，名曰芒(máng)草[①]，可以毒鱼[②]。

［注释］

①芒草：又名莽草、荞草。形状像石楠而叶稀，有毒。②毒鱼：毒死鱼。

［译文］

由昆吾山再往西一百二十里有座山，名叫葌山。葌水就发源于这座山，流出山谷后便向北流入伊水，葌山上蕴藏有丰富的金矿和玉石，山坡下则有很多石青和雄黄石。葌山上生长有一种草，其形状似棠梨树，树叶是红色的，名叫芒草，可以毒死鱼。

独苏山

又西一百五十里，曰独苏之山，无草木而多水。

[译文]

由葌山再往西一百五十里有座山，名叫独苏山，这座山上没有一草一木，但有很多水。

蔓渠山

又西二百里，曰蔓渠之山，其上多金玉，其下多竹箭。伊水出焉，而东流注于洛。有兽焉，其名曰马腹①，其状如人面虎身，其音如婴儿，是食人。

凡济山之首，自辉诸之山至于蔓渠之山，凡九山，一千六百七十里，其神皆人面而鸟身。祠用毛，用一吉玉②，投而不糈。

[注释]

①马腹：传说中的兽名。②吉玉：美玉。

[译文]

由独苏山再往西二百里有座山，名叫蔓渠山，蔓渠山上有丰富的金矿石和玉石，山坡下有很多小竹丛。伊水就发源于这座山，流出山谷后便向东流入洛水。蔓渠山上有一种野兽，名叫马腹，这种野兽的身形似虎，但面孔似人，它的叫声似婴儿啼哭一样，会吃人。

综观济山山脉，自辉诸山至蔓渠山，共计九座山，绵延一千六百七十里。这九座山的山神，都是人面鸟身。祭祀这些山神都要用毛物作祭品，还要用一块吉玉，要将毛物和吉玉放入山谷，祭祀时不用精米。

萯(bèi)山　敖岸山

《中次三经》萯山之首，曰敖岸之山，其阳多㻬琈(fú)之玉，其阴多赭(zhě)、黄金。神熏池①居之。是常出美玉。北望河林，其状如茜(qiàn)如举②。有兽焉，其状如白鹿而四角，名曰夫诸，见则其邑大水。

［注释］

①熏池：传说中的神名。②茜：茜草，又称红丝线，多年生草本，根鲜红色，细长如丝，既可作红色染料，又可入药。举：榉树，跟榆树相近，木材坚实、耐水，可供建筑、造船、制家具等用。

［译文］

《中次三经》记述的中部第三列山系是萯山，萯山的第一座山名叫敖岸山，敖岸山的南坡有很多㻬琈玉，北坡有很多赭石和黄金。熏池神就住在这座山上。这座山经常出现美玉。站在山巅，向北望去，可以看到黄河和茂密的树林，树木形状多似茜草和榉树。敖岸山上有一种野兽，其身形似白色的鹿，但长有四只角，这种野兽名叫夫诸，它一旦出现在哪里，哪里的城邑必将有水灾发生。

青要山

又东十里，曰青要之山，实惟帝之密都①。是多驾(jiā)鸟②。南望墠(tán)渚，禹父③之所化，是多仆累、蒲卢④。魋(shén)武罗司之，其状人面而豹文，小要⑤而白齿，而穿耳以鐻(qú)，其鸣如鸣玉。是山也，宜女子。畛(zhěn)水出焉，而北流注于河。其中有鸟焉，名曰䲦(yǎo)，其状如凫，青身而朱目赤尾，食之宜子。有草焉，其状如葌(jiān)，而方茎、黄华、赤实，其本如藁本⑥，名曰荀草，服之美人色。

［注释］

①密都：传说中天帝静居之地。②驾鸟：野鹅。③禹父：指大禹的父亲鲧。④仆累：蜗牛。蒲卢：一种具有圆形贝壳的软体动物，蛤蚌一类。⑤要："腰"的古字。⑥藁本：香草名。

［译文］

由敖岸山再往东十里有座山，名叫青要山，青要山实际上是天帝的密都。山上有很多驾鸟。站在这座山的山巅，向南远眺可见墠渚，墠渚是禹的父亲鲧死后神化为黄熊的地方，那里有很多蜗牛和蒲卢。青要山由山神武罗主管，武罗神面孔似人，但全身长有如豹斑似的花纹，腰身很细，牙齿很白，戴着金耳环，不时发出如玉器相击似的叫声。青要山比较适宜女子居住。畛水就发源于这座山，流出山谷后便向北流入黄河。青要山上有一种鸟，名叫䲦。这种鸟的形状似野鸭，全身是青色的，眼睛是朱红色的，尾巴是赤红的，人吃了这种鸟，就可医治不育症。青要山上还有一种草，其形状似兰草，但草茎是方形的，开出的花是黄色的，结出的果实是红色的，根似藁本的根，这种草名叫荀草，用这种草入药可美容。

騩山

又东十里，曰騩山，其上有美枣，其阴有㻬琈之玉。正回之水出焉，而北流注于河。其中多飞鱼，其状如豚而赤文，服之不畏雷，可以御兵[①]。

［注释］

①兵：指兵器。

［译文］

由青要山再往东十里有座山，名叫騩山，騩山上有很多味道很美的枣树，山的北坡有很多㻬琈玉。正回水就发源于这座山，流出山谷后便向北流入黄河。正回水里有很多飞鱼，这种鱼的形状似小猪，身上还有红色的花纹，人吃了这种鱼不仅不怕雷击，还可以躲开兵器的伤害。

宜苏山

又东四十里，曰宜苏之山，其上多金玉，其下多蔓居之木。滽滽之水出焉，而北流注于河，是多黄贝[①]。

［注释］

①黄贝：水虫名，或指黄颜色的贝类。

［译文］

由騩山再往东四十里有座山，名叫宜苏山，宜苏山上蕴藏有丰富的金矿和玉石，山脚遍布蔓居树。滽滽水就发源于这座山，流出山谷后便向北流入黄河，滽滽水中有很多黄贝。

和山

又东二十里，曰和山，其上无草木而多瑶碧，实惟河之九都[①]。是山也五曲，九水出焉，合而北流注于河，其中多苍玉。吉神泰逢[②]司之，其状如人而虎尾，是好居于萯山之阳，出入有光。泰逢神动天地气也。

凡萯山之首，自敖岸之山至于和山，凡五山，四百四十里。其祠：

泰逢、熏池、武罗皆一牡羊副(pī)③，婴用吉玉。其二神用一雄鸡瘗(yì)之。糈(xǔ)用稌(tú)。

［注释］

①都：汇聚之地。②吉神：对神的美称，掌吉善之神。泰逢：神名，泰逢神的外形与人相似，生有虎尾。③武罗：古代传说中的神名。副：剖开。

［译文］

由宜苏山再往东二十里有座山，名叫和山。和山的山坡上寸草不生，但有很多瑶玉和碧玉，和山实际上是黄河中的九条水源汇聚的地方。和山有五个弯道，九条河就从中流出，然后汇合向北流入黄河，这九条河中有很多苍玉。和山由吉神泰逢主管，泰逢神形似人，但长着一条虎尾，他爱住在萯山的南坡，进出都有光芒闪过。泰逢神神力很大，可以动天地之气，兴云吐雾。

综观中部萯山山脉，自敖岸山至和山，共有五座山，全长四百四十里。人们祭祀泰逢神、熏池神、武罗神时，都用一只剖开肚子的公羊，祭祀的玉用吉玉。祭祀另两座山的山神时，都是用一只公鸡，将公鸡埋在地下，祭祀的精米用稻米。

厘山　鹿蹄山

《中次四经》厘山之首，曰鹿蹄之山，其上多玉，其下多金。甘水①出焉，而北流注于洛，其中多泠(gàn)石②。

［注释］

①甘水：传说中的水名，亦称甘渊。

②泠石：一种石头，质地柔软如泥。

［译文］

《中次四经》记述的中部第四列山系是厘山山脉，第一座山是鹿蹄山，鹿蹄山的山巅有很多玉石，山坡下有很多金矿石。甘水就发源于鹿蹄山，流出山谷后便向北流入洛河，甘水中有很多泠石。

扶猪山

西五十里，曰扶猪之山，其上多礝(ruǎn)①石。有兽焉，其状如貉(hé)②而人目，其名曰麐(yín)。虢水出焉，而北流注于洛，其中多瓀石③。

［注释］

①礝：也写成“瑌”或“碝”。一种似玉的美石。②貉：一种野兽，通称貉子，也叫狸。③瑌石：就是上文说的礝石。

［译文］

由鹿蹄山再往西五十里有座山，名叫扶猪山，山上有很多礝石。山上还有一种野兽，其身形似貉，但长有一双人的眼睛，它的名字叫麐。虢水就发源于这座山，流出山谷后便向北流入洛河，虢水中有很多礝石。

厘山

又西一百二十里，曰厘山，其阳多玉，其阴多蒐(sōu)[1]。有兽焉，其状如牛，苍身，其音如婴儿，是食人，其名曰犀渠[2]。滽滽之水出焉，而南流注于伊水。有兽焉，名曰獭(jié)，其状如獳(nuò)犬[3]而有鳞，其毛如彘鬣。

犀渠

［注释］

①蒐：茅蒐，现在称作茜草。②犀渠：古代传说中的兽名。③獳犬：发怒的狗。

［译文］

由扶猪山再往西一百二十里有座山，名叫厘山，厘山的南坡有很多玉石，山的北坡生长有很多茜草。厘山上有一种野兽，其身形似牛，周身都是青黑色，叫声似婴儿啼哭，这是种食人兽，它名叫犀渠。滽滽水就发源于这座山，流出山谷后便向南流入伊水。滽滽水中有种野兽，名叫獭。它的体形似獳犬，但周身长有鱼鳞，毛似猪鬃。

箕尾山

又西二百里，曰箕尾之山。多榖，多涂石[1]。其上多㻬琈之玉。

［注释］

①涂石：一种质地如泥一样柔软的石头。

［译文］

由厘山往西二百里有座山，名叫箕尾山。箕尾山上有很多构树和涂石，还有很多㻬琈玉。

柄山

又西二百五十里，曰柄山，其上多玉，其下多铜。滔雕之水出焉，而北流注于洛。其中多羬(qián)羊。有木焉，其状如樗，其叶如桐而荚实，其名曰茇(bá)[①]，可以毒鱼。

[注释]

①茇：古树名。

[译文]

由箕尾山再往西二百五十里有座山，名叫柄山，山上有很多玉石，山脚下蕴藏有丰富的铜矿。滔雕水就发源于这座山，流出山谷后便向北流入洛河。山中有很多羬羊。柄山上生长有一种树木，其形状似臭椿，叶似桐树，果实带着荚，它名叫茇，能毒死鱼。

白边山

又西二百里，曰白边之山，其上多金玉，其下多青、雄黄。

[译文]

由柄山再往西二百里有座山，名叫白边山，山顶蕴藏有丰富的金矿石和玉石，山坡下有很多石青和雄黄石。

熊耳山

又西二百里，曰熊耳之山，其上多漆，其下多棕。浮濠(háo)之水出焉，而西流注于洛，其中多水玉，多人鱼。有草焉，其状如苏[①]而赤华，名曰葶苧(tíngnìng)，可以毒鱼。

[注释]

①苏：紫苏。

[译文]

由白边山再往西二百里有座山，名叫熊耳山。熊耳山上主要有漆树，山下主要是棕树。浮濠水就发源于熊耳山，从山谷流出后便向西流入洛河，浮濠水中有很多水晶，还有很多人鱼。熊耳山上有一种草，其形似紫苏，开出的花是红色的，这种草名叫葶苧，可以用来毒杀鱼类。

牡山

又西三百里，曰牡山，其上多文石，其下多竹箭、竹䉋(mèi)，其兽多㸲牛、羬羊，鸟多赤鷩(bì)[1]。

［注释］

①赤鷩：鷩雉，山鸡的一种。

［译文］

由熊耳山再往西三百里有座山，名叫牡山，牡山上有很多嵌有花纹的美石，山脚下有很多竹箭和竹䉋，山上生长的动物主要是㸲牛、羬羊，鸟类多为赤鷩。

讙(huān)举山

又西三百五十里，曰讙举之山。雒(luò)水出焉，而东北流注于玄扈之水，其中多马肠[1]之物。此二山者，洛间也。

凡厘山之首，自鹿蹄之山[2]至于玄扈之山，凡九山，千六百七十里。其神状皆人面兽身。其祠之，毛用一白鸡[3]，祈而不糈，以采衣[4]之。

［注释］

①马肠：马腹，传说中的兽名，人面虎身。②鹿蹄之山：山名。在今河南宜阳东南，一名非山。③白鸡：白色的鸡。④采：多色的丝织品。衣：穿，包裹。

兽身人面神

［译文］

由牡山再往西三百五十里有座山，名叫讙举山，雒水就发源于这座山，流出山谷后便向东北流入玄扈水，雒水岸边有很多马腹之类的动物。讙举山邻近玄扈山，洛水便是从这两座山之间滚滚流出的。

综观中部厘山山脉，自鹿蹄山至玄扈山，共计九座山，绵延一千六百七十里。这九座山的山神身形都似兽，但长着一副人样的面孔。人们祭祀这九座山神时，祭品用一只白鸡，用血涂祭，祭祀时不用精米，用彩色帛衣裹起那只鸡。

薄山　苟林山

《中次五经》薄山之首，曰苟林之山[①]，无草木，多怪石。

[译文]

《中次五经》记述的中部第五列山系，即薄山山脉，其第一座山，名叫苟林山，这座山上寸草不生，满山都是奇形怪状的石头。

首山

东三百里，曰首山，其阴多榖柞[①]，草多茱芫（zhú），其阳多㻬琈（fú）之玉，木多槐[②]。其阴有谷，曰机谷，多䲦（dài）鸟，其状如枭而三目，有耳，其音如录[③]，食之已垫[④]。

[注释]

①柞：柞树，又称蒙子树、冬青。常绿灌木或小乔木，生棘刺。叶卵圆形，有锯齿。初秋开黄白色小花。叶可入药，能散瘀消肿。木材坚硬，可制家具等。②槐：槐树，落叶乔木，夏季开黄白色花，荚果圆柱形，木材供建筑、制器具等用，果实和根皮可供药用。③录："鹿"的假借字。④垫：湿气病，中医指一种因居住在低下潮湿的地方引发的疾病。

[译文]

由苟林山再往东三百里有座山，名叫首山，首山的北坡生长着很多构树和柞树以及茱草和芫华；山的南坡有很多㻬琈玉，山坡上生长着槐树。山的北麓有个山谷，名叫机谷，谷中有很多䲦鸟。这种鸟的形状似枭，但长着三只眼睛，有耳朵，它的叫声像鹿鸣，人吃了这种鸟的肉可以医治湿气病。

县斸（zhú）山

又东三百里，曰县斸之山，无草木，多文石。

[译文]

由首山再往东三百里有座山，名叫县斸山，这座山上草木不生，但遍地都是带有花纹的石头。

葱聋山

又东三百里，曰葱聋之山，无草木，多[bàng]石[1]。

［注释］

①[bàng]石：玤石，一种仅次于玉的美石。

［译文］

由县斸山再往东三百里有座山，名叫葱聋山，山上草木不生，满山都是一种名叫[bàng]石的美石。

条谷山

东北五百里，曰条谷之山，其木多槐桐，其草多芍药、虋冬[1]。

［注释］

①虋冬：门冬草。

［译文］

由葱聋山再往东北五百里有座山，名叫条谷山，条谷山上生长着槐树和桐树以及芍药和门冬草。

超山

又北十里，曰超山，其阴多苍玉，其阳有井[1]，冬有水而夏竭[2]。

［注释］

①井：形似水井的泉眼。②竭：干枯、枯竭。

［译文］

由条谷山再往北十里有座山，名叫超山，山的北坡有很多青黑色的玉石，南坡有一眼泉水，泉眼冬天有水，夏天就枯竭了。

成侯山

又东五百里，曰成侯之山，其上多櫄木[1]，其草多艽[2]。

［注释］

①櫄木：椿树。②艽：即秦艽，一种药材。

［译文］

由超山再往东五百里有座山，名叫成侯山，山上生长着很多櫄树和秦艽。

朝歌山

又东五百里，曰朝歌之山，谷多美垩（è）。

［译文］

由成侯山再往东五百里有座山，名叫朝歌山，朝歌山的山谷中有优质垩土。

槐山

又东五百里，曰槐山，谷多金锡[1]。

［注释］

①锡：这里指天然锡矿石。

［译文］

由朝歌山再往东五百里有座山，名叫槐山，槐山的山谷中蕴藏有丰富的金矿和锡矿。

历山

又东十里，曰历山，其木多槐，其阳多玉。

［译文］

由槐山再往东十里有座山，名叫历山，历山上生长着很多槐树，山的南坡有很多玉石。

尸山

又东十里，曰尸山，多苍玉，其兽多麖（jīng）[1]。尸水出焉，南流注于洛水，其中多美玉。

［注释］

①麖：鹿的一种，又名马鹿、黑鹿、水鹿。体高壮，栗棕色，耳大。

［译文］

由历山再往东十里有座山，名叫尸山，山上有很多青黑色玉石，山上生活的兽类主要是一种名叫麖的大鹿。尸水就发源于这座山，流出山谷后便向南汇入洛河，尸水中有很多优质的玉石。

良余山

又东十里，曰良余之山，其上多穀柞，无石。余水出于其阴，而北流注于河；乳水出于其阳，而东南流注于洛。

［译文］

由尸山再往东十里有座山，名叫良余山，良余山上的树种主要是构树和柞树，山上没有石头。余水就发源于这座山的北麓，流出山谷后便向北汇入黄河。这座山的南麓是乳水的源头，乳水流出山谷后便向东南流入洛河。

蛊尾山

又东南十里，曰蛊尾之山，多砺石、赤铜。龙余之水出焉，而东南流注于洛。

［译文］

由良余山再往东南十里有座山，名叫蛊尾山，这座山上有很多磨刀石和赤铜矿石。龙余水就发源于这座山，流出山谷后便向东南流入洛河。

升山

又东北二十里，曰升山，其木多穀柞棘，其草多藷藇、蕙①，多寇脱②。黄酸之水出焉，而北流注于河，其中多璇玉③。

［注释］

①蕙：一种香草。②寇脱：通脱木的别名。③璇玉：美玉。一说仅次于玉的美石。

［译文］

由蛊尾山再往东北二十里有座山，名叫升山，升山上生长着构树、柞树和荆棘以及山药、蕙草，还有寇脱草。黄酸水就发源于这座山，流出山谷后便向北流入黄河，黄酸水中有很多璇玉。

阳虚山

又东十二里，曰阳虚之山，多金，临于玄扈(hù)之水。

凡薄山之首，自苟林之山至于阳虚之山，凡十六山，二千九百八十二里。升山，冢也，其祠礼：太牢，婴用吉玉。首山，䰠(shén)[①]也，其祠用稌、黑牺、太牢之具、糵(niè)酿[②]；干儛(wǔ)[③]，置鼓；婴用一璧。尸水，合天[④]也，肥牲祠之，用一黑犬于上，用一雌鸡于下，刉(jī)[⑤]一牝羊，献血。婴用吉玉，采之，飨之。

［注释］

①䰠：神灵。②糵酿：糵，酒曲，酿酒发酵时米粒上生长出的菌丝。糵酿在这里指美酒。③干儛：干，即盾牌。儛，同“舞”，舞蹈，跳舞。干儛指手拿盾牌起舞，古代用于祭祀。④合天：合乎天道。⑤刉：切断，割。

［译文］

由升山再往东十二里有座山，名叫阳虚山，山上有很多金矿石，阳虚山濒临玄扈水。

综观中部薄山山脉，自苟林山至阳虚山，共计十六座山，绵延二千九百八十二里。其中升山是诸山的宗主。祭祀升山山神的礼仪是这样的：祭祀的牲畜用猪、牛、羊，祭祀的玉器用吉玉。首山是有神灵的山，祭祀首山山神时，精米用稻米，牲畜用黑色的猪、牛、羊，还要用曲酿酒；祭祀的人们挥舞着盾牌，在鼓声伴击下舞蹈；祭祀的玉器用一块完整的璧玉。尸山能够上通到天界，祭祀尸山山神时，牲畜要选用肥的，先用一只黑色的犬供在上边，再将一只母鸡供在下边，最后再划破一只母羊，取羊血作为祭品奉献。祭祀的玉器用吉玉，用彩色丝帛把祭品包裹起来，并祈求神明享用。

缟(gǎo)羝(dī)山　平逢山

《中次六经》缟羝山之首，曰平逢之山，南望伊洛[①]，东望穀城之山，无草木，无水，多沙石。有神焉，其状如人而二首，名曰骄虫，是为螫(shì)虫②，实惟蜂蜜③之庐，其祠之，用一雄鸡，禳④而勿杀。

［注释］

①伊洛：伊水与洛水。两水汇流，多连称，亦指伊洛流域。②螫虫：尾部有毒针可刺人的虫。③蜜：蜜蜂的一种。④禳：祭名。祈祷消除灾殃、去邪除恶之祭。

［译文］

《中次六经》记述的中部第六列山系，即缟羝山脉，第一座山名叫平逢山，站在平逢山巅，往南可眺望伊水和洛水，朝东可望榖城山。平逢山上寸草不生，也没有水，漫山遍野都是沙砾和石头。平逢山的山神，身形似人，但长有两个脑袋，他的名字叫骄虫，他实际上是螫虫的首领，这座山也是一切蜂类动物的归宿之处。祭祀骄虫的礼仪是这样的：用一只公鸡放在供品处，以祈祷消灾，这只鸡是不用杀死的。

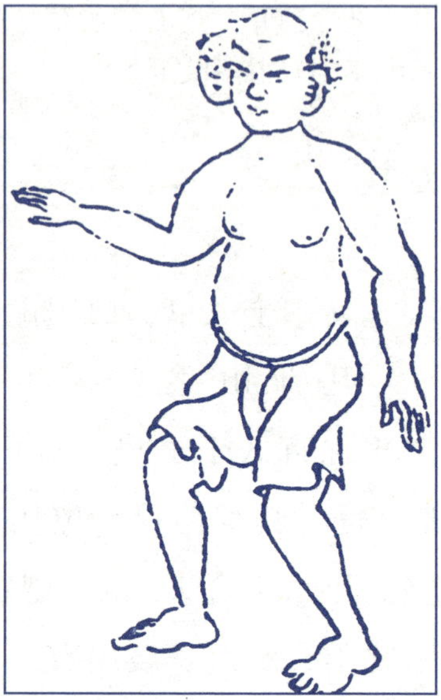

骄 虫

缟羝山

西十里，曰缟羝之山，无草木，多金玉。

［译文］

由平逢山再往西十里有座山，名叫缟羝山，缟羝山上没有一草一木，满山都是金矿石和玉石。

廆(guī)山

又西十里，曰廆山，多㻬琈之玉。其西有谷焉，名曰雚(guàn)谷，其木多柳楮。其中有鸟焉，状如山鸡而长尾，赤如丹火而青喙①，名曰鸰鴢(yāo)，其鸣自呼，服之不眯。交觞(shāng)之水出于其阳，而南流注于洛；俞随之水出于其阴，而北流注于榖水。

［注释］

①丹火：赤色的火焰。

[译文]

由缟羝山往西十里就是廆山，这座山上有很多瑀琈玉。山的西麓有个山谷，名叫雚谷，谷中生长有很多柳树和楮树。廆山上有一种鸟，其形似山鸡，但尾巴很长，周身火红火红的，嘴是青色的，这种鸟名叫鸰鹦，它叫起来就像在叫喊自己的名字，吃了这种鸟的肉可以医好梦魇病。交觞水就发源于这座山的南麓，流出山谷后便向南流入洛河。这座山的北麓则是俞随水的发源地，俞随水流出山谷后便向北流入穀水。

瞻诸山

又西三十里，曰瞻诸之山[1]，其阳多金，其阴多文石。谢水出焉，而东南流注于洛；少水出其阴，而东流注于穀水。

[注释]

①瞻诸之山：传说中的山名。

[译文]

由廆山再往西三十里有座山，名叫瞻诸山，山的南麓有很多金矿石，山的北麓有很多色彩斑斓的石头。谢水就发源于这座山，流出山谷后便向东南流入洛河；少水发源于这座山的北麓，流出山谷后便向东流入穀水。

娄涿山

又西三十里，曰娄涿之山，无草木，多金玉。瞻水出于其阳，而东流注于洛；陂(bēi)水出于其阴，而北流注于穀水，其中多茈(zǐ)石、文石。

[译文]

由瞻诸山再往西三十里有座山，名叫娄涿山，这座山上寸草不生，满山都是金矿石和玉石。瞻水就发源于娄涿山的南麓，流出山谷后便向东流入洛河；娄涿山的北麓是陂水的发源地，陂水流出山谷后便向北流入穀水，陂水中有很多紫色的石头和嵌有花纹的石头。

白石山

又西四十里，曰白石之山，惠水出于其阳，而南流注于洛。其中多水玉，涧水出于其阴，西北流注于穀水，其中多麋石[1]、栌丹[2]。

[注释]

①麋石：麋通“眉”，麋石即画眉石，一种可以用来画眉的天然矿石。②栌丹：栌丹石。栌通“卢”，卢为黑色，栌丹石即黑丹石。

[译文]

由娄涿山再往西四十里就到了白石山，惠水就发源于白石山的南麓，流出山谷后便向南流入洛河。惠水中有很多水晶，涧水发源于白石山北麓。涧水流出山谷后便向西北流入穀水，涧水中有很多麋石和栌丹石。

穀山

又西五十里，曰穀山，其上多榖，其下多桑[①]。爽水出焉，而西北流注于穀水，其中多碧绿[②]。

[注释]

①桑：桑树。②碧绿：指孔雀石，呈不透明的深绿色，且具有色彩浓淡的条状花纹。

[译文]

由白石山再往西五十里有座山，名叫穀山，穀山的山巅生长着很多构树，山脚下生长着很多桑树。爽水就发源于这座山，流出山谷后便向西北流入穀水，爽水中有很多孔雀石。

密山

又西七十二里，曰密山，其阳多玉，其阴多铁。豪水出焉，而南流注于洛。其中多旋龟，其状鸟首而鳖[①]尾，其音如判木。无草木。

[注释]

①鳖：甲鱼，一种爬行动物，俗称团鱼。

旋龟

［译文］

由穀山再往西七十二里有座山，名叫密山，密山的南麓有很多玉石，山的北麓有很多铁矿石。豪水就发源于这座山，流出山谷后便向南流入洛河。豪水中生活有很多旋龟，旋龟鸟头鳖尾，不时发出如劈开木头般的声音。密山上寸草不生。

长石山

又西百里，曰长石之山，无草木，多金玉。其西有谷焉，名曰共谷，多竹。共水出焉，西南流注于洛，其中多鸣石①。

［注释］

①鸣石：撞击后能传声很远的石头。

［译文］

由密山再往西一百里有座山，名叫长石山，长石山上寸草不生，山上多金矿石和玉石。长石山西麓有个山谷，名叫共谷，谷中有很多竹子。共水就发源于这座山，流出山谷后便向西南流入洛河，共水中有很多鸣石。

傅山

又西一百四十里，曰傅山，无草木，多瑶碧。厌染之水出于其阳，而南流注于洛，其中多人鱼。其西有林焉，名曰墦(fán)冢，穀水出焉，而东流注于洛，其中多珚(yān)玉①。

［注释］

①珚玉：一种玉石。

［译文］

由长石山再往西一百四十里有座山，名叫傅山，傅山上没有一草一木，有很多瑶玉和碧玉。厌染水就发源于这座山的南麓，流出山谷后便向南流入洛河，厌染水中有很多人鱼。傅山的西麓有一片树林，名叫墦冢，穀水就发源于这里，流出山谷后便向东流入洛河，穀水中有很多珚玉。

橐山

又西五十里，曰橐(tuó)山，其木多樗(chū)，多𬞟(bèi)木①，其阳多金玉，其阴多铁，多萧②。橐水出焉，而北流注于河。其中多脩辟之鱼，状如黾(měng)③而白喙，其音如鸱(chī)，食之已白癣。

[注释]

①櫄木：传说中的木名，此树于七八月间吐穗，根、叶、花可入药。②萧：古称香蒿，也叫“青蒿”。③黾：蛙的一种。

[译文]

由傅山再往西五十里有座山，名叫橐山，这座山上生长很多臭椿树和櫄木，这座山的南麓有很多金矿石和玉石，山的北麓有很多铁矿石和香蒿。橐水就发源于这座山，流出山谷后便向北流入黄河。橐水中有很多脩辟鱼。这种鱼形似蛙，但长着白色的嘴，不时发出鹞鹰似的叫声。人若吃了这种鱼，就可以医好白癣。

常烝山

又西九十里，曰常烝之山，无草木，多垩。潐水出焉，而东北流注于河，其中多苍玉。菑水出焉，而北流注于河。

[译文]

由橐山再往西九十里有座山，名叫常烝山，这座山上光秃秃的，倒是有很多垩土。潐水就发源于这座山，流出山谷后便向东北流入黄河，潐水中有很多青黑色的玉石。菑水也发源于这座山，流出山谷后便往北流入黄河。

夸父山

又西九十里，曰夸父之山，其木多棕枏，多竹箭，其兽多㸲牛、羬羊，其鸟多鷩。其阳多玉，其阴多铁。其北有林焉，名曰桃林，是广员三百里，其中多马。湖水出焉，而北流注于河，其中多珚(yān)玉。

[译文]

由常烝山再往西九十里有座山，名叫夸父山，夸父山上生长着很多棕树和楠树，还有很多小竹丛，这座山上出没的兽类主要是㸲牛、羬羊，鸟类主要是鷩鸟。这座山的南麓有很多玉石，北麓有很多铁矿石。山的北麓还有一片树林，名叫桃林，方圆三百里，林中有很多马。湖水就发源于这座山，流出山谷后便向北流入黄河，湖水中有很多珚玉。

阳华山

又西九十里，曰阳华之山，其阳多金玉，其阴多青、雄黄。其草多藷芎，多苦辛[1]，其状如楸(xiāo)[2]，其实如瓜，其味酸甘，食之已疟[3]。杨水出焉，而西南流注于洛，其中多人鱼。门水出焉，而东北流注于河，其中多玄礵(sù)。绪(jí)姑之水出于其阴，而东流注于门水，其上多铜。

凡缟羝山之首，自平逢之山至于阳华之山，凡十四山，七百九十里。岳[4]在其中，以六月[5]祭之，如诸岳之祠法，则天下安宁。

[注释]

①苦辛：草名。②楸：同“楸”，落叶乔木，木材质地致密，可做器具。③疟：疟疾，即重病、恶疾。④岳：高山大岭。⑤六月：一种在每年六月进行的祭祀活动。

[译文]

由夸父山再往西九十里就到了阳华山，山的南麓有很多金矿石和玉石，北麓有很多石青和雄黄石。阳华山上生长着山药和苦辛草，苦辛草形似楸树，还能结出如瓜一样的果实，味道带有甜酸味，人若吃了这种果实就可以医好疟疾。杨水就发源于阳华山，流出山谷后便向西南流入洛河，杨水中有很多人鱼。门水也发源于这座山，流出山谷后便向东北流入黄河，门水中有很多黑色磨刀石。绪姑水发源于阳华山的北麓，流出山谷后便向东流入门水，这条水的上游地区有很多铜矿石。

综观中部缟羝山脉，自平逢山至阳华山，总共十四座山，绵延七百九十里。在这一山系中有大的山岳，须在每年六月祭祀中岳山神。至于祭祀的礼仪，与其他山岳一样，祭祀过后天下就安宁了。

苦山　休与山

《中次七经》苦山之首，曰休与之山。其上有石焉，名曰帝台[1]之棋，五色而文，其状如鹑(chún)卵[2]，帝台之石，所以祷[3]百神者也，服之不蛊[4]。有草焉，其状如蓍(shī)[5]，赤叶而本丛生。名曰夙条，可以为簳(gǎn)[6]。

[注释]

①帝台：古代神话中的神仙名。②鹑卵：鹌鹑蛋。③祷：祈祷，祈神求福。④不蛊：古谓不受邪气侵害。⑤蓍：蓍草，古代用以占卜的草。⑥簳：一种小竹，可做箭杆。

[译文]

《中次七经》记述的中部第七列山系，是苦山山脉，这列山系的第一座山名叫休与山。休与山上有一种小石头，名叫帝台棋，这种小石头五光十色，还有斑纹，形似鹑鸟蛋，是人们用来祭祷百神的祭品，如果将它佩在身上，就可以免受邪气侵害。休与山上还有一种草，其形状有点像蓍草，叶是红色的，根茎生在一起。这种草名叫夙条，可用来制成箭杆。

鼓钟山

东三百里，曰鼓钟之山，帝台之所以觞[①]百神也。有草焉，方茎而黄华，员叶而三成[②]，其名曰焉酸，可以为毒[③]。其上多砺，其下多砥。

[注释]

①觞：向人敬酒。②三成：三重、三层。③为毒：疗毒、去毒。

[译文]

由休与山再往东三百里有座山，名叫鼓钟山，这座山是帝台神设宴会百神的地方。鼓钟山上有一种草，茎是方柱形的，花是黄色的，叶子是圆的，而且叶子很多，有三重，这种草名叫焉酸，可以用它来疗毒。鼓钟山上有很多可用来磨刀的砺石，山脚也有很多可用来磨刀的砥石。

姑媱（yáo）山

又东二百里，曰姑媱之山。帝女[①]死焉，其名曰女尸，化为䔄（yáo）草，其叶胥成[②]，其华黄，其实如菟丘[③]，服之媚于人。

[注释]

①帝女：传说中的天帝之女。②胥成：重叠而生，对生。③菟丘：草名，俗称菟丝子。

[译文]

由鼓钟山再往东二百里有座山，名叫姑媱山。天帝的女儿就是在这里死的，名叫女尸，化为䔄草，这种草的叶子相互重叠，花是黄色的，果实就像菟丝的果实，人吃了这种果实，就能得到别人的宠爱。

苦山

又东二十里，曰苦山。有兽焉，名曰山膏，其状如豚①，赤若丹火，善詈(lì)②。其上有木焉，名曰黄棘，黄华而员叶，其实如兰，服之不字③。有草焉，员叶而无茎，赤华而不实，名曰无条，服之不瘿(yǐng)。

山膏

[注释]

①豚：小猪，泛指猪。②詈：责骂。③字：怀孕，生育。

[译文]

由姑媱山再往东二十里有座山，名叫苦山。苦山上有一种野兽，名叫山膏，山膏的身形似猪，周身似火一样红彤彤的，喜欢骂人。苦山的山巅有一种树，名叫黄棘，这种树开出的花是黄色的，叶子圆圆的，结的果实像兰草的果实，吃了这种果实会不孕。苦山上还生长有一种草，叶是圆形的，没有长茎，开出的花是红色的，不结果实，名叫无条，用这种草入药可医治颈瘤。

堵山

又东二十七里，曰堵山。神天愚居之，是多怪风雨。其上有木焉，名曰天楄(biān)，方茎而葵状，服者不噎(yè)①。

[注释]

①噎：食物噎住咽喉。

[译文]

由苦山再往东二十七里有座山，名叫堵山。天愚神就住在这座山上，这座山上常常刮怪风，下怪雨。山上有一种叫天楄的树，这种树的树干是方柱形的，形状似山葵草，吃了它可以让人吃饭不噎着。

放皋山

又东五十二里，曰放皋之山。明水出焉，南流注于伊水，其中多苍玉。有木焉，其叶如槐，黄华而不实，其名曰蒙木，服之不惑。有兽焉，其状如蜂，枝尾而反舌①，善呼，其名曰文文。

文文

[注释]

①反舌：舌头倒着长。

[译文]

由堵山再往东五十二里有座山，名叫放皋山。放皋山是明水的发源地，明水流出山谷后便向南流入伊水，明水中有很多青黑色的玉。放皋山上生长着一种树木，叶似槐树叶，开出的花是黄色的，不结果实，这种树名叫蒙木，用这种树入药可使人头脑清醒。放皋山上有一种野兽，其身形似蜂，尾巴分叉，舌头倒着长，这种野兽爱呼叫，名叫文文。

大䓘(kǔ)山

又东五十七里，曰大䓘之山，多㻬琈(fú)之玉，多麋玉。有草焉，其叶状如榆，方茎而苍伤①，其名曰牛伤②，其根苍文，服者不厥③，可以御兵。其阳狂水出焉，西南流注于伊水，其中多三足龟，食者无大疾，可以已肿④。

[注释]

①苍伤：苍刺，即青黑色的刺。②牛伤：牛棘。③厥：昏厥，病名。④肿：脓肿、水肿。

[译文]

由放皋山再往东五十七里有座山，名叫大䓘山，大䓘山上有很多㻬琈玉和麋玉。大䓘山上生长着一种草，其叶有些像榆树叶，茎是方柱形的，还有着青黑色的刺，这种草名叫牛伤，牛伤的根上有青黑色的花纹，用这种根入药可医治昏厥，还可以用这种草抵御兵器的伤害。大訾山的南麓是狂水的发源地，狂水流出山谷后便向西南流入伊水。狂水中有很多三足龟，人吃了这种龟可以不生大病，还可以医好脓肿。

半石山

又东七十里，曰半石之山。其上有草焉，生而秀①，其高丈余，赤叶赤华，华而不实，其名曰嘉荣，服之者不畏霆②。来需之水出于其阳，而西流注于伊水，其中多鲶(lún)鱼，黑文，其状如鲋，食者不睡。合水出于其阴，而北流注于洛，多螣(téng)鱼，状如鳜(guì)，居逵③，苍文赤尾，食者不痈(yōng)④，可以为瘘(lòu)。

［注释］

①秀：谷物或植物吐穗开花。②霆：疾雷、霹雳。③逵：原意为四通八达的道路，这里指相互贯通着的水底洞穴。④痈：恶性脓疮。

［译文］

由大訾山再往东七十里有座山，名叫半石山。半石山上有一种草，刚生出叶芽便会抽穗开花，这种草高可达一丈多，叶和花都是红的，不结果实，这种草名叫嘉荣，用这种草入药可使人不怕雷劈。来需之水就发源于半石山的南麓，流出山谷后便向西流入伊水，来需水中有很多鲶鱼，这种鱼周身都长有黑色花纹，形似鲫鱼，吃了这种鱼，可医治嗜睡症。半石山的北麓是合水的发源地，合水流出山谷后便向北流入洛水。合水中有很多螣鱼，这种鱼形似鳜鱼，一般栖息在相互贯通的水底洞穴中，这种鱼周身都是青黑色的花纹，尾巴是红色的，吃了这种鱼可使人不生痈疽，还可以用来医治瘘疮。

少室山

又东五十里，曰少室之山，百草木成囷(qūn)①。其上有木焉，其名曰帝休，叶状如杨，其枝五衢②，黄华黑实，服者不怒。其上多玉，其下多铁。休水出焉，而北流注于洛，其中多鯑鱼，状如盩蜼(zhōu wěi)而长距③，足白而对，食者无蛊疾④，可以御兵。

［注释］

①囷：一种圆形谷仓。②五衢：谓枝杈五出。③盩蜼：一种长相与猕猴相似的

野兽。距：指雄鸡爪后突起像脚趾的部分。④蛊疾：疑心病。

[译文]

由半石山再往东五十里有座山，名叫少室山，山上的草木种类繁多，且茂盛芜杂，远看似一个巨大的圆形谷仓。这座山上有一种树木，名叫帝休，这种树的叶子似杨树叶，树枝交错，伸向五方。这种树开的花是黄色的，结的果实是黑色的，用这种果实入药可使人平心静气不发怒。这座山的山巅有很多玉石，山坡下则有很多的铁矿石。休水发源于这座山，流出山谷后便向北流入洛河，休水中有很多鯑鱼，其形似猕猴，脚距较长，脚是白色的，脚趾相向，吃了这种鱼可使人不犯疑心病，还可以用这种鱼来抵御兵器的伤害。

泰室山

又东三十里，曰泰室之山。其上有木焉，叶状如梨[1]而赤理，其名曰栯(yù)木，服者不妒。有草焉，其状如茉(zhú)，白华黑实，泽如蘡薁(yīng yù)[2]，其名曰䔄草，服之不昧。上多美石。

[注释]

①梨：梨树。②蘡薁：植物名。落叶藤本，俗称野葡萄、山葡萄。

[译文]

由少室山再往东三十里有座山，名叫泰室山。泰室山上有一种树木，其叶似梨树叶，纹理是红色的，这种树名叫栯木，用它入药，人吃了可不再嫉妒人。泰室山上有一种草，这种草的形状似茉草，开出的花是白色的，结的果实是黑色的，果实的色泽有点像山葡萄，这种草名叫䔄草，人若吃了这种草制的药，就不会眼睛昏花。泰室山上有很多精美的石头。

讲山

又北三十里，曰讲山，其上多玉，多柘(zhè)，多柏。有木焉，名曰帝屋，叶状如椒[1]，反伤[2]赤实，可以御凶[3]。

[注释]

①椒：花椒，既可调味，又可供药用。②反伤：倒刺。③御凶：抵御凶邪之气。

[译文]

由泰室山再往北三十里有座山，名叫讲山，讲山上有很多玉石，还生长着柘树和柏树。这座山上还有一种树，名叫帝屋，这种树的叶子形似花椒叶，树身上长着倒刺，结的果实是红色的，可用这种树来抵御凶邪之气。

婴梁山

又北三十里，曰婴梁之山，上多苍玉，錞(chún)[1]于玄石。

［注释］

①錞：依附。

［译文］

由讲山再往北三十里有座山，名叫婴梁山，山上有很多青黑色玉石，这些玉石大多都附着在黑色大石头上。

浮戏山

又东三十里，曰浮戏之山。有木焉，叶状如樗(chū)而赤实，名曰亢木，食之不蛊。汜(sì)水出焉，而北流注于河。其东有谷，因名曰蛇谷，上多少辛[1]。

［注释］

①少辛：细辛，多年生草本，全草可入药。

［译文］

由婴梁山再往东三十里有座山，名叫浮戏山。浮戏山上有一种树，叶似臭椿树叶，结的果实是红色的，这种树名叫亢木，用它入药可使人不受邪气侵害。汜水就发源于这座山，流出山谷后便向北流入黄河。浮戏山的东麓有个山谷，因山谷中有很多蛇，所以这个山谷名叫蛇谷，谷中有很多细辛草。

少陉山

又东四十里，曰少陉之山。有草焉，名曰䒒(gāng)草，叶状如葵，而赤茎白华，实如蘡薁(yīng yù)，食之不愚。器难之水出焉，而北流注于役水。

［译文］

由浮戏山再往东四十里有座山，名叫少陉山。这座山上生长有一种草，名叫䒒草，这种草的叶子有点像山葵，茎是红色的，花是白色的，结的果实有点像山葡萄，吃了这种果实可使人更加聪明。少陉山是器难水的发源地，器难水流出山谷后便向北流入役水。

太山

又东南十里，曰太山。有草焉，名曰梨，其叶状如萩(qiū)①而赤华，可以已疽(jū)。太水出于其阳，而东南流注于役水；承水出于其阴，而东北流注于役。

［注释］

①萩：古书中指一种蒿类植物，叶为白色，形似艾蒿。

［译文］

由少陉山再往东南十里有座山，名叫太山。太山上有一种草，名叫梨草，这种草的叶像萩草，花是红色的，这种草入药可用来医治疽疮。这座山的南麓是太水的发源地，太水流出山谷后便向东南流入役水。承水发源于这座山的北麓，流出山谷后则向东北流入役水。

末山

又东二十里，曰末山，上多赤金，末水出焉，北流注于役水。

［译文］

由太山再往东二十里有座山，名叫末山，末山上有很多赤金矿石，末水就发源于这座山，流出山谷后便向北流入役水。

役山

又东二十五里，曰役山，上多白金，多铁。役水出焉，北流注于河。

［译文］

由末山再往东二十五里有座山，名叫役山，役山上有很多白金矿石，还有很多铁矿石。役水就发源于这座山，流出山谷后便向北流入黄河。

敏山

又东三十五里，曰敏山。上有木焉，其状如荆，白华而赤实，名曰葪(jì)柏，服者不寒。其阳多㻬琈(fú)之玉。

[译文]

由役山再往东三十五里有座山，名叫敏山。敏山上生长着一种树木，其形状有点像荆，开白色的花，结红色的果实，它名叫葪柏，用它入药，人吃了就不怕寒冷。敏山的南坡上有很多㻬琈玉。

大騩(guī)山

又东三十里，曰大騩之山，其阴多铁、美玉、青垩(è)。有草焉，其状如蓍(shī)而毛，青华而白实，其名曰䓘(hěn)①，服之不夭，可以为腹病。

凡苦山之首，自休与之山至于大騩之山，凡十有九山，千一百八十四里。其十六神者，皆豕②身而人面。其祠：毛牷用一羊羞，婴用一藻玉③瘗(yì)。苦山、少室、太室皆冢也，其祠之，太牢之具，婴以吉玉。其神状皆人面而三首，其余属皆豕身而人面也。

[注释]

①䓘：草名。②豕：猪。③藻玉：带彩纹的玉。

豕身人面十六神

[译文]

由敏山再往东三十里有座山，名叫大騩山，大騩山的北麓有很多铁矿石、上等玉石和青垩土。山上有一种草，形状有点像蓍草，叶上还有毛，开着青色的花，结白色的果实，这种草名叫䓘草。用这种草入药，吃了可使人不早夭，还可以用这种草医治腹痛。

综观中部苦山山脉，自休与山至大騩山，总计十九座山，绵延一千一百八十四里。其中有十六座山的山神都长着猪的身子和人的面孔。祭祀这十六个山神时，用纯色的整羊一只作为祭品，玉器用一块藻玉系在羊颈上，一起埋在地下。苦山、少室山、太室山都是诸山的宗主，祭祀的礼仪是：祭品用全猪、全牛、全羊，并系上吉玉。这三座山的山神长着三个脑袋，面孔似人，其他山神都是猪身人面。

荆山　景山

《中次八经》荆山之首，曰景山，其上多金玉，其木多杼(shù)①檀。睢水出焉，东南流注于江，其中多丹粟，多文鱼②。

［注释］

①杼：杼树，即栎树。②文鱼：有斑彩的鱼。

［译文］

《中次八经》记述的中部第八列山系是荆山山脉，荆山山脉的第一座山名叫景山，景山上有很多金矿石和玉石，还生长着栎树和檀树。睢水就发源于这座山，流出山谷后便向东南流入长江，睢水中有很多细丹沙，还有很多身上带有各种花纹的鱼。

荆山

东北百里，曰荆山，其阴多铁，其阳多赤金。其中多犛(lí)牛①，多豹虎。其木多松柏，多橘櫾(yòu)②，其草多竹。漳水出焉，而东南流注于睢，其中多黄金，多鲛(jiāo)鱼③，其兽多闾麋。

［注释］

①犛牛：一种毛皮纯黑的牛，类似牦牛。②櫾：果木名，即柚，古代指大果柚和部分橙类。③鲛鱼：鲨鱼，种类很多，性凶猛，捕食其他鱼类。

［译文］

由景山往东北一百里有座山，名叫荆山。这座山的北麓蕴藏有丰富的铁矿，南麓蕴藏有丰富的赤金矿。山中有很多牦牛和虎、豹。这座山上生长着很多松树和柏树，还有很多橘子树和柚子树，草类主要是小竹丛。漳水就发源于这座山，流出山谷后便向东南流入睢水。漳水中有很多黄金矿石，还有很多鲨鱼。荆山上还有很多山驴和麋鹿。

骄山

又东北百五十里，曰骄山，其上多玉，其下多青雘(huò)，其木多松柏，多桃枝①钩端②。神䰠(tuó)围处之，其状如人面，羊角虎爪，恒游于睢漳之渊，出入有光。

［注释］

①桃枝：指桃枝竹。一种赤皮竹，可以织席作杖。②钩端：即钩端，竹名。

［译文］

由荆山再往东北一百五十里有座山，名叫骄山，骄山上有很多玉石，山下有很多青雘，这座山上生长的树木主要是松柏，还有很多桃枝竹、钩端竹。䰠围神就住在这座山上，他长着一副人样的面孔，还长着一对羊角和四只虎爪，他经常在睢水和漳水的深渊中巡游，出入时全身都闪闪发光。

女几山

又东北百二十里，曰女几之山，其上多玉，其下多黄金，其兽多豹虎，多闾麋(mí)麖(jīng)麂(jǐ)①，其鸟多白鷮(jiāo)②，多翟③，多鸩(zhèn)④。

麂

［注释］

①麂：麂子，像鹿，比鹿小。②白鷮：也叫"鷮雉"，雉的一种。③翟：长尾野鸡。④鸩：鸩鸟，传说中的一种毒鸟。把它的羽毛放在酒里，可以毒杀人。

［译文］

由骄山再往东北一百二十里有座山，名叫女几山，女几山上有很多玉石，山坡下有很多黄金。这座山上的兽类主要是虎、豹，山上还有很多山驴、麋鹿、麖、麂，这座山上生活的鸟类主要是白鷮、长尾雉和鸩。

宜诸山

又东北二百里，曰宜诸之山，其上多金玉，其下多青雘。洈(wéi)水出焉，而南流注于漳，其中多白玉。

[译文]

由女几山再往东北二百里有座山，名叫宜诸山，宜诸山顶有很多金矿石和玉石，山坡下有很多青雘。洈水就发源于这座山，流出山谷后便向南流入漳河，洈水中有很多白色玉石。

纶山

又东北三百五十里，曰纶山，其木多梓枏，多桃枝，多柤栗橘櫾，其兽多闾麈麢（líng）㚖（chuò）。

[译文]

由宜诸山再往东北三百五十里有座山，名叫纶山，纶山上生长着梓树、楠树和桃枝竹，还有柤树、栗树、橘树和柚树，纶山上生活的兽类主要是山驴、麈、羚羊、㚖。

陆郇（guǐ）山

又东北二百里，曰陆郇之山，其上多㻬琈（fú）之玉，其下多垩，其木多杻橿。

[译文]

由纶山再往东北二百里有座山，名叫陆郇山，这座山上有很多㻬琈玉，山坡下有很多垩土，这座山上生长着杻树和橿树。

光山

又东百三十里，曰光山，其上多碧，其下多水。神计蒙处之，其状人身而龙首，恒游于漳渊，出入必有飘风[1]暴雨。

[注释]

①飘风：指旋风、暴风。

[译文]

由陆郇山再往东北一百三十里有座山，

计蒙

名叫光山，光山的山坡上遍地都是碧玉，山坡下流水众多。计蒙神就住在这座山上，计蒙神身形似人，但长着龙样的脑袋，经常出没于漳河深渊，每次在深渊中出入时都伴有狂风和暴雨。

岐山

又东百五十里，曰岐山，其阳多赤金，其阴多白珉(mín)[1]，其上多金玉，其下多青雘，其木多樗。神涉鼍(tuó)处之，其状人身而方面三足。

[注释]

①白珉：一种似玉的美石。

[译文]

由光山再往东一百五十里有座山，名叫岐山，岐山的南坡有很多赤金矿石，北坡有很多白珉石，山巅有很多金矿石和玉石，山坡下有很多青雘，这座山上生长着臭椿。涉鼍神就住在这座山上，他身形似人，但脸形是四四方方的，脚有三只。

铜山

又东百三十里，曰铜山。其上多金银铁，其木多榖柞(zuò)柤栗橘櫾(yòu)，其兽多犳(zhuó)[1]。

[注释]

①犳：传说中的动物名。

[译文]

由岐山再往东一百三十里有座山，名叫铜山。铜山上蕴藏有丰富的金、银、铁矿。山上生长着构树、柞树、柤树、栗树、橘树、柚树，山上出没的野兽主要是犳。

美山

又东北一百里，曰美山，其兽多兕牛，多闾麈(zhǔ)，多豕鹿，其上多金，其下多青雘。

[译文]

由铜山再往东北一百里有座山，名叫美山，这座山上出没的兽类主要是兕、野牛，还有很多山驴、麈、野猪、鹿，这座山的山顶上有很多金矿石，山坡下有很多青雘。

大尧山

又东北百里，曰大尧之山，其木多松柏，多梓桑，多机[1]，其草多竹，其兽多豹虎麢(líng)臭(chuò)。

［注释］

①机：机树，即桤木树。

［译文］

由美山再往东北一百里有座山，名叫大尧山，大尧山上生长着很多松树、柏树，还有很多梓树、桑树、机树以及竹，山中出没的兽类主要是豹、虎、羚羊和臭。

灵山

又东北三百里，曰灵山，其上多金玉，其下多青雘，其木多桃李梅杏。

［译文］

由大尧山再往东北三百里有座山，名叫灵山，灵山的山巅蕴藏有丰富的金矿和玉石，山坡下有很多青雘，灵山上生长着很多桃树、李树、梅树和杏树。

龙山

又东北七十里，曰龙山，上多寓木[1]。其上多碧，其下多赤锡，其草多桃枝钩端。

［注释］

①寓木：寄生在树木上的植物。

［译文］

由灵山再往东北七十里有座山，名叫龙山，这座山上生长着一种寄生在别的树干上的寓树。这座山上有很多碧玉，山坡下则有很多赤锡矿石，草类主要是桃枝竹和钩端竹。

衡山

又东南五十里，曰衡山，上多寓木、榖、柞，多黄垩、白垩。

［译文］

由龙山再往东南五十里有座山，名叫衡山，衡山上生长的是寄生在别的树干上的寓树，还有构树和柞树，这座山上有很多黄垩土和白垩土。

石山

又东南七十里，曰石山，其上多金，其下多青雘，多寓木。

［译文］

由衡山再往东南七十里有座山，名叫石山，这座山上蕴藏有丰富的金矿，山坡下有很多青雘，还生长有很多寄生在别的树干上的寓树。

若山

又南百二十里，曰若山，其上多㻬琈(fú)之玉，多赭，多封石[①]，多寓木，多柘。

［注释］

①封石：一种可作药用的矿物，味甜无毒。

［译文］

由石山再往南一百二十里有座山，名叫若山，这座山上有很多㻬琈玉，还有很多赭矿石和封石。山上生长的树种主要是寄生在别的树干的寓树和柘树。

彘山

又东南一百二十里，曰彘山，多美石，多柘。

［译文］

由若山再往东南一百二十里有座山，名叫彘山，山上有很多似玉的美石，还生长有很多柘树。

玉山

又东南一百五十里，曰玉山，其上多金玉，其下多碧铁，其木多柏。

[译文]

由堯山再往东南一百五十里有座山，名叫玉山，这座山上有很多金矿石和玉石，山坡下有很多碧玉和铁矿石，树种主要是柏树。

讙山

又东南七十里，曰讙山，其木多檀，多封石，多白锡。郁水出于其上，潜于其下，其中多砥砺。

[译文]

由玉山再往东南七十里有座山，名叫讙山，这座山上生长的树种主要是檀树，这座山上有很多封石，还有很多白锡。郁水就发源于这座山上，流到山脚便潜入地下，郁水中有很多磨刀石。

仁举山

又东北百五十里，曰仁举之山，其木多穀（gǔ）柞，其阳多赤金，其阴多赭。

[译文]

由讙山再往东北一百五十里有座山，名叫仁举山，这座山上生长着很多构树和柞树，这座山的南坡有很多赤金矿石，北坡有很多赭矿石。

师每山

又东五十里，曰师每之山，其阳多砥砺，其阴多青雘，其木多柏，多檀，多柘，其草多竹。

[译文]

由仁举山再往东五十里有座山，名叫师每山，师每山的南坡有很多磨刀石，山的北坡有很多青雘，树种主要是柏树、檀树和柘树，草类主要是竹。

琴鼓山

又东南二百里，曰琴鼓之山，其木多穀(gǔ)柞椒[①]柘，其上多白珉，其下多洗石，其兽多豕鹿，多白犀[②]，其鸟多鸩(zhèn)。

凡荆山之首，自景山至琴鼓之山，凡二十三山，二千八百九十里。其神状皆鸟身而人面。其祠：用一雄鸡祈瘗(yì)，用一藻圭，糈(xǔ)用稌。骄山，冢也，其祠：用羞酒少牢祈瘗，婴用一璧。

[注释]

①椒：落叶灌木或小乔木，具香气，并可提取芳香油入药。②白犀：白犀牛。

鸟身人面像

[译文]

由师每山再往东南二百里有座山，名叫琴鼓山，琴鼓山上生长的树种主要是构树、柞树、椒树、柘树，这座山的山巅有很多白色珉石，山坡下有很多洗石，这座山上出没的野兽主要是野猪、鹿和白犀，生活的鸟类主要是鸩鸟。

综观中部荆山山脉，自景山至琴鼓山，共计二十三座山，绵延两千八百九十里。这二十三座山的山神，其身形都似鸟，但都长着一副人样的面孔。祭祀这些山神时，将一只公鸡作为祭品埋入地下，玉器用一块藻圭，精米用稻米。骄山是诸山的宗主，祭祀时用美酒和猪、羊作祭品，并将一块璧玉系在猪、羊的颈项上，祭后埋在地下。

岷山　女几山

《中次九经》岷山之首，曰女几之山，其上多石涅[①]，其木多杻橿，其草多菊茮(zhú)。洛水出焉，东注于江，其中多雄黄。其兽多虎豹。

[注释]

①石涅：涅石，黑矾石，可为染料。

[译文]

《中次九经》记述的中部第九列山系，即岷山山脉，它的第一座山名叫女几山，女几山上有很多可用作黑色染料的涅石，这座山上生长的树种主要是杻树和橿树，草类主要有山菊和茶。洛水就发源于这座山，流出山谷后便向东流入长江，洛水中有很多雄黄石。女几山上的兽类主要是虎、豹。

岷山

又东北三百里，曰岷山。江水出焉，东北流注于海，其中多良龟，多鼍(tuó)①，其上多金玉，其下多白珉(mín)，其木多梅、棠，其兽多犀象，多夔(kuí)牛②，其鸟多翰鷩(bì)③。

[注释]

①鼍：扬子鳄。亦称“鼍龙”“猪婆龙”。②夔牛：传说中一种高大的野牛。③鷩：鸟名。锦鸡，似山鸡而小，冠羽优美。

[译文]

由女几山再往东北三百里有座山，名叫岷山。长江就发源于这座山，长江从这里流出后便浩浩荡荡向东北流入大海，长江水中盛产良龟、扬子鳄，岷山上有很多金矿石和玉石，山坡下则有很多白色的珉石。岷山上的树种主要有梅树和棠树，出没的野兽主要是犀牛和大象，还有很多夔牛，栖息在这座山上的鸟类主要是白翰和赤鷩。

崃山

又东北一百四十里，曰崃(lái)山。江水出焉，东流注于大江。其阳多黄金，其阴多麋麈(zhǔ)①，其木多檀柘，其草多䪥(xiè)韭，多药、空夺②。

[注释]

①麈：指一种似骆驼的鹿类动物，又叫“驼鹿”。尾巴可做拂尘，称“麈尾”。②药：指白芷，一种香草。空夺：药草名。又名寇脱，俗名通草。

[译文]

由岷山再往东北一百四十里有座山，名叫崃山。长江有支流发源于这座山，流出山谷后便向东流入长江。崃山的南坡盛产黄金，北坡则生长有很多麋鹿和麈，崃山上生长着很多檀树和柘树，生长的草类主要是䪥韭等山菜，还有很多白芷、空夺。

崌(jū)山

又东一百五十里，曰崌山。江水出焉，东流注于大江，其中多怪蛇，多鳌(zhì)鱼，其木多楢(yóu)杻，多梅梓，其兽多夔牛、麢(líng)、㚖(chuò)、犀、兕。有鸟焉，状如鸮(xiāo)而赤身白首，其名曰窃脂[1]，可以御火。

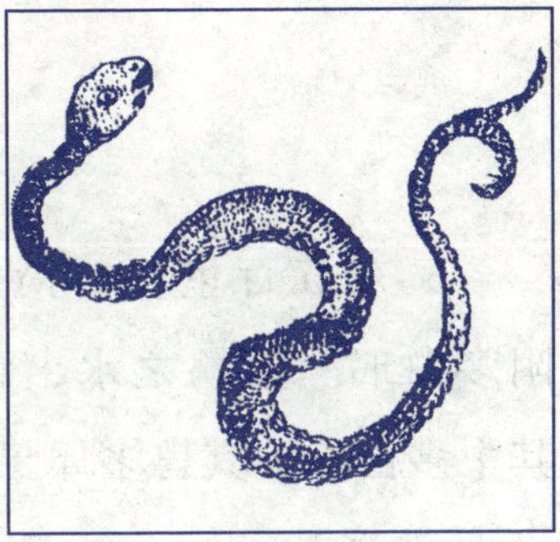

怪 蛇

[注释]

①窃脂：传说中的一种鸟名。

[译文]

由崃山再往东一百五十里有座山，名叫崌山。长江（的一条支流）就发源于这座山，流出山谷后便向东流入长江，江水中有很多怪蛇，还有很多鳌鱼，崌山中生长的树种主要是楢树、杻树、梅树、梓树，出没的兽类主要是夔牛、羚羊、㚖、犀、兕之类。山上有一种鸟，其形似鸮，身体是红色的，只有脑袋是白色的，这种鸟名叫窃脂，可用它来防御火灾。

高梁山

又东三百里，曰高梁之山，其上多垩，其下多砥砺，其木多桃枝钩端。有草焉，状如葵而赤华，荚实白柎，可以走马[1]。

[注释]

①走马：骑马疾走，驰逐。

[译文]

由崌山再往东三百里有座山，名叫高梁山，这座山上有很多垩土，山坡下有很多可用作磨刀的石头，山上生长的树种主要是桃枝竹和钩端竹。山上生长有一种草，其形状有点像葵草，但开有红色的花朵，结有荚的果实，花萼是白色的，用这种草喂马，可以使马跑得更快。

蛇山

又东四百里，曰蛇山，其上多黄金，其下多垩，其木多栒，多豫樟，其草多嘉荣、少辛。有兽焉，其状如狐，而白尾长耳，名狏(sì)狼，见则国内有兵。

[译文]

由高梁山再往东四百里有座山，名叫蛇山，这座山的山巅盛产黄金，山坡下则有很多垩土。这座山上生长的树种主要是栒树、豫樟树，草类主要是嘉荣、少辛。山上有一种野兽，其形似狐，尾巴是白色的，耳朵很长，名叫狏狼，这种野兽一旦出现，国家就将发生战争。

鬲山

又东五百里，曰鬲山，其阳多金，其阴多白珉。蒲鸏之水出焉，而东流注于江，其中多白玉。其兽多犀象熊罴，多猿蜼。

[注释]

①蜼：一种体形较大的长尾猴，黄黑色，尾长数尺。

[译文]

由蛇山再往东五百里有座山，名叫鬲山，这座山的南坡有很丰富的金矿，山的北坡则有很多白色的珉石。蒲鸏水就发源于这座山，流出山谷后便向东流入长江，水中有很多白色的玉石。鬲山上的野兽主要有犀牛、大象、熊、罴、猿、蜼。

蜼

隅阳山

又东北三百里，曰隅阳之山，其上多金玉，其下多青雘，其木多桑梓，其草多茈。徐之水出焉，东流注于江，其中多丹粟。

[译文]

由鬲山再往东北三百里有座山，名叫隅阳山，山上有丰富的金矿和玉石，山坡下有很多青雘。隅阳山上生长着很多桑树和梓树，生长的草主要是紫草。徐之水就发源于这座山，流出山谷后便向东流入长江，徐之水中有很多细丹沙。

岐山

又东二百五十里，曰岐山，其上多白金，其下多铁。其木多梅梓，多杻橿。减水出焉，东南流注于江。

[译文]

由隅阳山再往东二百五十里有座山，名叫岐山，这座山上蕴藏有丰富的白金矿，山坡下蕴藏有丰富的铁矿。山上生长着梅树和梓树，还有很多杻树和橿树。减水就发源于这座山，流出山谷后便向东南流入长江。

勾檷(mí)山

又东三百里，曰勾檷之山，其上多玉，其下多黄金，其木多栎柘，其草多芍药。

[译文]

由岐山再往东三百里有座山，名叫勾檷山，这座山上有很多玉石，山下有很多黄金，这座山上生长的树种主要有栎树和柘树，草类主要是芍药。

风雨山

又东一百五十里，曰风雨之山，其上多白金，其下多石涅，其木多棷(zōu)椫(shàn)[①]，多杨。宣余之水出焉，东流注于江，其中多蛇，其兽多闾麋麈，多豹虎，其鸟多白鷮。

[注释]

①椫：椫树，古书上说的一种树，木质坚硬，纹理白色，可做梳子、勺子等。

[译文]

由勾檷山再往东一百五十里有座山，名叫风雨山，这座山的山顶有很多白金，山坡下有很多石涅。这座山上生长的树种主要是棷树、椫树和杨树。宣余水就发源于这座山，流出山谷后便向东流入长江，宣余水中有很多水蛇，风雨山中出没的野兽主要是山驴、麋鹿、麈，还有很多虎豹。这座山中还有很多白鷮鸟。

玉山

又东北二百里，曰玉山，其阳多铜，其阴多赤金，其木多豫章楢(yǒu)杻，其兽多豖鹿麢㚟，其鸟多鸩(zhèn)。

［译文］

由风雨山再往东北二百里有座山，名叫玉山，这座山的南坡蕴藏有丰富的铜矿，山的北坡蕴藏有丰富的赤金矿。这座山上主要生长着豫章树、楢树、杻树，山上出没的野兽主要是山猪、鹿、羚羊和㚟，栖息的鸟主要是鸩。

熊山

又东一百五十里，曰熊山。有穴焉，熊之穴，恒出神人。夏启而冬闭[1]，是穴也，冬启乃必有兵。其上多白玉，其下多白金。其林多樗(chū)柳，其草多寇脱。

［注释］

①启：开启。闭：关闭。

［译文］

由玉山再往东一百五十里有座山，名叫熊山。这座山上有个洞穴，是熊居住的地方，但也常有一些神仙进进出出。这个洞穴的门，夏季总是开着的，而冬季总是关着的，如果这个洞穴的门在冬季开启，那天下就将发生战乱。熊山的山巅有很多白色玉石，山坡下则有很多白金。这座山上生长的树种主要是臭椿和柳树，草类主要是寇脱草。

騩(guī)山

又东一百四十里，曰騩山，其阳多美玉赤金，其阴多铁，其木多桃枝荆芑。

［译文］

由熊山往东一百四十里有座山，名叫騩山，这座山的南坡有很多美玉、赤金，山的北坡蕴藏有丰富的铁矿，这座山上主要生长着桃枝竹、荆、杞。

葛山

又东二百里，曰葛山，其上多赤金，其下多瑊(jiān)石[①]，其木多柤(zhā)栗橘櫾楢杻，其兽多麢(chuò)㚟，其草多嘉荣。

[注释]

①瑊石：一种似玉的美石。

[译文]

由魄山往东二百里有座山，名叫葛山，这座山上有很多赤金，山坡下有很多瑊石。山上生长的树种主要有柤树、栗树、橘树、櫾树、楢树和杻树，出没的野兽主要有羚羊、㚟，生长的草主要是嘉荣草。

贾超山

又东一百七十里，曰贾超之山，其阳多黄垩，其阴多美赭，其木多柤栗橘櫾(yòu)，其中多龙脩[①]。

凡岷山之首，自女几山至于贾超之山，凡十六山，三千五百里。其神状皆马身而龙首。其祠：毛用一雄鸡瘗，糈用稌。文山[②]、勾檷、风雨、魄之山，是皆冢也，其祠之：羞酒，少牢具，婴用一吉玉。熊山，帝[③]也，其祠：羞酒，太牢具，婴用一璧。干儛，用兵以禳；祈，璆(qiú)[④]冕舞。

马身龙首神

[注释]

①龙脩：龙须草，多年生草本植物。有的地方叫蓑草或蓑衣草。②文山：指岷山。③帝：魁首，首领。④璆：同"球"，美玉。

[译文]

由葛山往东一百七十里有座山，名叫贾超山，贾超山的南坡有很多黄垩土，山的北坡有很多优质的赭土，这座山上生长的树种主要有柤树、栗树、橘树、櫾树，山上还有很多龙须草。

综观中部岷山山脉，自女几山至贾超山，共有十六座山，绵延三千五百里。这十六座山的山神身形似马，长着龙的脑袋。祭祀这些山神的祭品都用一只公鸡，将公鸡埋在地下，祭祀用的精米用稻米。岷山、勾祢山、风雨山、騩山是诸山的宗主，祭祀这四位山神须行大社礼，先进献美酒，再进献猪、羊二牲，玉器用一块吉玉。熊山的山神，是众山之首，祭祀熊山山神的礼仪，也是先进献美酒，再进献猪、牛、羊三牲，玉器用一块璧玉。祭祀这些山神时还要跳舞。如想消灾，就手持盾牌跳兵舞；如想祈福，就头戴礼帽，手持美玉跳舞。

首阳山

《中次十经》之首，曰首阳之山，其上多金玉，无草木。

[译文]

《中次十经》记述的中部第十列山系的第一座山，名叫首阳山，首阳山上蕴藏有丰富的金矿和玉石，但山上寸草不长。

虎尾山

又西五十里，曰虎尾之山，其木多椒椐（jū），多封石，其阳多赤金，其阴多铁。

[译文]

由首阳山往西五十里有座山，名叫虎尾山，虎尾山上生长着很多椒树、椐树，还有很多封石，这座山的南坡蕴藏有丰富的赤金，山的北坡蕴藏有丰富的铁。

繁缋（huì）山

又西南五十里，曰繁缋之山，其木多楢杻，其草多枝句。

[译文]

由虎尾山再往西南五十里有座山，名叫繁缋山，这座山上生长的树种主要是楢树、杻树，草类主要是桃枝竹、钩端竹。

勇石山

又西南二十里，曰勇石之山，无草木，多白金，多水。

[译文]

由繁缋山再往西南二十里有座山，名叫勇石山，这座山上没生长一草一木，但有很多白金，还有很多水。

复州山

又西二十里，曰复州之山，其木多檀，其阳多黄金。有鸟焉，其状如鸮，而一足彘尾，其名曰跂踵，见则其国大疫。

[译文]

由勇石山再往西二十里有座山，名叫复州山，这座山上生长着很多檀树，山的南坡盛产黄金。山上有一种鸟，其形状有点像猫头鹰，但长着一只脚和一条猪尾，这种鸟名叫跂踵，这种鸟一旦出现在哪个国家，便预示哪个国家瘟疫流行。

楮山

又西三十里，曰楮山，多寓木，多椒椐，多柘，多垩。

[译文]

由复州山再往西三十里有座山，名叫楮山，这座山上生长有很多寄生在别的树上的寓树，树种主要有椒树、椐树、柘树，山上还有很多垩土。

又原山

又西二十里，曰又原之山，其阳多青雘，其阴多铁，其鸟多鸜鹆(qú yù)①。

[注释]

①鸜鹆：鸟名，俗称八哥。

[译文]

由楮山再往西二十里有座山，名叫又原山，又原山的南坡有很多青雘，山的北坡有丰富的铁矿，山上还有很多八哥。

涿(zhuō)山

又西五十里，曰涿山，其木多穀(gǔ)柞杻，其阳多㻬琈(fú)之玉。

[译文]

由又原山往西五十里有座山，名叫涿山，这座山上主要生长着构树、柞树、杻树，山的南坡有很多㻬琈玉。

丙山

又西七十里，曰丙山，其木多梓檀，多弞(shěn)杻。

凡首阳山之首，自首山至于丙山，凡九山，二百六十七里。其神状皆龙身而人面。其祠之：毛用一雄鸡瘗，糈用五种之糈。堵山[①]，冢也，其祠之：少牢具，羞酒祠，婴用一璧瘗。騩山，帝也，其祠：羞酒，太牢具，合巫祝[②]二人儛，婴一璧。

[注释]

①堵山：指楮山。②巫祝：古代称事鬼神者为巫，祭主赞词者为祝，后连用以指掌占卜祭祀的人。

[译文]

龙身人面神

由涿山再往西七十里有座山，名叫丙山，这座山上生长的树种主要有梓树和檀树，还有不少高大的杻树。

综观中部首阳山脉，自首山到丙山，共计九座山，绵延二百六十七里。这九座山的山神，身形都似龙，但面孔似人。祭祀这九个山神时，祭品用一只公鸡，埋在地下；祭祀要用黍、稷、豆、麻、麦五种精米。其中楮山是诸山的宗主，祭祀这座山神须用猪、羊二牲，并且还要进献美酒，玉器用一块璧玉，祭祀后与祭品一起埋在地下。騩山神是众山之首，祭祀这尊山神时，先须进献美酒，再用猪、牛、羊三牲祭祀，还须巫师、祝师二人共舞，另外还要用一块璧玉，祭祀后将它系在祭品的颈项上，埋在地下。

荆山　翼望山

《中次一十一山经》荆山之首，曰翼望之山。湍(zhuān)水出焉，东流注于济；贶(kuàng)水出焉，东南流注于汉，其中多蛟[1]。其上多松柏，其下多漆梓，其阳多赤金，其阴多珉(mín)[2]。

［注释］

①蛟：古代传说中能发水的一种龙。②珉：珉石，似玉的美石。

［译文］

《中次一十一山经》记述的中部第十一列山系即荆山山脉，其第一座山名叫翼望山。有两条河流出，一条是湍水，向东流入济水；还有一条是贶水，向东南流入汉水，贶水中有很多蛟龙。翼望山上有很多松树、柏树，山坡下有很多漆树、梓树，山的南坡有很丰富的赤金矿，山的北坡有很多珉石。

朝歌山

又东北一百五十里，曰朝歌之山。潕水出焉，东南流注于荥，其中多人鱼。其上多梓枏，其兽多麢麋。有草焉，名曰莽草[1]，可以毒鱼。

［注释］

①莽草：植物名，一种有毒植物，又称作芒草。

［译文］

由翼望山往东北一百五十里有座山，名叫朝歌山。潕水就发源于这座山，流出山谷后便向东南流入荥泽，潕水中有很多人鱼。这座山上生长着很多梓树、楠树，山上有很多羚羊、麋鹿。还有一种草，名叫莽草，可以毒死鱼。

帝囷(qūn)山

又东南二百里，曰帝囷之山，其阳多㻬琈之玉，其阴多铁。帝囷之水出于其上，潜于其下，多鸣蛇。

［译文］

由朝歌山往东南二百里有座山，名叫帝囷山，山的南坡有很多㻬琈玉，山的北坡有很丰富的铁矿。帝囷水就发源于这座山的山顶，流至山脚便潜入地下，帝囷水中有很多鸣蛇。

视山

又东南五十里，曰视山，其上多韭。有井焉，名曰天井，夏有水，冬竭。其上多桑，多美垩金玉。

[译文]

由帝囷山往东南五十里有座山，名叫视山，这座山上生长有许多山韭。山上有一眼井，名叫天井，井中夏季有水，冬季就干枯了。山上有很多桑树，盛产优质垩土，还有丰富的金矿和玉石。

前山

又东南二百里，曰前山，其木多槠(zhū)①，多柏，其阳多金，其阴多赭。

[注释]

①槠：槠树，常绿乔木。木材坚硬，可供建筑房屋、造船、制器具等用。

[译文]

由视山往东南二百里有座山，名叫前山，这座山上生长着很多槠树和柏树，山的南坡有很丰富的金矿，山的北坡有很多赭石。

丰山

又东南三百里，曰丰山。有兽焉，其状如猿，赤目、赤喙、黄身，名曰雍和，见则国有大恐。神耕父处之，常游清泠(líng)之渊，出入有光，见则其国为败。有九钟焉，是和霜鸣。其上多金，其下多穀(gǔ)柞杻橿。

[译文]

由前山往东南三百里有座山，名叫丰山。这座山上有一种怪兽，其身形似猿，周身都是黄色的，长着红眼睛、红嘴，名叫雍和，这种兽一旦出现在哪里，就预示着哪里将有非常恐怖的事情发生。耕父神就住在丰山上，他经常到清泠渊中游玩，每当从渊中出入都会有亮光出现，他在哪里出现，便预示这个国家将会衰败。这座山上还有九口钟，每当下霜时，这九口钟便会发生鸣响。这座山的山顶蕴藏有丰富的金矿，山坡下生长有很多构树、柞树、杻树、橿树。

兔床山

又东北八十里，曰兔床之山，其阳多铁，其木多槠芧（xù）①。其草多鸡谷，其本如鸡卵，其味酸甘，食者利于人。

[注释]

①芧：即橡树，栎树的一种。

[译文]

由丰山再往东北八十里有座山，名叫兔床山，这座山的南坡蕴藏有丰富的铁矿，山上生长的树种主要是槠树和芧树。山上生长有很多名叫“鸡谷”的草，这种草的根部像小球，形似鸡蛋，酸中带甜，吃这种草，对人是有很多好处的。

皮山

又东六十里，曰皮山，多垩（è），多赭（zhě），其木多松柏。

[译文]

由兔床山往东六十里有座山，名叫皮山，这座山上有很多白垩土和赭石，山上的树种主要是松树和柏树。

瑶碧山

又东六十里，曰瑶碧之山，其木多梓枏，其阴多青雘，其阳多白金。有鸟焉，其状如雉，恒食蜚①，名曰鸩（zhèn）。

[注释]

①蜚：一种有害的小飞虫。

[译文]

由皮山往东六十里有座山，名叫瑶碧山，这座山的树种主要是梓树和楠树，山的北坡有很多青雘，山的南坡有很多白金。山上有一种鸟，其形似野鸡，以食蜚虫为生，这种鸟名叫鸩。

攻离山

又东四十里，曰攻离之山。淯水出焉，南流注于汉。有鸟焉，其名曰婴勺，其状如鹊，赤目、赤喙、白身，其尾若勺，其鸣自呼。多㸲牛，多羬(qián)羊。

婴勺

［译文］

由瑶碧山再往东四十里有座山，名叫攻离山。淯水就发源于这座山，流出山谷后便向南流入汉水。山上有一种鸟，名叫婴勺，其形似鹊，除眼睛和嘴是红色的外，周身都是白色的，这种鸟的尾巴像勺子，它的鸣叫声就像在呼唤自己的名字。攻离山上出没的动物主要有㸲牛、羬羊。

袟(zhì)筒(diāo)山

又东北五十里，曰袟筒之山，其上多松柏机桓。

［译文］

由攻离山再往东北五十里有座山，名叫袟筒山，这座山的山顶有很多松树、柏树、桤树和桓树。

堇(qín)理山

又西北一百里，曰堇理之山，其上多松柏，多美梓，其阴多丹雘(huò)，多金，其兽多豹虎。有鸟焉，其状如鹊，青身白喙(huì)，白目白尾，名曰青耕，可以御疫，其鸣自叫。

［译文］

由袟筒山再往西北一百里有座山，名叫堇理山，这座山的山顶有很多松树、柏树和梓树，山的南坡有很多丹雘和黄金，山上常出没的野兽主要有豹、虎。山上有一种鸟，其形似鹊，周身都是青色的，只有嘴、眼睛、尾巴是白色的。这种鸟名叫青耕，可利用这种鸟来躲避瘟疫，这种鸟的鸣叫声就像是在呼喊自己的名字。

依轱(kū)山

又东南三十里，曰依轱之山，其上多杻橿，多苴[1]。有兽焉，其状如犬，虎爪有甲，其名曰獜（lín），善駚（yāng）牟（fèn），食者不风[②]。

[注释]

①苴：通“柤”。即柤树。

②风：风痹病。

[译文]

由堇理山往东南三十里有座山，名叫依轱山，这座山上主要有杻树、橿树、柤树。山上有一种野兽，其身形有点像狗，但长有虎爪，身上还有鳞甲，这种兽名叫獜，擅长跳跃腾挪，人若吃了它的肉就不会生风痹病了。

獜

即谷山

又东南三十五里，曰即谷之山，多美玉，多玄豹，多闾麋，多麢臭。其阳多珉，其阴多青雘。

[译文]

由依轱山再往东南三十五里有座山，名叫即谷山，山中有很多优质玉石。山上出没的动物有黑豹、山驴、麋、羚羊、臭。这座山的南坡有很多珉石，山的北坡有很多青雘。

鸡山

又东南四十里，曰鸡山，其上多美梓，多桑，其草多韭。

[译文]

由即谷山再往东南四十里有座山，名叫鸡山，这座山上有很多优良的梓树，还有很多桑树，山上生长的草主要是山韭。

高前山

又东南五十里，曰高前之山。其上有水焉，甚寒而清，帝台之浆也，饮之者不心痛。其上有金，其下有赭。

[译文]

由鸡山再往东南五十里有座山，名叫高前山，高前山上有一种水，水温很低，但晶莹剔透，这是帝台神所用的玉浆，饮用这种玉浆可使人不患心痛病。这座山上有很丰富的金矿，山坡下有很多赭石。

游戏山

又东南三十里，曰游戏之山，多杻橿榖，多玉，多封石。

[译文]

由高前山再往东南三十里有座山，名叫游戏山，这座山上有很多杻树、橿树、构树，盛产玉石和封石。

从山

又东南三十五里，曰从山，其上多松柏，其下多竹。从水出于其上，潜于其下，其中多三足鳖，枝①尾，食之无蛊疫。

[注释]

①枝：树枝，指有分支、分叉。

[译文]

由游戏山再往东南三十五里有座山，名叫从山，这座山的山顶有很多松树、柏树，山坡下有很多竹子。从水就发源于这座山的山顶，流至山脚便潜入地下。水中有一种鳖，名叫三足鳖，尾巴像分叉的树枝，人若吃了这种鳖的肉，就不会得疑心病。

三足鳖

婴碮(zhēn)山

又东南三十里，曰婴碮之山，其上多松柏，其下多梓櫄(chūn)①。

[注释]

①櫄：古同“椿”，又叫杶树，类似于香椿树。

[译文]

由从山往东南三十里有座山，名叫婴硜山，这座山的山巅生长的树种主要是松树、柏树，山坡下主要是梓树和香椿树。

毕山

又东南三十里，曰毕山。帝苑之水出焉，东北流注于𤄊(qìn)[1]，其中多水玉，多蛟。其上多瑶琈(fú)之玉。

[注释]

①𤄊：𤄊水，水名，在河南省境内，为汝水支流之一。

[译文]

由婴硜山再往东南三十里有座山，名叫毕山。帝苑水就发源于这座山，流出山谷后便向东北流入𤄊水，帝苑水中有很多水晶，还有很多蛟。毕山上有很多瑶琈玉。

乐马山

又东南二十里，曰乐马之山。有兽焉，其状如彙(huì)[1]，赤如丹火，其名曰㻏(lì)，见则其国大疫。

[注释]

①彙：刺猬。

[译文]

由毕山往东南二十里有座山，名叫乐马山。乐马山上有一种野兽，其形似刺猬，周身都是红色的，像一团火。这种野兽名叫㻏，它在哪里出现，哪里就会有瘟疫流行。

葴(zhēn)山

又东南二十五里，曰葴山，𤄊(qìn)水出焉，东南流注于汝水，其中多人鱼，多蛟，多颉(xié)[1]。

[注释]

①颉：传说中的兽名，一种似狗的动物。

［译文］

由乐马山往东南二十五里有座山，名叫葴山，视水就发源于这座山，流出山谷后便向东南流入汝水，视水中有很多人鱼、蛟龙和颉。

婴山

又东四十里，曰婴山，其下多青雘，其上多金玉。

［译文］

由葴山再往东四十里有座山，名叫婴山，这座山的山坡下有很多青雘，山上有很多金矿石和玉石。

虎首山

又东三十里，曰虎首之山，多苴椆(diāo)椐(jū)①。

［注释］

①椆：木名，一种遇寒不凋的树。椐：木名，即灵寿木。

［译文］

由婴山再往东三十里有座山，名叫虎首山，山上生长着很多柤树、椆树和椐树。

婴侯山

又东二十里，曰婴侯之山，其上多封石，其下多赤锡。

［译文］

由虎首山再往东二十里有座山，名叫婴侯山，山上有很多封石，山下有很多赤锡矿石。

大孰山

又东五十里，曰大孰之山。杀水出焉，东北流注于瀙(qìn)水，其中多白垩。

［译文］

由婴侯山再往东五十里有座山，名叫大孰山。杀水就发源于这座山，流出山谷后便向东北流入溉水，杀水中有很多白垩土。

卑山

又东四十里，曰卑山，其上多桃李苴(jū)梓，多櫐(lěi)①。

[注释]

①櫐：一种藤类植物，类似虎豆的蔓生植物。

[译文]

由大孰山再往东四十里有座山，名叫卑山，这座山上生长有很多桃树、李树、柤树、梓树，还有很多櫐豆。

倚帝山

狙 如

又东三十里，曰倚帝之山，其上多玉，其下多金。有兽焉，状如鼣(fèi)鼠，白耳白喙(huì)，名曰狙(jū)如，见则其国有大兵。

[译文]

由卑山往东三十里有座山，名叫倚帝山，这座山上有很多玉石，山下有很丰富的金矿。山上有一种野兽，形似鼣鼠，耳朵和嘴都是白色的，这种野兽名叫狙如，它一旦出现在哪里，就预示着哪个国家将有战乱兵祸出现。

鲵山

又东三十里，曰鲵山，鲵水出于其上，潜于其下，其中多美垩。其上多金，其下多青雘。

[译文]

由倚帝山再往东三十里有座山，名叫鲵山，鲵水就发源于这座山的山巅，流至山下后便潜入地下，鲵水水底有很多上等的垩土。鲵山上蕴藏有丰富的金矿，山脚下有很多青雘。

雅山

又东三十里，曰雅山。澧（lǐ）水出焉，东流注于瀙（qìn）视水，其中多大鱼。其上多美桑，其下多苴，多赤金。

[译文]

由鲵山再往东三十里有座山，名叫雅山。澧水就发源于这座山，流出山谷后便向东流入瀙水，澧水中有很多大鱼。雅山的山巅生长有很多姿态万千的桑树，山坡下生长有很多柤树，蕴藏有丰富的赤金矿。

宣山

又东五十五里，曰宣山。沦水出焉，东南流注于瀙（qìn）水，其中多蛟。其上有桑焉，大五十尺，其枝四衢①，其叶大尺余，赤理黄华青柎，名曰帝女之桑。

[注释]

①四衢：交错歧出的样子。

[译文]

由雅山再往东五十五里有座山，名叫宣山。沦水就发源于这座山，流出山谷后便向东南流入瀙水，沦水中有很多蛟龙。宣山上有一种桑树，树围达五十尺，树枝纵横交错，树叶有一尺多长，这种树的纹理是红色的，开的花是黄色的，花萼是青色的，这种树名叫帝女之桑。

衡山

又东四十五里，曰衡山，其上多青雘，多桑，其鸟多鸜鹆。

[译文]

由宣山再往东四十五里有座山，名叫衡山，衡山上有很多青雘，生长着很多桑树，山上活动的鸟类主要是八哥。

丰山

又东四十里，曰丰山，其上多封石，其木多桑，多羊桃，状如桃而方茎，可以为皮张①。

［注释］

①为：这里是治疗的意思。皮张：皮肿病。

［译文］

由衡山再往东四十里有座山，名叫丰山，这座山上有很多封石，生长着很多桑树。山上还长着一种名叫羊桃的树，树的形状如桃树，但茎是方形的，可用来入药医治皮肿病。

妪山

又东七十里，曰妪山，其上多美玉，其下多金，其草多鸡谷。

［译文］

由丰山再往东七十里有座山，名叫妪山，这座山上有很多上等的玉石，山下则蕴藏有丰富的金矿，这座山上生长的草类主要是一种名叫“鸡谷”的草。

鲜　山

又东三十里，曰鲜山，其木多楢(yǒu)杻苴，其草多虋(mén)冬，其阳多金，其阴多铁。有兽焉，其状如膜犬①，赤喙、赤目、白尾，见则其邑有火，名曰⿰犭多(yí)即。

［注释］

①膜犬：西膜之犬，体形高大健硕，皮毛浓密，性情凶猛彪悍，力气非常大。

［译文］

由妪山再往东三十里有座山，名叫鲜山，山上生长的树种主要是楢树、杻树和柤树，生长的草类主要是门冬草。这座山的南坡蕴藏有丰富的金矿，北坡蕴藏有丰富的铁矿。山上有一种野兽，其形似西膜犬，但长着红嘴、红眼睛、白色尾巴，这种野兽一旦在哪里出现，哪里就会发生火灾，

⿰犭多即

这种野兽名叫狍即。

皋山

又东三十里，曰皋山，其阳多金，其阴多美石。皋水出焉，东流注于澧水，其中多脃（cuì）石①。

[注释]

①脃石：“脃”是“脆”的本字。脃石是指一种质地轻软易断的石头。

[译文]

由鲜山往东三十里有座山，名叫皋山，皋山的南坡蕴藏有丰富的金矿，山的北坡有很多好看的石头。皋水就发源于这座山，流出山谷后便向东流入澧水，皋水中有很多易碎的脆石。

大支山

又东二十五里，曰大支之山，其阳多金，其木多穀（gǔ）柞，无草。

[译文]

由皋山再往东二十五里有座山，名叫大支山，大支山的南坡蕴藏有丰富的金矿，山上生长着很多构树和柞树，没有草。

区吴山

又东五十里，曰区吴之山，其木多苴。

[译文]

由大支山再往东五十里有座山，名叫区吴山，这座山上生长着很多柤树。

声匈山

又东五十里，曰声匈之山，其木多穀，多玉，上多封石。

[译文]

由区吴山再往东五十里有座山，名叫声匈山，这座山上生长着很多构树，山上有很多玉石和封石。

大騩山

又东五十里，曰大騩之山，其阳多赤金，其阴多砥石。

[译文]

声匈山再往东五十里有座山，名叫大騩山，这座山的南坡有很多赤金，山的北坡有很多可用来磨刀的砥石。

踵臼山

zhǒng jiù

又东十里，曰踵臼之山，无草木。

[译文]

由大騩山再往东十里有座山，名叫踵臼山，这座山上寸草不生。

历石山

又东北七十里，曰历石之山，其木多荆芑，其阳多黄金，其阴多砥石。有兽焉，其状如狸，而白首虎爪，名曰梁渠，见则其国有大兵。

[译文]

由踵臼山再往东北七十里有座山，名叫历石山。历石山的树种主要是荆树、枸杞。山的南坡有很多黄金，山的北坡有很多可用来磨刀的砥石。山上有一种野兽，其形似狸猫，但长着白色的脑袋，爪子似虎爪，这种野兽名叫梁渠，它一旦在哪里出现，哪个国家将有战乱出现。

求山

又东南一百里，曰求山。求水出于其上，潜于其下，中有美赭。其木多苴，多䈽。其阳多金，其阴多铁。

[译文]

由历石山再往东南一百里有座山，名叫求山。求水就发源于这座山的山巅，流至山脚便潜入地下，求水中有很多上等的赭土。这座山上生长着很多柤树和䉋竹。山的南坡蕴藏有丰富的金矿，山的北坡蕴藏有丰富的铁矿。

丑阳山

又东二百里，曰丑阳之山，其上多椆（chóu）椐（jū）。有鸟焉，其状如乌而赤足，名曰䳅（zhǐ）䳜（tú），可以御火。

[译文]

由求山再往东二百里有座山，名叫丑阳山，山上有很多椆树和椐树。山上生活着一种鸟，其形似乌鸦，但长着红色的爪子，这种鸟名叫䳅䳜，把它养在身边可以预防火灾。

奥山

又东三百里，曰奥山，其上多柏杻橿，其阳多㻬琈（fú）之玉。奥水出焉，东流注于viz（qìn）水。

[译文]

由丑阳山再往东三百里有座山，名叫奥山，奥山上有很多柏树、杻树、橿树，山的南坡有很多㻬琈玉。奥水就发源于这座山，流出山谷后便向东流入viz水。

服山

又东三十五里，曰服山，其木多苴，其上多封石，其下多赤锡。

[译文]

由奥山再往东三十五里有座山，名叫服山，服山上生长着很多柤树，山上有很多封石，山下有很丰富的赤锡矿。

杳山

又东百十里，曰杳山，其上多嘉荣草，多金玉。

[译文]

由服山再往东一百一十里有座山，名叫杳山，这座山上生长有很多嘉荣草，还有很多金矿石和玉石。

几山

又东三百五十里，曰几山，其木多楢檀杻，其草多香。有兽焉，其状如彘，黄身、白头、白尾，名曰闻獜（lín），见则天下大风。

凡荆山之首，自翼望之山至于几山，凡四十八山，三千七百三十二里。其神状皆彘身人首。其祠：毛用一雄鸡祈瘗，瘗用一圭，糈用五种之精[①]。禾山，帝也。其祠：太牢之具，羞瘗，倒毛[②]；用一璧，牛无常。堵山、玉山，冢也，皆倒祠[③]，羞用少牢，婴用吉玉。

[注释]

①五种之精：指黍、稷、豆、麻、麦五种精米。②倒毛：毛指毛物。倒毛是指祭礼完成后，将猪、牛、羊等牲畜的身子倒过来头朝下埋掉。③倒祠：倒毛。

[译文]

由杳山再往东三百五十里有座山，名叫几山，这座山上生长的树种主要有楢树、檀树、杻树，草类主要是香草。这座山上有一种野兽，其身形像猪，周身都是黄色的，只有脑袋和尾巴是白色的。这种野兽名叫闻獜，它一旦出现，天下便要刮大风了。

彘身人首神

综观荆山山脉，自翼望山至几山，总共四十八座山，绵延三千七百三十二里。这些山的山神，身形都像猪，脑袋似人。祭祀这些山神时，毛物用一只公鸡，祈祷后便将它埋在地下；玉器用一块圭；祭祀的精米用黍、稷、豆、麻、麦五种精米。禾山是诸山的领袖。祭祀禾山神时，祭品用牛、羊、猪，进献之后便将它们头朝下埋在地下；玉用一块璧。虽然是用太牢礼，但也不一定要三牲全备。堵山、玉山是诸山的宗主，祭祀这两座山的山神时，祭品用猪、羊，也是在进献后将它们头朝下埋在地下；这些毛物颈上都要挂一块吉玉。

洞庭山　篇遇山

《中次十二经》洞庭山之首，曰篇遇之山，无草木，多黄金。

［译文］

《中次十二经》记述的中部第十二列山系，即洞庭山山脉，这一山系的第一座山名叫篇遇山，这座山上寸草不生，山中蕴藏着丰富的黄金矿产资源。

云山

又东南五十里，曰云山，无草木。有桂竹①，甚毒，伤②人必死。其上多黄金，其下多瑀琈(fú)之玉。

［注释］

①桂竹：竹子的一种，比较高，茎粗，叶大节长，皮是红色的。②伤：刺伤。

［译文］

由篇遇山再往东南五十里有座山，名叫云山，这座山上没有别的草木，只有一种竹，名叫桂竹，含有剧毒，人若被此竹所刺，则必死无疑。这座山上有很多黄金，山坡下有很多瑀琈玉。

龟山

又东南一百三十里，曰龟山，其木多榖柞椆椐，其上多黄金，其下多青、雄黄，多扶竹①。

［注释］

①扶竹：邛竹。以能做手杖而著称于世，故名。

［译文］

由云山再往东南一百三十里有座山，名叫龟山，这座山上生长的树种主要是构树、柞树、椆树、椐树。这座山上蕴藏有丰富的黄金矿产，山下有很多石青和雄黄石，还有很多扶竹。

丙山

又东七十里，曰丙山，多筀竹①，多黄金铜铁，无木。

[注释]

①箽竹：又名桂竹。

[译文]

由龟山再往东七十里有座山，名叫丙山，这座山上到处是桂竹，山上还蕴藏有丰富的黄金、铜、铁矿产资源，但不生树木。

风伯山

又东南五十里，曰风伯之山，其上多金玉，其下多痠石、文石，多铁，其木多柳杻檀楮。其东有林焉，曰莽浮之林，多美木、鸟兽。

[译文]

由丙山再往东南五十里有座山，名叫风伯山，风伯山上有很多金矿、玉石，山脚下有很多痠石和文石，山上蕴藏有丰富的铁矿。这座山上生长的树种主要有柳树、杻树、檀树、楮树。山的东麓有一片茂盛的森林，名叫莽浮林，林中有很多美丽的树木和鸟兽。

夫夫山

又东一百五十里，曰夫夫之山，其上多黄金，其下多青、雄黄，其木多桑楮，其草多竹、鸡鼓。神于儿居之，其状人身而手操两蛇，常游于江渊，出入有光。

[译文]

由风伯山再往东一百五十里有座山，名叫夫夫山，这座山的山上有很多黄金，山下有很多石青和雄黄石，山上生长着很多桑树、楮树，草类主要是竹子和鸡谷草。神于儿就住在这座山上。这个神仙身形像人，但手上总握着两条蛇。神于儿常常在长江的江水深处巡游，每次进出江水都有亮光出现。

神于儿

洞庭山

又东南一百二十里，曰洞庭之山，其上多黄金，其下多银铁。其木多柤梨橘櫾(yòu)，其草多葌(jiān)、蘪芜(mí wú)、芍药、芎䓖(xiōngqióng)。帝之二女①居之，是常游于江渊。澧(lǐ)沅②之风，交潇湘③之渊，是在九江之间，出入必以飘风暴雨。是多怪神，状如人而载④蛇，左右手操蛇，多怪鸟。

[注释]

①帝之二女：指帝尧的二女娥皇、女英，嫁于舜，即湘妃。②澧：澧水，在湖南省，向东流入洞庭湖。沅：沅江，源出贵州云雾山，注入湖南洞庭湖。③潇湘：指湘江。潇，形容水深而清。④载：戴，缠绕。

[译文]

由夫夫山再往东南一百二十里有座山，名叫洞庭山，洞庭山的山巅有很丰富的黄金矿产，山坡下有很丰富的银、铁矿产。这座山上生长的树种主要是柤树、梨树、橘树、櫾树，生长的草类主要有兰草、蘪芜、芍药、川芎。娥皇、女英就住在这座山上，她俩常常在长江的深渊里巡游。从澧水和沅水吹来的风，在幽静的湘水渊潭上交会，那是九条江汇合的地方，她们每每出入都伴随暴风骤雨。洞庭山上还有很多奇怪的神仙，形状倒似人，只是身上总是缠绕着蛇，两只手也抓着蛇，这座山上还有很多奇形怪状的鸟。

暴山

又东南一百八十里，曰暴山，其木多棕柟荆芑(qǐ)、竹箭䉋箘(jùn)①，其上多黄金玉，其下多文石铁，其兽多麋鹿麢，其鸟多就②。

[注释]

①箘：一种小竹子，可用来制作箭杆。②就：通“鹫”，鹰一类的大猛禽。

[译文]

由洞庭山再往东南约一百八十里处有座山，名叫暴山，那里盛产棕树、楠树、荆树、枸杞树和竹、箭、䉋、箘等各种竹子，这座山上还盛产黄金和玉石，山下出产文石和铁矿，那里还有麋鹿和麂以及雕等鸟兽。

即公山

又东南二百里，曰即公之山，其上多黄金，其下多㻬琈(fú)之玉。其木多柳杻檀桑。有兽焉，其状如龟，而白身赤首，名曰蛫(guǐ)，是可以御火。

[译文]

由暴山再往东南二百里有座山，名叫即公山，即公山上蕴藏有丰富的黄金矿产资源，山坡下有很多㻬琈玉。这座山上生长的树种主要有柳树、杻树、檀树、桑树。山上有一种野兽，其形状像龟，但全身都是白色的，脑袋是红色的，这种动物名叫蛫，可以用来躲避火灾。

尧山

又东南一百五十九里，曰尧山，其阴多黄垩，其阳多黄金，其木多荆芑(qǐ)柳檀，其草多藷萸茉。

[译文]

由即公山再往东南一百五十九里有座山，名叫尧山，这座山的北坡有很多黄垩土，山的南坡有很多黄金矿石。这座山上生长着很多荆条、枸杞、柳树、檀树，生长的草类主要有山药、术草。

江浮山

又东南一百里，曰江浮之山，其上多银、砥砺，无草木，其兽多豕鹿。

[译文]

由尧山再往东南一百里有座山，名叫江浮山，江浮山上盛产银和磨刀石，但山上寸草不生，山上出没的野兽主要是野猪和鹿。

真陵山

又东二百里，曰真陵之山，其上多黄金，其下多玉，其木多榖柞柳杻，其草多荣草。

[译文]

由江浮山再往东二百里有座山，名叫真陵山，山上盛产黄金，山坡下盛产玉石，山上生长着很多构树、柞树、柳树、杻树，生长的草类主要是荣草。

阳帝山

又东南一百二十里，曰阳帝之山，多美铜，其木多橿杻檿(yǎn)[①]楮，其兽多麢麝。

[注释]

①檿：木名。檿桑，即山桑，桑树的一种，叶可饲蚕，内皮可造纸，木可制弓。

[译文]

由真陵山再往东南一百二十里有座山，名叫阳帝山，阳帝山上有很多上等的铜矿石，这座山上生长的树种主要有橿树、杻树、山桑、楮树，出没的野兽主要有羚羊和香獐。

柴桑山

又南九十里，曰柴桑之山，其上多银，其下多碧，多泠(gàn)石、赭，其木多柳芑(qǐ)楮桑。其兽多麋鹿，多白蛇、飞蛇[①]。

[注释]

①飞蛇：传说中会飞的蛇。即螣蛇。

[译文]

由阳帝山再往南九十里有座山，名叫柴桑山，这座山的山上盛产银，山坡下盛产碧玉、泠石和赭石，这座山上生长的树种主要有柳树、枸杞、楮树、桑树，出没的野兽主要是麋和鹿，还有很多白蛇和飞蛇。

飞 蛇

荣余山

又东二百三十里，曰荣余之山。其上多铜，其下多银。其木多柳、芑(qǐ)，其虫多怪蛇怪虫。

凡洞庭山之首，自篇遇之山至于荣余之山，凡十五山，二千八百里。其神状皆鸟身而龙首。其祠：毛用一雄鸡、一牝豚①刉(jī)，糈用稌。凡夫夫之山、即公之山、尧山、阳帝之山，皆冢也，其祠：皆肆②瘗(yì)，祈用酒，毛用少牢，婴用一吉玉。洞庭、荣余山，神也，其祠：皆肆瘗，祈酒太牢祠，婴用圭璧十五，五采惠之。

右《中经》之山志，大凡百九十七山，二万一千三百七十一里。

大凡天下名山五千三百七十，居地，大凡六万四千五十六里。

禹曰：天下名山，经五千三百七十山，六万四千五十六里，居地也。言其《五臧》，盖其余小山甚众，不足记云。天地之东西二万八千里，南北二万六千里，出水者八千里，受水者八千里，出铜之山四百六十七，出铁之山三千六百九十。此天地之所分壤树谷③也，戈矛④之所发也，刀铩⑤之所起也，能者有余，拙者不足。封于太山，禅于梁父，七十二家，得失之数，皆在此内，是谓国用⑥。

右《五臧(zàng)山经》五篇，大凡一万五千五百三字。

[注释]

①牝豚：母猪。②肆：陈设。③树：种植，栽培。谷：谷物，泛指农作物。④戈矛：戈和矛。亦泛指兵器。⑤铩：长刃矛，古代的一种兵器。⑥国用：国家物质财富的来源，即为国所用。

[译文]

由柴桑山再往东二百三十里有座山，名叫荣余山。荣余山上蕴藏有丰富的铜矿资源，山坡下则盛产银。这座山上生长的树种主要有柳树和构杞，还有很多怪蛇、怪虫。

综观中部洞庭山脉，自篇遇山至荣余山，共计十五座山，绵延两千八百里。这些山的山神，体形像鸟，脑袋却像龙。祭祀这些山神的礼仪，绝大部分都是用一只杀死后的公鸡、一头杀死后的母猪作为毛物；用稻米作精米。其

鸟身龙首神

中的夫夫山、即公山、尧山、阳帝山是众山的宗主，祭祀它们用猪、羊作为毛物，用酒敬献祭神，将毛物和酒先陈设祭祀后再埋在地下，玉用一块吉玉，系在毛物的颈项上。而洞庭山、荣余山是有神灵显圣的山，祭祀这两座山的山神，用猪、羊、牛作为毛物，并敬献酒，在毛物的颈项上系十五块圭玉和璧玉，并在这些玉上涂饰五色。祭祀时先将祭物陈设，祈祷后再将祭物埋到地下。

以上所述中部山系，总共一百九十七座山，绵延二万一千三百七十一里。

山经到此为止就全部讲完了，大概算起来，天下名山总共有五千三百七十座，分布在东南西北中部各处，并连成一体，绵延六万四千五十六里。

大禹曾经说过：天下名山，我游历过五千三百七十座山，共计六万四千五十六里，分布在东南西北中五个部位。之所以要把以上的山脉记在《五臧山经》中，是因为除此之外的小山太多，实在无法统计。天地间，从东到西有二万八千里，从南到北有二万六千里。天下名山中，为河流发源地的山，共有八千里；河流流经的山，也有八千里；蕴藏有铜矿资源的山，共有四百六十七座，蕴藏有铁矿资源的山，共有三千六百九十座。这些山是划分疆土、种植谷物的分界，也是天下的刀兵所产生的原因，所有武器的来源。有能力的人富裕有余，愚拙的人则贫乏不足。帝王在泰山上举行祭天的仪式，在梁父山上举行祭地的仪式。有德行能力封禅的帝王一共有七十二位，他们的兴衰成败，都在这些山川间上演，国家的财富用度也都是从这些土地上获得的。

以上《五臧山经》五篇，总共是一万五千五百零三个字。

海经

第一卷 海外南经

地之所载，六合[①]之间，四海[②]之内，照之以日月，经之以星辰，纪之以四时[③]，要之以太岁[④]，神灵所生，其物异形，或夭或寿，唯圣人能通其道。

海外自西南陬至东南陬(zōu)[⑤]者。

[注释]

①六合：上下和东西南北四方，即天地四方，泛指天下或宇宙。②四海：古代以中国四境有海环绕，各按方位为东海、南海、西海和北海，但亦因时而异，说法不一，犹言天下。③四时：四季，即春、夏、秋、冬。④太岁：古代天文学中为方便纪年而假设的星名。其运行的方向与岁星（即木星）相反，自东向西十二年运行一周天，每年行经一个星次，运行到某星次范围，就用“岁在某”来纪年。⑤陬：角，角落。

[译文]

大地所承载的，天地四方之中、四海之内的空间，都承受日光和月光的沐浴，无数星辰运行着，一年四季循环往复，时光在一年又一年的更替中流逝，神灵所赐的人间万物，形状各异，或早夭或长寿，其中的道理也只有圣人才清楚。

海外地区从西南角到东南角的概况如下所述。

结匈国

结匈国在其西南，其为人结匈[①]。

[注释]

①结匈：“匈”通“胸”。结胸，指鸡胸，佝偻病形成的胸骨畸形，因突出像鸡的胸脯而得名。

[译文]

结匈国位于它的西南角，这个国家的百姓都长着鸡胸。

结匈国

南山

南山在其东南。自此山来，虫为蛇，蛇号为鱼。一曰南山在结匈东南。

[译文]

南山在它的东南。从这座山里出来的人，都把虫叫作“蛇”，而把蛇称为“鱼”。有一种说法认为南山在结匈国东南方。

比翼鸟

比翼鸟[1]在其东。其为鸟青、赤，两鸟比翼。一曰在南山东。

[注释]

①比翼鸟：传说中的一种鸟，雌雄老在一起飞。比翼，一同振动羽翼。

[译文]

比翼鸟生活在它的东边。这种鸟的羽毛青红相间，两只鸟各有一只翅膀，必须一同振动羽翼才能飞翔。还有一种说法是比翼鸟生活在南山的东边。

羽民国

羽民国在其东南，其为人长头，身生羽。一曰在比翼鸟东南，其为人长颊[1]。

[注释]

①颊：面颊，脸的两侧从眼到下颌部分。

[译文]

羽民国在它的东南，羽民国的百姓脑袋较长，身上长有羽毛。也有说羽民国在比翼鸟东南，那儿的人都长着长长的脸颊。

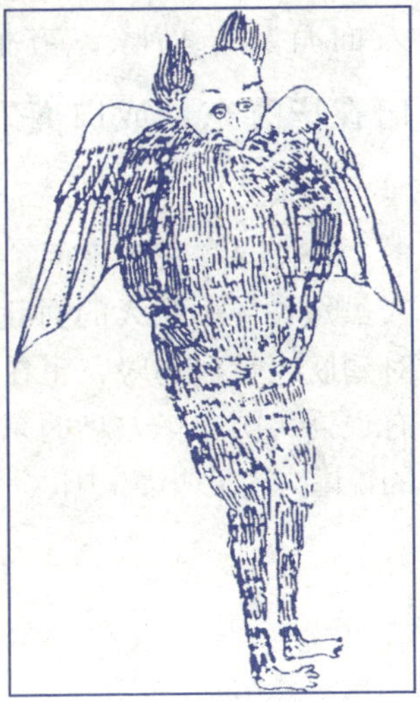

羽民国

二八神

有神人二八，连臂[1]，为帝司夜[2]于此野。在羽民东。其为小人颊赤肩。尽十六人。

[注释]

①连臂：手挽手，臂挽臂。②司夜：巡夜，主管夜间的报时。

[译文]

在羽民国的东边，有二八神人，他们互相挽着臂膀，天天为天帝在山野中巡夜。这些神人在羽民国东，他们的脸颊都较短，肩胛是红色的，总共是十六个人。

毕方鸟

毕方鸟在其东，青水西，其为鸟一脚。一曰在二八神东。

[译文]

在它东边是毕方鸟，毕方鸟在青水的西边，毕方鸟的身形是鸟，但只长有一只脚。一说毕方鸟在二八神的东边。

讙头国

讙头国在其南，其为人，人面有翼，鸟喙，方捕鱼。一曰在毕方东。或曰讙朱国。

[译文]

讙头国在它的南面，讙头国的人虽然长了一张人的面孔，但有一对翅膀，嘴似鸟喙，正在捕鱼。也有说讙头国在毕方鸟的东边，还有的说讙头国又叫讙朱国。

讙头国

厌火国

厌火国在其南，兽身黑色，生火①出其口中。一曰在讙朱东。

[注释]

①生火：产生火气、热气。

[译文]

厌火国在它的南边，厌火国的国民身形都像兽，全身黑色，嘴中能吐火。一说厌火国在讙朱国的东边。

三珠树

三珠树在厌火北，生赤水上，其为树如柏，叶皆为珠。一曰其为树若彗[1]。

[注释]

①彗：彗星，俗称扫把星，拖着一条尾巴像扫把。为树若彗就是说树的形状像扫把一样。

[译文]

厌火国的北边是三珠树，三珠树生长在赤水河边，树的样子像柏，树叶都是珍珠。也有的说三珠树的形状像扫帚。

三苗国

三苗国在赤水东，其为人相随。一曰三毛国。

[译文]

赤水河的东边是三苗国，三苗国的百姓彼此跟随着结伴行走。三苗国也叫三毛国。

㦸国（zhì）

㦸国在其东，其为人黄，能操弓射蛇。一曰㦸国在三毛东。

[译文]

㦸国在它的东边，这个国家的百姓皮肤都是黄色的，擅长用弓箭射蛇。也有的说㦸国在三毛国东面。

贯匈国

贯匈国在其东，其为人匈有窍[1]。一曰在㦸国东。

[注释]

①窍：孔，洞。

[译文]

贯匈国在它的东边，贯匈国的百姓胸部都有一个洞。一说贯匈国在載国东面。

交胫国

交胫国在其东，其为人交胫[1]。一曰在穿匈东。

[注释]

①胫：人的小腿，自膝盖到脚踝的部分。

[译文]

交胫国在它的东边，交胫国的百姓两只小腿总是交叉的。一说交胫国在穿匈国东。

不死民

不死民在其东，其为人黑色，寿[1]，不死。一曰在穿匈国东。

[注释]

①寿：老，年纪大。

[译文]

不死国在它的东边，百姓皮肤是黑色的，人人都长生不老。也有的说不死国在穿匈国的东边。

不死民

反舌国

反舌国在其东，其为人反舌。一曰支舌国，在不死民东。

[译文]

反舌国在它的东边，反舌国的百姓舌根在前、舌尖伸向喉咙。一说反舌国又叫支舌国，在不死民的东边。

昆仑虚

昆仑虚①在其东，虚四方。一曰在反舌东，为虚四方。

[注释]

①昆仑虚：指昆仑山。

[译文]

昆仑虚在它的东边，昆仑虚的山脚是四四方方的。也有的说昆仑虚在反舌国的东边，山基是四方的。

羿(yì)与凿齿战

羿①与凿齿②战于寿华之野，羿射杀之。在昆仑虚东。羿持弓矢，凿齿持盾。一曰持戈。

[注释]

①羿：人名，又称“后羿”，善于射箭。②凿齿：传说中居住在中国南部沼泽地带的怪兽或巨人。凿齿长着像凿子一样的长牙，这对长牙从他的下巴穿出，他手持盾和矛，食人，黄帝命令后羿前往讨伐，后羿在昆仑山将其射杀。

[译文]

羿与凿齿曾在寿华的郊外交战，结果羿用箭射死了凿齿。寿华就在昆仑虚的东边。当时，羿手持弓箭，凿齿手持盾牌，也有的说凿齿手持戈。

三首国

三首国在其东，其为人一身三首①。一曰在凿齿东。

[注释]

①首：脑袋。

[译文]

三首国在它的东边，三首国的人都长着一个身体三个脑袋。也有的说三首国在凿齿的东边。

周饶国

周饶国在其东，其为人短小，冠带①。一曰焦侥国在三首东。

[注释]

①冠带：戴帽子束腰带。

[译文]

周饶国在它的东边，周饶国的人身材非常矮小，但都戴帽子束腰带。也有的说是焦侥国，在三首国的东边。

长臂国

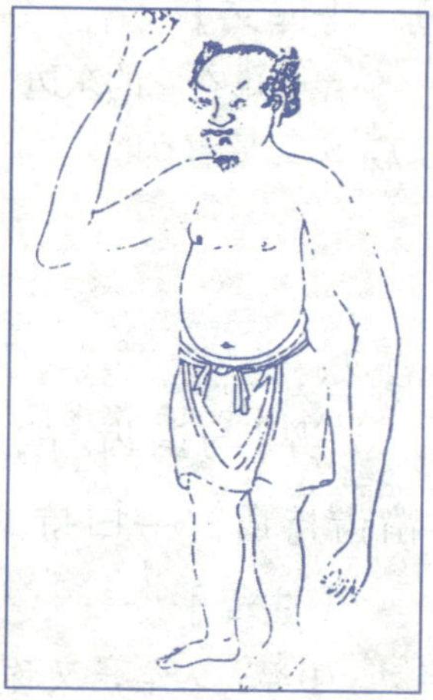

长臂国

长臂国在其东，捕鱼水中，两手各操一鱼。一曰在焦侥东，捕鱼海中。

[译文]

长臂国在它的东边，长臂国的人以水中捕鱼为生，他们能两手在水中各捕捉一条鱼。还有的说，长臂国在焦侥国东边，人们在海中捕鱼。

狄山

狄山，帝尧葬于阳①，帝喾(kù)②葬于阴③。爰有熊、罴、文虎、蜼(wěi)、豹、离朱、视肉。吁咽、文王皆葬其所。一曰汤山。一曰爰有熊、罴、文虎、蜼、豹、离朱、鸱久、视肉、虖交。其范林④方三百里。

[注释]

①阳：山的南面。②帝喾：传说中的古代帝王名，即五帝之一的高辛氏，唐尧之父。③阴：山的北面。④范林："范"通"氾"，范林，即氾林。

[译文]

狄山，帝尧就葬在这座山的南坡，帝喾就葬在这座山的北坡。狄山上有很多熊、罴、文虎、蜼、豹、离朱、视肉。吁咽、文王也都葬在狄山。也有的说狄山也叫汤山。还有的说山上有熊、罴、文虎、蜼、豹、离朱、鸱久、视肉、虖交。有一片方圆三百里的范林。

南方祝融

南方祝融①，兽身人面，乘两龙。

[注释]

①祝融：神名。帝喾时的火官，后被尊为火神，名曰祝融。亦为南方之神、南海之神。

[译文]

南方有个火神名叫祝融，长着一副人的面孔，但体形却似兽类，坐骑是两条龙。

祝 融

第二卷　海外西经

海外自西南陬（zōu）西北陬者。

[译文]

海外从西南角到西北角的概况如下所述。

灭蒙鸟

灭蒙鸟在结匈国北，为鸟青，赤尾。

[译文]

结匈国的北边便是灭蒙鸟的巢穴，这种鸟全身的羽毛都是青色的，只有尾巴是红色的。

夏后启

大运山高三百仞，在灭蒙鸟北。

大乐之野，夏后启①于此儛《九代》，乘两龙，云盖②三层。左手操翳（yì）③，右手操环④，佩玉璜⑤。在大运山北。一曰大遗之野。

[注释]

①夏后启：姓姒，禹之子，相传禹命伯益继位为王，禹死后，伯益推让，退隐箕山，启于是即位，在位三十九年。②云盖：状如车盖的云。③翳：用羽毛做的华盖。④环：圆形而中间有孔的玉器。⑤玉璜：半璧形的玉。

[译文]

大运山高三百仞，灭蒙鸟栖息的地方再往北便到了大运山。

大乐之野是夏后启观看乐舞《九代》的地方。当时夏后启乘着两条龙，周围缭绕三层状如车盖的云雾。他左手举着羽毛做的华盖，右手持一玉环，衣佩玉璜。大乐之野在大运山的北边。也有的说这儿不叫大乐之野，而叫大遗之野。

三身国

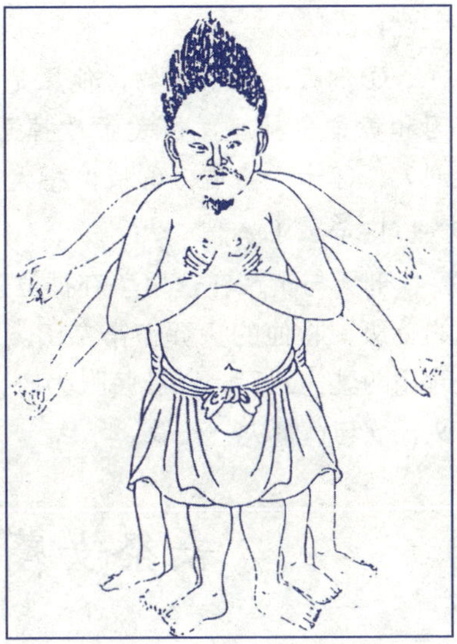

三身国

三身国在夏后启北，一首而三身。

[译文]

夏后启的北边便是三身国，三身国的人都长着一个脑袋、三个身子。

一臂国

一臂国在其北，一臂、一目、一鼻孔。有黄马虎文，一目而一手。

[译文]

三身国的北边是一臂国，一臂国的人只有一只胳膊、一只眼睛、一个鼻孔。一臂国里有一种马，全身都是黄色的，并有虎斑，这种马只有一只眼睛和一条腿。

奇肱(gōng)国

奇肱之国在其北，其人一臂三目，有阴有阳，乘文马①。有鸟焉，两头，赤黄色，在其旁。

[注释]

①文马：就是下文所谓的吉良马，白身子，红鬃毛，眼睛金色。

[译文]

一臂国的北边是奇肱国。奇肱国的人长有一只臂膀、三只眼睛，眼睛分阴阳，阴眼在上，阳眼在下，行走需骑文马。奇肱国里有一种鸟，长了两个脑袋，红黄色的毛，常随人而行。

刑天与帝争神

刑天与帝至此争神，帝断其首，葬之常羊之山。乃以乳为目，以脐为口，操干①戚②以舞。

[注释]

①刑天：神话人物，他原是一个无名的巨人，因和黄帝争神座，被黄帝砍掉了脑袋，才被称作刑天。②干：指盾。③戚：指大斧。

[译文]

刑天与黄帝在这里争夺神位，结果黄帝砍了他的首级，将他的头葬在常羊山。但刑天仍不屈服，改用两乳为双目，以肚脐眼为口，挥舞着盾牌和斧头，欲与黄帝决一死战。

刑天

女祭女蔑(miè)

女祭、女蔑在其北，居两水间，蔑操鱼䱇(dàn)①，祭操俎②。

[注释]

①䱇：古代小的圆形酒器。②俎：供祭祀或宴会时用的四脚方形青铜盘或木漆盘，常陈设牛羊肉。

[译文]

女祭和女蔑两位女神就居住在刑天与黄帝争战地向北的两条河之间，女蔑手中捧着圆形的酒器，而女祭总是手托一只俎。

鸀鸟鸓鸟

鸀(cī)鸟鸓(zhān)鸟，其色青黄，所经国亡。在女祭北。鸀鸟人面，居山上。一曰维鸟，青鸟黄鸟所集。

[译文]

女祭女戚的住所北边生活着鸀鸟和鸓鸟，鸟毛是青黄色的。它们飞经哪个国家，就预示哪个国家将灭亡。鸀鸟身似鸟，但面孔似人，栖息在山上。也有说鸀鸟和鸓鸟统称维鸟，是青鸟和黄鸟聚在一起的混称。

丈夫国

丈夫国在维鸟北，其为人衣冠带剑。

[译文]

维鸟栖息地的北边是丈夫国，丈夫国的人都穿衣戴帽，腰佩宝剑。

女丑之尸

女丑尸

女丑之尸，生而十日炙[①]杀之。在丈夫北。以右手鄣(zhāng)[②]其面。十日居上，女丑居山之上。

[注释]

①炙：灼烧、烧烤。②鄣：同“障”。遮盖，遮掩。

[译文]

在丈夫国的北边有一具女尸。这位女子名叫女丑，生前因受十个太阳灼烧而被晒死，她的尸体在丈夫国北边，直到死后她的右手还遮盖着自己的脸。十个太阳高高挂在尸体上方的天空，女丑的尸体就在山顶。

巫咸国

巫咸国在女丑北，右手操青蛇，左手操赤蛇。在登葆山，群巫所从上下也。

[译文]

女丑尸体的北边就是巫咸国，巫咸国人总是右手缠绕一条青蛇，左手缠绕一条赤蛇。巫咸国有一座登葆山，登葆山实际上是天梯，巫师们都从这里往返于天上和人间。

并封

并封在巫咸东，其状如彘(zhì)，前后皆有首，黑。

[译文]

巫咸国的东边就是并封出没的地方，并封的体形似猪，但头尾各长着一只脑袋，全身都是黑色的。

女子国

女子国在巫咸北，两女子居，水周之。一曰居一门中。

[译文]

巫咸国的北边是女子国，有两个女子住在这里，这两个女子住处的周围都是水，也有的说这两个女子住在一道门里。

轩辕国

轩辕之国在此穷山之际，其不寿者八百岁。在女子国北，人面蛇身，尾交首上。

[译文]

女子国的北边就是轩辕国，轩辕国紧邻穷山，轩辕国的国民都长寿，寿命最短的也能活八百岁。轩辕国的国民都长着人样的面孔和蛇样的身形，尾巴盘绕在头上。

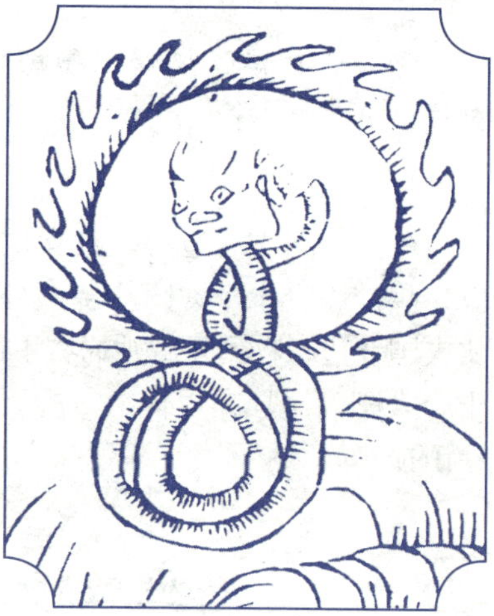

轩辕国

穷山

穷山在其北，不敢西射，畏轩辕之丘。在轩辕国北。其丘方，四蛇相绕。

[译文]

轩辕国的北边是穷山，站在穷山上，没有人敢向西射箭，因为那里便是黄帝的居住处——轩辕丘。轩辕丘是方形的，丘上有四条蛇缠绕着，守护着轩辕丘。

诸沃之野

诸沃之野，鸾鸟自歌，凤鸟自舞。凤皇卵[1]，民食之；甘露[2]，民饮之，所欲自从也。百兽相与群居。在四蛇北。其人两手操卵食之，两鸟居前导之。

[注释]

①凤皇卵：凤凰蛋。②甘露：甜美的露水。

[译文]

诸沃之野有很多能歌善舞的鸾鸟和凤鸟，这里的人们吃的是凤凰蛋，喝的是天上降下的甘露，人们想要什么就能得到什么。各种野兽混杂居住，且与人们相安无事地生活在一起。诸沃之野在四条蛇北边。这里的人们都是两手捧着凤凰蛋津津有味地吃着，有两只鸟在身前领着人前行。

龙鱼陵居

龙鱼[①]陵居在其北，状如鲤。一曰鰕（xiá）[②]。即有神圣乘此以行九野。一曰鳖鱼在沃野北，其为鱼也如鲤。

龙鱼

[注释]

①龙鱼：龙鲤。一说指鲵鱼、人鱼。②鰕：就是体型大的鲵鱼，叫声如同小孩啼哭，俗称娃娃鱼。

[译文]

诸沃之野的北边是龙鱼居住的地方，龙鱼能在水中和山陵中居住。它的身形似鲤鱼，也有的说它的身形似鰕。龙鱼一般是天神、天圣的坐骑，天神、天圣常常乘着龙鱼巡游九州的原野。也有的说诸沃之野的北边是鳖鱼，这种鱼的形状似鲤鱼。

白民国

白民之国在龙鱼北，白身被[①]发。有乘黄[②]，其状如狐，其背上有角，乘之寿二千岁。

[注释]

①被：通“披”。②乘黄：传说中的异兽名。

［译文］

龙鱼的北边便是白民国，白民国的国民全身都是白色的，披头散发。白民国有种坐骑，名叫乘黄，其身形似狐，但背上长着角，人要是乘上这种坐骑，便可以长寿，能活二千岁。

乘黄

肃慎国

肃慎之国在白民北。有树名曰雒常[1]，先入伐帝，于此取之[2]。

［注释］

①雒常：即雒棠，神话中的树名，树皮可以制成衣服。②“先入”句：据郭璞注，疑作“圣人代立，于此取衣”。

［译文］

白民国的北边便是肃慎国。肃慎国有种树名叫雒常，每当有圣人出世、替代暴君时，肃慎国的百姓都要到这里来，用雒常树的树皮制成衣服。

长股国

长股之国在雄常北，披发。一曰长脚。

［译文］

雄常树的北边便是长股国，长股国的人都披散着头发。也有的说长股国应该叫长脚国。

蓐收

西方蓐（rù）收

西方蓐收[1]，左耳有蛇，乘两龙。

［注释］

①蓐收：古代传说中的西方神名，司秋，也是金神。

［译文］

西方有尊神，名叫蓐收。他的左耳内有一条蛇守护着，他的坐骑是两条龙。

第三卷　海外北经

海外自西北陬(zōu)至东北陬者。

[译文]

海外自西北角至东北角的概况如下所述。

无启(qǐ)国

无启之国在长股东，为人无启①。

[注释]

①启：继也。无启，指没有后代。传说无启国的人心脏不会腐朽，他们死后一百二十年又可以重新化成人，所以不需要生育。

[译文]

无启国在长股国的东边，无启国的人都没有子孙后代。

钟山之神烛阴

钟山之神，名曰烛阴，视为昼，瞑为夜，吹为冬，呼为夏，不饮，不食，不息，息为风，身长千里。在无启之东。其为物，人面，蛇身，赤色，居钟山下。

烛阴

[译文]

钟山的山神名叫烛阴，烛阴睁开眼，天下便是白昼；烛阴闭上眼，天下便是黑夜；烛阴吹一口气，天下便是冬季；烛阴呼一口气，天下便是夏天。烛阴从来不吃、不喝，也没有气息。一旦他吐一口气，天下便会刮风。烛阴神住在无启国的东边。他的身形似蛇，身长达千里，面孔似人，周身都是红色的，他住在钟山山下。

一目国

一目国在其东，一目中其面而居。一曰有手足。

[译文]

钟山的东边是一目国，一目国的人脸上只长着一只眼睛，在脸的正中间。还有的说一目国的人与普通人一样有手有脚。

柔利国

柔利国在一目东，为人一手一足，反膝，曲足居上。一云留利之国，人足反折。

[译文]

一目国的东边是柔利国，柔利国的人都只长着一只手、一只脚，膝盖长在后面，足弓长在脚背上，脚尖上翘。还有人认为柔利国也叫作留利国，他们的脚是反折的。

柔利国

共工之臣相柳氏

共工之臣曰相柳氏[①]，九首，以食于九山。相柳之所抵，厥[②]为泽溪。禹杀相柳，其血腥，不可以树五谷种。禹厥之，三仞三沮，乃以为众帝之台。在昆仑之北，柔利之东。相柳者，九首人面，蛇身而青。不敢北射，畏共工之台。台在其东。台四方，隅有一蛇，虎色，首冲南方。

[注释]

①相柳氏：也称相繇，古神话中人名。传说为共工之臣。②厥：通“撅”，掘。

[译文]

共工的臣子名叫相柳氏，有九个头，在九座山上觅食。相柳氏所到之处，会成为沼泽和溪谷。禹杀相柳，只要是相柳氏的血流过的地方，土地都会变得腥臭，不能栽种五谷。禹只好挖了这里的土用别处的土填塞，填三次陷下去三次，于是将挖出的土为诸帝建了帝台。众帝之台在昆仑山北面，柔利国的东边。相柳有九个头，长着人的脸，蛇的身子，浑身发青。人们不敢向北面射箭，是因为害怕共工之台。共工台在相柳东，是四方的，每一角都有一条蛇，蛇身上的斑纹和老虎的差不多，头冲着南方。

深目国

深目国在其东，为人深目，举一手。一曰在共工台东。

［译文］

共工台的东边是深目国，深目国的人民眼睛都深陷于眼眶内，平常总是举着一只手。

无肠国

无肠之国在深目东，其为人长而无肠。

［译文］

深目国的东边是无肠国，无肠国的人身材很高大，腹内却无肠。

聂耳国

聂耳之国在无肠国东，使两文虎①，为人两手聂②其耳。县居③海水中，及水所出入奇物。两虎在其东。

［注释］

①文虎：虎皮有花纹，故称虎为文虎。②聂：通“摄”。握着，托着。③县居：独自居住。县，同“悬”，是孤单无所依托的意思。

［译文］

无肠国的东边是聂耳国，他们常驱使两只文虎，聂耳国的人两耳巨大，人的两手总是托着两耳。他们居住在海中的孤岛上，见过所有海里出产的怪物。这两只文虎住在聂耳国的东边。

夸父与日逐走

夸父①与日逐走，入日。渴欲得饮，饮于河渭，河渭不足，北饮大泽。未至，道渴而死。弃其杖，化为邓林。

[注释]

①夸父：神话人物。古代神话传说中的巨人，是幽都之神后土的后代，住在北方荒野的成都载天山上。

[译文]

夸父追着太阳跑，渐渐接近太阳。夸父口渴得非常厉害，他把黄河、渭河的水都喝干了，但还是很渴，于是他又朝北寻找大泽。可还没等他找到，便渴死在半道上。他死时所扔掉的手杖，化成一片桃林。

博父国

博父国[①]在聂耳东，其为人大，右手操青蛇，左手操黄蛇。邓林在其东，二树木。一曰博父。

[注释]

①博父国：即夸父国。下文既有“一曰博父”，此处“博父”亦当作“夸父”。

[译文]

聂耳国的东边是夸父国，夸父国的人身材都很高大，他们手中都缠着蛇，右手上是青蛇，左手上是黄蛇。夸父的手杖化成的邓林就在夸父国的东边。邓林实际上只有两棵很大很大的树。夸父国，也有的说是博父国。

博父国

禹所积石山

禹所积石之山在其东，河水所入。

[译文]

博父国的东边便是禹所积石山，黄河水就是从这座山中通过的。

拘缨国

拘缨[①]之国在其东，一手把缨。一曰利缨之国。

[注释]

①拘缨：亦作“拘瘿”。传说中的北方古国名。

[译文]

禹所积石山的东边是拘缨国，拘缨国的人总是用一只手托着脖子上的肉瘤。还有的说是利缨国。

寻木

寻木长千里，在拘缨南，生河上西北。

[译文]

拘缨国的南边有很多寻木，寻木是一种很挺拔的树，高达千里，这种树集中生长在黄河西北岸。

跂踵国

qǐ zhǒng

跂踵[1]国在拘缨东，其为人大[2]，两足亦大[3]。一曰大踵。

[注释]

①跂踵：走路时踮起脚跟，传说中的国名。②大：衍文。③两足亦大："大"当作"支"，两字形近而误。下文"一曰大踵"，"大"为"反"之误字。

[译文]

拘缨国的东边是跂踵国，这个国家的人走路时，双脚脚跟都不着地。跂踵国，也有称反踵国的。

跂踵国

欧丝之野

欧丝之野大踵东，一女子跪据树欧丝[1]。

[注释]

①欧丝：欧通“呕”，欧丝即吐丝。

[译文]

跂踵国的东边有一个地方，名叫欧丝之野，这儿有一个女子，整天跪倚在树边吐丝。

三桑

三桑[①]无枝，在欧丝东，其木长百仞，无枝。

[注释]

①三桑：传说中的三株桑树。

[译文]

欧丝之野的东边是三棵没树枝的桑树，这三棵桑树均高达百仞，只不过总不长树枝。

范林

范林方三百里，在三桑东，洲[①]环其下。

[注释]

①洲：水中的陆地。

[译文]

范林方圆三百里，在三桑的东边，范林下面有沙洲环绕。

务隅山

务隅之山，帝颛顼（zhuān xū）[①]葬于阳，九嫔[②]葬于阴。一曰爰有熊、罴、文虎、离朱、鸱久、视肉。

[注释]

①颛顼：传说中的上古帝王，即高阳氏。②九嫔：宫中女官，也指帝王的妃子。这里指颛顼的九个妃嫔。

[译文]

那里还有座山，名叫务隅山，颛顼就葬在这座山的南坡，北坡则葬着颛顼的九位嫔妃。传说这座山上还有熊、罴、文虎、离朱、鸱久、视肉等野兽。

平丘

平丘在三桑东。爰有遗玉①、青鸟②、视肉③、杨柳、甘柤(zhā)④、甘华，百果所生。有两山夹上谷，二大丘居中，名曰平丘。

［注释］

①遗玉：一种玉石，即千年琥珀。②鸟："马"字之误。③视肉：古代传说中的兽名。④甘柤：传说中的木名，其枝干为红色，花为黄色，叶子白色，果实黑色。

［译文］

三桑的东边还有一处地方，名叫平丘。这里出千年琥珀、青马、视肉、杨柳树、甘柤树、甘华树，这里还有很多种果树。两座大山中间有一个山谷，山谷中有两个大山丘，这就是平丘。

北海诸兽

北海内有兽，其状如马，名曰騊駼(táo tú)。有兽焉，其名曰駮(bó)，状如白马，锯牙①，食虎豹。有素兽焉，状如马，名曰蛩蛩。有青兽焉，状如虎，名曰罗罗。

［注释］

①锯牙：像锯齿一般的锐牙。

［译文］

北海内有很多怪兽，其中有一种兽，其身形像马，名叫騊駼。还有一种兽，名叫駮，其身形也像马，全身鬃毛是白色的，牙像锯齿，善食虎豹。还有一种白色的怪兽，也像马，名叫蛩蛩。还有一种青色的怪兽，身形似虎，名叫罗罗。

北方禺彊

北方禺彊(qiáng)①，人面鸟身，珥(ěr)②两青蛇，践③两青蛇。

［注释］

①禺彊：玄冥，神话传说中的水神和北方之神。②珥：贯耳，这里指穿插、悬挂。③践：踏，踩着。

[译文]

北方之神名叫禺彊，身形似鸟，脸似人，他的耳垂上悬挂着两条青蛇，脚下也踩着两条青蛇。

第四卷　海外东经

海外自东南陬(zōu)至东北陬者。

[译文]

海外自东南角至东北角的概况如下所述。

䨼(jiē)丘

䨼丘，爰有遗玉、青马、视肉、杨桃、甘柤(zhā)、甘华，百果所生。在东海，两山夹丘，上有树木。一曰嗟丘。一曰百果所在，在尧葬东。

[译文]

䨼丘有千年琥珀、青马、视肉兽、杨桃、甘柤、甘华等树，天下各种果子这里都有。䨼丘位于东海中两个相连的山之间，山上有树木。䨼丘，也有作嗟丘的；还有一种说法认为䨼丘是各种果树生长的地方，在帝尧墓冢东面。

大人国

大人国在其北，为人大①，坐而削船②。一曰在䨼丘北。

[注释]

①大：身体高大。②削船：即用长竹竿划船。削，通“梢”，指长竹竿。

[译文]

大人国在它的北面，大人国的人身材都异常高大，他们坐在船上撑船。也有说大人国在䨼丘北的说法。

奢比尸

奢比之尸①在其北，兽身、人面、大耳，珥(ěr)两青蛇。一曰肝榆之尸②在大人北。

［注释］

①奢比之尸：奢比尸，或称奢比、奢龙。传说为黄帝之臣。②肝榆之尸：古代传说中的神名，即奢比尸。

［译文］

奢比尸在它的北边，奢比尸的身形是兽，面似人，两只耳朵很大，耳垂上各穿一条青蛇。也有一种说法肝榆尸在大人国北面。

君子国

君子国在其北，衣冠[1]带剑，食兽，使二文虎在旁，其人好让不争。有薰华草，朝生夕死。一曰在肝榆之尸北。

［注释］

①衣冠：衣和冠。古代士以上戴冠，因用以指士以上的服装。

［译文］

君子国在它的北边，君子国的人个个衣冠楚楚，人人佩带宝剑，那里的人都吃野兽，身旁总有两只大老虎。他们性格谦和，为人忍让不好争斗。君子国有一种植物，名叫薰华草，早晨开花，到晚上便会凋谢。还有一种说法认为君子国在肝榆尸的北面。

君子国

虹虹（hóng hóng）

虹虹[1]在其北，各有两首。一曰在君子国北。

［注释］

①虹虹：虹霓，为雨后或日出、日没之际天空中所现的七色圆弧。常有内外二环，内环称虹，也称正虹、雄虹；外环称霓，也称副虹、雌虹或雌霓。

［译文］

虹虹在它的北边，虹虹如一条弯曲盘旋的蛇，国中的人前后各长有两个脑袋。一说虿虿有两端。有的说虿虿在君子国的北面。

朝阳之谷神天吴

朝阳之谷，神曰天吴，是为水伯。在虿虿北两水间。其为兽也，八首人面，八足八尾，背青黄。

［译文］

朝阳谷有位天神，名叫天吴，天吴也就是水伯。虿虿北边有两条水，天吴就住在两条水之间。天吴看上去是兽，长着八个脑袋、八条尾巴，倒是脸长得还像人，背部都是青黄色的。

青丘国九尾狐

青丘国在其北，其人食五谷，衣丝帛。其狐四足九尾。一曰在朝阳北。

［译文］

青丘国在它的北边，这里的人吃五谷，穿丝帛。青丘国有一种狐，长着四只脚、九条尾巴。有一种说法认为青丘在朝阳谷的北面。

帝命竖亥步

帝命竖亥步①，自东极至于西极，五亿十选(suàn)②九千八百步。竖亥右手把算③，左手指青丘北。一曰禹令竖亥。一曰五亿十万九千八百步。

［注释］

①竖亥：神话传说中的人物，走得很快。步：步量。②选：数词，万。③算：竹制的筹，古人计数之用。

［译文］

天帝命竖亥用脚步丈量出大地从东极到西极的长度，竖亥计算出共五亿十选九千八百步。竖亥右手持算筹，左手指青丘国的北边。还有的说，禹命竖亥测量。也有的说一共是五亿十万九千八百步。

黑齿国

黑齿国在其北，为人黑齿，食稻啖（dàn）①蛇，一赤一青，在其旁。一曰在竖亥北，为人黑齿，食稻使蛇，其一蛇赤。

[注释]

①啖：吃。

[译文]

黑齿国在它的北边，黑齿国的百姓牙齿都是黑色的，主食是稻米，爱吃蛇，人人身边都有两条蛇，一条是红色的，一条是青色的。另有一种说法，说黑齿国在竖亥的北面，人人的牙齿都是黑的，吃稻米，使唤蛇，其中总有一条红蛇。

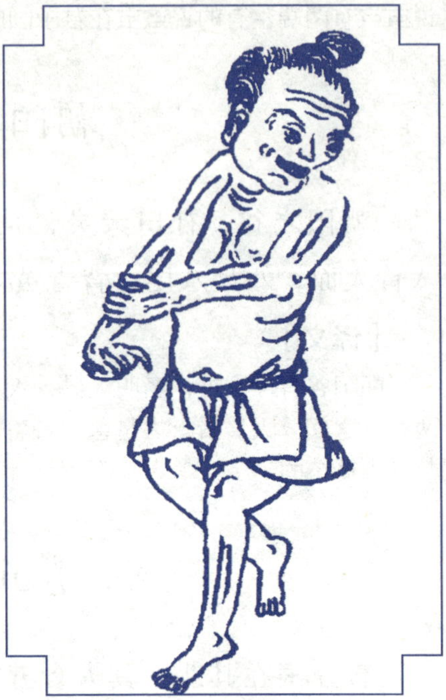

黑齿国

汤谷十日

下有汤谷①。汤谷上有扶桑，十日②所浴③，在黑齿北。居水中，有大木，九日居下枝，一日居上枝。

[注释]

①汤谷：旸谷。古代传说中的日出之处。②十日：十个太阳。③浴：沐浴，洗澡。

[译文]

黑齿国的下面有个谷，这就是旸谷。旸谷有一棵神树叫扶桑，这里是十个太阳洗澡的地方，在黑齿国的北面。扶桑树就生长在水中，树形高大，九个太阳在下面的树枝上休息，一个太阳停在上面的树枝上。

雨师妾

雨师妾在其北。其为人黑，两手各操一蛇，左耳有青蛇，右耳有赤蛇。一曰在十日北，为人黑身人面，各操一龟。

[译文]

雨师妾国在它的北边。雨师妾国的人皮肤很黑，两手总是各握一条蛇，两只耳垂也各穿着一条蛇，左耳穿的是青色的蛇，右耳穿的是红色的蛇。另外还有一种说法，说雨师妾国在十个太阳的北面，雨师妾国的国民全身都是黑色的，人面，两手各握一只龟。

玄股国

玄股之国在其北。其为人股黑，衣鱼①食鸥(yōu)，使两鸟夹之②。一曰在雨师妾北。

[注释]

①衣鱼：以鱼皮为衣。②使两鸟夹之：使，衍文，应为“两鸟夹之”。

[译文]

玄股国在它的北边。玄股国的人大腿是黑色的，以鱼皮为衣，以鸥鸟为食。他们的身旁总是一左一右跟着两只鸟供他们使唤。有种说法是玄股国在雨师妾国北。

毛民国

毛民之国在其北，为人身生毛。一曰在玄股北。

[译文]

毛民国在它的北边，毛民国的人全身都长毛。有种说法是毛民国在玄股国北。

劳民国

劳民国在其北，其为人黑，食草果实。有一鸟两头。或曰教民。一曰在毛民北，为人面目手足尽黑。

[译文]

劳民国在它的北边，劳民国的人皮肤都是黑黝黝的，他们以野果和草籽为食。劳民国有一种鸟，这种鸟长了两个脑袋。也有称劳民国为教民国的。还有种说法是劳民国在毛民国北，国中的百姓脸、眼、手、脚都是黑色的。

东方句芒

东方句芒[1]，鸟身人面，乘两龙。

[注释]

①句芒：古代传说中的木神。又为春神名。

[译文]

东方有位天神名叫句芒，身形似鸟，面似人，常常乘着两条龙。

第五卷　海内南经

海内东南陬(zōu)以西者。

[译文]

海内东南角以西地区的概况如下所述。

瓯(ōu)居海中

瓯[1]居海中。闽[2]在海中，其西北有山。一曰闽中山在海中。

[注释]

①瓯：东瓯，今属温州及浙江省南部沿海地区。②闽：古地名，今属福建福州一带。

[译文]

瓯位于海中，闽也位于海中，闽的西北还有山。也有的说闽中山矗立在海中。

三天子鄣山

三天子鄣山在闽西海北。一曰在海中。

[译文]

闽的西边便是三天子鄣山，这座山在海的北边。也有的说三天子鄣山就在海中。

桂林八树

桂林八树在番隅[1]东。

[注释]

①番隅：古地名，今广东省有番禺。

[译文]

番隅县往东有一片树林，这片树林其实只有八棵巨大的桂树。

伯虑国

伯虑国、离耳国、雕题国、北朐(qú)国皆在郁水南。郁水出湘陵南海①。一曰相虑。

[注释]

①湘陵南海：一本作“湘陵南山”。

[译文]

郁水南边有伯虑国、离耳国、雕题国、北朐国。郁水源自湘陵的南海。也有的说伯虑国应该叫相虑国。

枭阳国

枭阳国在北朐之西。其为人人面长唇，黑身有毛，反踵，见人笑亦笑，左手操管。

[译文]

北朐国西边是枭阳国。这个国家的国民都长着人样的面孔，嘴唇奇长，身体黝黑，长着毛，脚跟朝前，见到别人笑他也笑，左手拿竹管。

枭阳国

兕

兕在舜葬东，湘水南。其状如牛，苍黑，一角。

[译文]

湘水的南边、帝舜墓冢的东边生活着兕这种猛兽。它的形状似牛，全身青黑色，头上只长着一只角。

苍梧山

苍梧之山，帝舜葬于阳，帝丹朱葬于阴。

[译文]

苍梧山，帝舜就葬在山的南坡，帝丹朱就葬在北坡。

氾林

氾林[1]方三百里，在狌狌[2]东。

[注释]

①氾林：范林，意为树木茂密丛生的树林。②狌狌：猩猩。

[译文]

氾林方圆三百里，在狌狌的东面。

狌狌知人名

狌狌知人名，其为兽如豕而人面，在舜葬西。

[译文]

在帝舜墓冢的西边生活着狌狌，这些狌狌能知道人的名字，它的体形有点像猪，但面孔倒似人的面孔。

犀牛

狌狌西北有犀牛，其状如牛而黑。

[译文]

在狌狌的西北生活着犀牛，它的身形似牛，但全身都是黑色的。

夏后启之臣孟涂

夏后启之臣曰孟涂，是司神于巴。巴人讼于孟涂之所，其衣有血者乃执之，是请生。居山上，在丹山西。丹山在丹阳南，丹阳居属也[1]。

[注释]

①“丹山”句：此句为郭璞所作注释，后人误入正文。居属，即巴属，“巴”误作“居”。

[译文]

管辖巴国的神名叫孟涂，孟涂是夏启的下臣。孟涂管辖巴国的时候，很多国民到孟涂那里去诉讼。孟涂判案，一旦发现有人衣服上有血，便命令将那人抓起来。这显示了孟涂的好生之德。孟涂的住处在一座山上，这座山在丹山的西边。

窫窳(yà yǔ)

窫窳龙首，居弱水[1]中，在狌狌知人名[2]之西，其状如龙首[3]，食人。

窫窳

[注释]

①弱水：古水名。由于水道水浅或当地人民不习惯造船而不通舟楫，只用皮筏济渡，古人往往认为是水弱不能载舟，因称弱水。故古时所称弱水者甚多。②狌狌知人名："知人名"三字为衍文。③其状如龙首：此处脱字，应为"其状如貙，龙首"。貙，音同出，古兽名。

[译文]

在狌狌生活地的西边，生活着窫窳，它通常住在弱水中，样子有点像貙，长着龙头，是食人兽。

建木

有木，其状如牛，引之有皮，若缨、黄蛇[1]。其叶如罗[2]，其实如栾[3]，其木若蓲(ōu)[4]，其名曰建木。在窫窳西弱水上。

[注释]

①黄蛇：黄色的蛇。②罗：用绳线结成的捕鸟网。③栾：木名。也叫"栾华"，传说中的一种树木，有黄色的树根，红色的树枝，青色的叶子。④蓲：刺榆树。

[译文]

有一种树，树的形状有点像牛，如用绳牵引它，那它身上就会脱下一些树皮，这种皮有些像帽子上的缨带，也有些像黄色的蛇。叶子像罗网，果实像栾树果子，树干像刺榆，这种树名叫建木。建木生长在窫窳西边的弱水岸上。

氐人国

氐(dí)人国在建木西，其为人人面而鱼身，无足。

[译文]

建木的西边就是氐人国，这个国家的国民脸似人，身似鱼，没有脚。

巴蛇食象

巴蛇食象，三岁而出其骨，君子服之，无心腹之疾。其为蛇青黄赤黑。一曰黑蛇青首，在犀牛西。

[译文]

有一种蛇名叫巴蛇，能吃下象，它每吃完一头象，要过三年才能将象骨吐出来，有才德的人若有幸能吃到巴蛇肉，便终生不会心痛和肚子痛。巴蛇的皮为青、黄、赤、黑各色交杂，五彩斑斓。也有的说巴蛇的身体是黑色的，脑袋是青色的，一般生活在犀牛生活地的西边。

旄马

旄马，其状如马，四节有毛。在巴蛇西北，高山南。

[译文]

旄马看上去就像一匹很平常的马，只是它的四肢骨节处有很长的毛。旄马生活在巴蛇生活地的西北，高山的南边。

匈奴开题之国

匈奴、开题之国、列人之国并在西北。

[译文]

匈奴、开题国、列人国都在旄马生活地的西北。

第六卷　海内西经

海内西南陬(zōu)以北者。

[译文]

再说说海内西南角以北的地区概况。

危与贰负杀窫窳(yà yǔ)

贰负①之臣曰危，危与贰负杀窫窳②。帝乃梏③之疏属之山，桎④其右足，反缚两手与发，系之山上木。在开题西北。

[注释]

①贰负：古代传说中的神名，人面蛇身。②窫窳：古代传说中的神名，原来为人面蛇身，被贰负及危所杀。③梏：古代木制的手铐。这里指戴上手铐，也泛指拘禁。④桎：古代拘系罪人的木制脚镣，这里是指给脚带上刑具。

[译文]

有位天神名叫贰负神，贰负神有位下臣名叫危，危与贰负神一起杀死窫窳。于是天帝将危拘禁在疏属山，将他的右脚锁住，将他的双手与头发捆在一起，系在疏属山上的一棵树上。这座山就在开题国的西北边。

危神

大泽

大泽方百里，群鸟所生及所解。在雁门北。

[译文]

有个地方叫大泽，这儿方圆有百里，是群鸟繁殖和换羽毛的地方。大泽就在雁门山的北边。

雁门山

雁门山，雁出其间。在高柳北。

[译文]

雁门山，是大雁的栖息地，大雁都是从那里飞出来的。雁门山，就在高柳山的北边。

高柳

高柳在代北。

[译文]

高柳山位于代地的北边。

后稷之葬

后稷之葬，山水环之。在氐国西。

[译文]

后稷死后葬在一处景色幽雅的地方，那儿周围都有青山绿水环绕着。墓地在氐人国西边。

流黄酆(fēng)氏国

流黄酆氏之国，中方三百里，有涂[1]四方，中有山。在后稷葬西。

[注释]

①涂：通“途”，指道路。

[译文]

在后稷葬地的西边便是流黄酆氏国，流黄酆氏国国土方圆三百里，东南西北四方都有道路，国中有一座山。

流沙

流沙[1]出钟山，西行又南行昆仑之虚，西南入海，黑水之山。

[注释]

①流沙：沙子和水一起流行移动的一种自然现象。

[译文]

流沙发源自钟山，向西流出再转向南流至昆仑山，再向西南流入大海，最终流至黑水山。

东胡

东胡在大泽东。

[译文]

东胡国在大泽的东边。

夷人

夷人在东胡东。

[译文]

东胡国的东边便是夷人国。

貊国

貊国在汉水东北。地近于燕，灭之。

[译文]

貊国在汉水的东北，与燕国毗邻，后被燕国灭亡。

孟鸟

孟鸟在貊国东北。其鸟文赤、黄、青，东乡[1]。

[注释]

①乡：通“向”。

[译文]

貊国的东北边生活着一种鸟，名叫孟鸟。它的羽毛是彩色的，间杂红色、黄色和青色的花纹，任何时候它们都面向东方。

海内昆仑之虚

海内昆仑之虚，在西北，帝之下都①。昆仑之虚，方八百里，高万仞。上有木禾②，长五寻③，大五围④。面有九井，以玉为槛⑤。面有九门，门有开明兽⑥守之，百神之所在。在八隅之岩，赤水之际，非仁羿莫能上冈之岩。

[注释]

①下都：神话传说中天帝在地上所住的都邑的名称。②木禾：传说中一种高大的谷类植物。③寻：中国古代的一种长度单位，八尺为一寻。④围：量词，成年人两臂合抱的圆周长。⑤槛：栏杆。也指井栏。⑥开明兽：传说中的神兽名。

开明兽

[译文]

海内的昆仑山在西北方，那里是天帝在下界的都邑。昆仑山方圆八百里，高达万仞。昆仑山上生长有一种植物，名叫木禾，高约五寻，粗约五围。昆仑山的每一面都有九口井，每口井都有玉石围栏。每一面都有九扇门，门由开明神把守，那里是天神们聚集的地方。天神聚集的场所在八方山岩之间，赤水的岸边，这座山山势陡峭，没有后羿那样的本领是攀不上去的。

赤水

赤水出东南隅，以行其东北。西南流注南海，厌火东。

［译文］

赤水就发源于昆仑山的东南麓，并向山的东北脚流出，再折转向西南流去，在厌火国东面注入南海。

河水

河水出东北隅，以行其北，西南又入渤海，又出海外，即西而北，入禹所导积石山。

［译文］

昆仑山的东北麓是黄河的发源地，黄河流出昆仑山后便向北、再折向西南流入渤海，再流出海外，向西而后折向北，最后流至当初禹治理黄河时所垒成的积石山。

洋水　黑水

洋水、黑水出西北隅，以东，东行，又东北，南入海，羽民南。

［译文］

昆仑山的西北麓是洋水、黑水的发源地，这两条河流出昆仑山后便向东流去，再折向东北，再向南流入海，最终入海的地方是羽民国的南边。

弱水

弱水、青水出西南隅，以东，又北，又西南，过毕方鸟东。

［译文］

昆仑山的西南麓是弱水、青水的发源地，这两条河流出昆仑山后便折向东，再折向北，再折向西南，最终经过毕方鸟所在地以东。

开明兽

昆仑南渊深三百仞。开明兽身大类虎而九首，皆人面，东向立昆仑上。

［译文］

昆仑山的南面有个深渊，深达三百仞。深渊中有一种兽，名叫开明兽。开明兽身躯很大，身形似虎，长着九个脑袋，九个面孔都似人。开明兽总是面向东方站在昆仑山巅。

开明西凤皇

开明西有凤皇、鸾鸟，皆戴蛇践蛇，膺[1]有赤蛇。

［注释］

①膺：胸腔，胸部。

［译文］

开明兽的西边有凤凰、鸾鸟，这里的凤凰、鸾鸟的头上都戴着蛇，脚下踩着蛇，胸前还挂着红色的蛇。

凤皇

开明北不死树

开明北有视肉、珠树[1]、文玉树[2]、玗琪（yú qí）树[3]、不死树[4]。凤皇、鸾鸟皆戴瞂。又有离朱[5]、木禾、柏树、甘水、圣木曼兑，一曰木牙交。

［注释］

①珠树：神话传说中的仙树。②文玉树：传说中的五彩玉树。③玗琪树：神话传说中的神树，能长出红色玉石。④不死树：神话传说中的一种树，人食之可得长生。⑤离朱：传说中的神禽。

［译文］

开明兽的北边有视肉，还生长有珠树、文玉树、玗琪树、不死树。那里的凤凰和鸾鸟头上都戴着似盾的冠。那里还有离朱鸟、木禾、柏树、甘水、圣木曼兑，圣木曼兑还可以叫梃木牙交。

开明东诸巫疗窫窳（yà yǔ）

开明东有巫彭、巫抵、巫阳、巫履、巫凡、巫相，夹窫窳之尸，皆操不死之药以距之。窫窳者，蛇身人面，贰负臣所杀也。

［译文］

开明兽的东边居住着巫彭、巫抵、巫阳、巫履、巫凡、巫相几位巫师，这几位巫师围着窫窳的尸体，都拿着各自炼制的长生不老药，想使这位天神复活。窫窳，身形像蛇，面孔似人，就是那位被贰负和他的下臣危所杀的天神。

服常树上三头人

服常树，其上有三头人，伺琅(láng)玕(gān)树[①]。

［注释］

①琅玕树：是传说中一种能结出珠玉的仙树。琅玕，像珠子的美石。

［译文］

有一种树，名叫服常树，这棵树上有个长着三个脑袋的人，观察着前面的琅玕树。

三头人

开明南树鸟

开明南有树鸟，六首；蛟[①]、蝮[②]、蛇、蜼(wěi)、豹、鸟秩树，于表池树木；诵鸟、鶽(sǔn)、视肉。

［注释］

①蛟：古代传说中能发水的一种龙。②蝮：一种大蛇。

［译文］

开明的南边有种鸟，名叫树鸟，长有六只脑袋。那里还有蛟龙、蝮蛇、小蛇、长尾猿、豹和鸟秩树，树都是环绕着水池排列生长的。另外还有诵鸟、鶽鸟、视肉兽。

第七卷　海内北经

海内西北陬(zōu)以东者。

[译文]

再说说海内西北角以东地区的概况。

蛇巫山上操柸(bàng)人

蛇巫之山，上有人操柸而东向立。一曰龟山。

[译文]

有座山名叫蛇巫山，这座山上有个人，总是手持木棍，面向东方站在那儿。蛇巫山，也有的说是龟山。

西王母

西王母梯几①而戴胜②杖。其南有三青鸟，为西王母取食。在昆仑虚北。

西王母

[注释]

①梯：倚靠，凭靠。几：矮而小的桌子。②胜：妇女的首饰。

[译文]

昆仑山的北边就是西王母的居住地。西王母总是戴着玉胜倚靠着桌几。西王母的南边有三只青鸟，专门为西王母寻找食物。

大行伯

有人曰大行伯，把戈。其东有犬封国。贰负之尸在大行伯东。

[译文]

有个人名叫大行伯，手中总是握着长戈，他的东边便是犬封国。天神贰负尸也在他的东面。

犬封国

犬封国曰犬戎国，状如犬。有一女子，方跪进杯食。有文马[①]，缟身朱鬣[②]，目若黄金，名曰吉量，乘之寿千岁。

[注释]

①文马：毛色有花纹的马。②缟：白色的生丝绢，也指白色。朱：红色。鬣：兽类颈上的长毛。

[译文]

犬封国又名犬戎国，犬封国人的身形都像狗。犬封国有个女子，正跪在那里向人们进献酒食。犬封国有一种文马，全身都是白色的，只有马鬣是红色的，眼睛金光灿灿的。这种马名叫吉量，如能乘骑这种马，便可以活到千岁。

犬封国

鬼国

鬼国在贰负之尸北，为物人面而一目。一曰贰负神在其东，为物人面蛇身。

[译文]

贰负尸的北边有个鬼国，鬼国的人都长着一副人的面孔，眼睛只有一只。也有说鬼国在贰负神的西边，鬼国人面孔似人，身形则似蛇。

蜪(táo)犬

蜪犬如犬，青，食人从首始。

蜪犬

[译文]

有种野兽名叫蜪犬，这种兽的身形似狗，全身都是青色的，它吃人总是先吃头。

穷奇

穷奇状如虎，有翼，食人从首始。所食被发①。在蜪犬北。一曰从足。

[注释]

①被发：即披发，这里指披头散发的人。被，通“披”。

[译文]

穷奇长得有点像虎，但却长着一对翅膀，穷奇是食人兽，吃人时总是先吃脑袋。它吃的都是披头散发的人。穷奇居住在蜪犬的北边。也有说穷奇吃人总是先吃脚。

帝尧台

帝尧台、帝喾台、帝丹朱台、帝舜台，各二台，台四方，在昆仑东北。

[译文]

在昆仑山的东北方有帝尧台、帝喾台、帝丹朱台、帝舜台，每台都由两个小台组成，形状都是正方形的。

大蜂

大蜂，其状如螽(zhōng)①；朱蛾②，其状如蛾。

[注释]

①螽：螽斯，绿色或褐色昆虫，善于跳跃，吃农作物。雄螽斯的前翅有发声器，颤动翅膀能发声。②蛾：蚍蜉，就是蚂蚁。

[译文]

有一种巨蜂，这种巨蜂的形状与螽斯一样。还有一种红色蚂蚁，样子也就像普通的蚂蚁。

蟜

蟜，其为人虎文，胫有䏿①。在穷奇东。一曰状如人，昆仑虚北所有。

[注释]

①䏿：小腿肚子。

[译文]

蟜的身形似人，但全身长着虎斑一样的花纹，小腿肚子非常饱满。蟜在穷奇的东面。也有的说蟜身形似人，生活在昆仑山的北边。

阘非

阘非，人面而兽身，青色。

[译文]

阘非身形似兽，但面孔似人，全身的皮肤都是青色的。

据比尸

据比之尸，其为人折颈被发，无一手。

[译文]

据比尸的身形似人，但颈部却被折断了，披头散发，没了一只手。

环狗

环狗，其为人兽首人身。一曰蝟状如狗，黄色。

[译文]

环狗的身形似人，头像野兽。也有说环狗实际上是刺猬的样子，模样也有些像狗，全身都是黄色的。

环狗

袜

袜（mèi）①，其为物，人身黑首从②目。

[注释]

①袜：通“魅”，迷信传说中的精怪。②从：通“纵”，竖着。

[译文]

袜身形似人，脑袋是黑色的，眼睛是竖着长的。

戎

戎，其为人，人首三角。

[译文]

有个国家，名叫戎国，戎国的国民脑袋似人，头上长着三只角。

林氏国驺（zōu）吾

林氏国有珍兽，大若虎，五采毕具，尾长于身，名曰驺吾，乘之日行千里。

[译文]

林氏国有种珍稀动物，身形大小像老虎，全身都是五彩斑斓的花纹，尾巴比身体还长，这种动物名叫驺吾，人若能乘它行走，一天可行千里。

驺吾

昆仑虚南汜林

昆仑虚南所，有汜林方三百里。

[译文]

昆仑山的南边有一大片树林，名叫汜林，方圆三百里。

从极之渊冰夷

从极之渊，深三百仞，维冰夷[1]恒都焉，冰夷人面，乘两龙。一曰忠极之渊。

[注释]

①冰夷：也叫无夷、冯夷，即河伯，传说中的河神。

[译文]

从极的深渊深达三百仞，只有冰夷一直住在这里。冰夷的长相和人一样，常乘着两条龙巡游。从极渊，也有的说是忠极渊。

冰 夷

阳汙(yū)山

阳汙之山，河出其中；凌门之山，河出其中。

[译文]

阳汙山，河水从这里发源；凌门山，河水也从这里发源。

王子夜尸

王子夜之尸，两手、两股、胸、首、齿，皆断异处。

[译文]

王子夜的尸体，两只手、两只腿、胸部、头部、牙齿被斩断而散落在各处。

宵明　烛光

舜妻登比氏生宵明、烛光[1]，处河大泽，二女之灵能照此所方百里。一曰登北氏。

[注释]

①宵明、烛光：传说中的舜女之名。

[译文]

舜的妻子登比氏所生的两个女儿宵明、烛光就住在这个大泽中，这两位神女的神光映照着这附近方圆上百里的区域。登比氏，也有的说是登北氏。

盖国

盖国在钜燕南，倭北。倭属燕。

[译文]

盖国位于钜燕国的南边、倭国的北边。但倭国隶属钜燕。

朝鲜

朝鲜在列阳东，海北山南。列阳属燕。

[译文]

朝鲜国位于列阳的东边、大海的北边、山的南边，列阳也隶属巨燕。

列姑射

列姑射(yè)①在海河洲中。

[注释]

①列姑射：古代传说中的山名。也称姑射。

[译文]

列姑射山在大海的沙洲上。

列姑射山

姑射国

姑射国在海中，属列姑射；西南，山环之。

[译文]

姑射国是海中的一个岛国，辖地为列姑射山的一部分。位于列姑射山的西南部，姑射国的周围都是山。

大蟹

大蟹在海中。

[译文]

有个庞然大物——巨蟹，在大海中生活。

陵鱼

陵鱼[①]人面，手足，鱼身，在海中。

[注释]

①陵鱼：古代神话传说中的人鱼。

[译文]

陵鱼身形似鱼，面孔、手、脚都似人，在大海中生活。

大鯾（biān）

大鯾[①]居海中。

[注释]

①鯾：同“鳊”。即鳊鱼，体扁侧，头小而尖，鳞较细。

[译文]

有一种鱼，名叫大鯾鱼，也在海中生活。

明组邑

明组邑居海中。

[译文]

有个部落名叫明组邑，他们的人都在海上生活。

蓬莱山

蓬莱山[1]在海中。

［注释］

①蓬莱山：古代传说中海上的仙山之一，相传为仙人所居之处。

［译文］

海中还有一座神山，就是蓬莱山。

蓬莱山

大人之市

大人之市在海中。

［译文］

海中有个集市，这就是大人国的集市。

第八卷　海内东经

海内东北陬(zōu)以南者。

[译文]

再说说海内东北角以南地区的概况。

钜燕

钜燕在东北陬。

[译文]

海内最东北的角落是钜燕国。

国在流沙中者

国在流沙中者埻(dūn)端、玺㬇(huàn)，在昆仑虚东南。一曰海内之郡，不为郡县，在流沙中。

[译文]

在流沙中有两个国家，一是埻端，一是玺㬇。也有的说埻端、玺㬇是海内的两个郡，不把它们称为郡县，是因为两地处在流沙中的缘故。

国在流沙外者

国在流沙外者，大夏、竖沙、居繇、月支之国。

[译文]

流沙外有四个国家：大夏国、竖沙国、居繇国、月支国。

西胡白玉山

西胡白玉山在大夏东，苍梧在白玉山西南，皆在流沙西，昆仑虚东南。昆仑山在西胡[1]西。皆在西北。

[注释]

①西胡：地名。

[译文]

西胡有一座山，名叫白玉山，这座山在大夏的东边。白玉山的西南就是苍梧国。白玉山、苍梧国都在流沙的西边、昆仑山的东南边。昆仑山在西胡的西部。西胡在海内的西北部。

雷泽中雷神

雷泽中有雷神[1]，龙身而人头，鼓[2]其腹。在吴西。

[注释]

①雷泽：亦作“靁泽”，古泽名，神话传说中雷神的居处。雷神：神话中主管打雷的神，俗称雷公。②鼓：鼓动，拍打。

[译文]

吴地的西边有个雷泽。雷泽中有神，名叫雷神，雷神身形似龙，脑袋似人，他只要一拍肚子，便会发出震耳欲聋的雷声。

都州

都州在海中。一曰郁州。

[译文]

海中有个小岛，名叫都州。也有的说名叫郁州。

琅邪台

琅邪台[1]在渤海间，琅邪之东。其北有山，一曰在海间。

[注释]

①琅邪台：台名。有说法认为琅邪台是今天山东境内的一座山，只不过形状像座高台，所以被称为琅邪台。还有种说法，认为琅邪台是指春秋末年越王勾践修筑的琅邪台，用来观望东海。

[译文]

渤海中有一座高台，即琅邪台。琅邪台西邻琅邪国，北边有座山。有种说法是琅邪台在海间。

韩雁

韩雁在海中，都州南。

[译文]

都州南边的大海中的国家，就是韩雁国。

始鸠

始鸠在海中，辕厉[①]南。

[注释]

①辕厉:“辕厉”二字繁体与“韩雁”二字相近，结合前文，此处为“韩雁”之误字。

[译文]

韩雁国南边的大海中的那个国家便是始鸠国。

会稽山

会稽山在大楚南。

[译文]

会稽山在大楚的南边。

第九卷　大荒东经

少昊之国

东海之外大壑[①]，少昊[②]之国。少昊孺帝颛顼[③]于此，弃其琴瑟[④]。有甘山者，甘水出焉，生甘渊。

[注释]

①壑：深谷，深沟。②少昊：少皞，传说中古代的东夷首领，名挚，号金天氏。东夷曾以鸟为图腾，相传少皞曾以鸟名为官名。传说少皞死后为西方之神。③孺：通“乳”，这里是抚育、养育的意思。颛顼：远古传说中的帝王，高阳氏。④琴瑟：指琴与瑟两种弦乐器。

[译文]

东海以外有个巨大的深谷，那是少昊建国的地方。少昊曾在这里养育过帝颛顼，帝颛顼小时候练习的琴瑟还扔在这里。这儿有座山，名叫甘山，是甘水的发源地，甘水流出山谷后便汇成甘渊。

皮母地丘

大荒东南隅有山，名皮母地丘。

[译文]

大荒的东南角有座山，名叫皮母地丘。

大言山

东海之外，大荒之中，有山名曰大言，日月所出。

[译文]

东海以外，大荒之中，有座山名叫大言山，大言山是太阳和月亮升起的地方。

大人国大人市

有波谷山者，有大人之国。有大人之市，名曰大人之堂。有一大人踆(cūn)其上，张其两耳①。

[注释]

①两耳："两臂"之误字。

[译文]

有座山名叫波谷山，这座山上有个大人国。大人国里有个大人堂，那是大人国的集贸市场。有一位大个子蹲在山上，张开他的两臂。

小人国靖人

有小人国，名靖人①。

[注释]

①靖人：古代传说中的身材短小的人。

[译文]

有一个小人国，小人国的国民都很矮，被称为靖人。

小人国

犁䰠(líng)尸

有神，人面兽身，名曰犁䰠之尸。

[译文]

有一尊神，身形似兽，面孔似人，名叫犁䰠尸。

蒍(wěi)国

有潏山，杨水出焉。有蒍国，黍①食，使四鸟：虎、豹、熊、罴。

[注释]

①黍：古代专指一种子实叫作黍子的一年生草本植物，去皮后称"黄米"，乳白、淡黄或褐色，性黏，供食用或酿酒。

[译文]

那里还有座山，名叫潏山，杨水就发源于这座山。蒍国也在这里，国民以黍为主食，善于驱使四种野兽：虎、豹、熊、罴。

合虚山

大荒之中，有山名曰合虚①，日月所出。

[注释]

①合虚：古代神话称日月所出之山。

[译文]

东海外的大荒中有一座山叫做合虚山，是太阳和月亮升起的地方。

中容国

有中容之国。帝俊①生中容，中容人食兽、木实②，使四鸟：豹、虎、熊、罴(pí)。

[注释]

①帝俊：中国古代神话传说中的人物。②木实：树木的果实。

[译文]

海外大荒中有个中容国。中容是帝俊的儿子，中容国的人喜欢吃野兽和树木的果实，善于驱使豹、虎、熊、罴四种野兽。

君子国

有东口之山。有君子之国，其人衣冠带剑。

[译文]

大荒中有一座山名叫东口山。君子国就在这里，君子国的人总是穿衣戴帽，佩着宝剑。

司幽国

有司幽之国。帝俊生晏龙，晏龙生司幽，司幽生思士，不妻；思女，不夫。食黍，食兽，是使四鸟。

[译文]

那里有个国家，即司幽国，是帝俊的后代建立的，当初帝俊生了晏龙，晏龙生了司幽，司幽生了思士、思女。思士后来没有娶妻，思女也没有嫁夫。司幽国的国民以黍为主食，还吃野兽，善于驱使虎、豹、熊、罴四种野兽。

明星山

有大阿之山者。

大荒中有山，名曰明星，日月所出。

[译文]

大荒中有座山名叫大阿山。

还有座山名叫明星山，明星山是太阳和月亮升起的地方。

白民国

有白民之国。帝俊生帝鸿，帝鸿生白民，白民销姓，黍食，使四鸟：虎、豹、熊、罴。

[译文]

大荒中有个白民国。白民国是帝俊的后人建立的。当初帝俊生了帝鸿，帝鸿生了白民。白民国的国民姓销，主食是黍，擅长驱使虎、豹、熊、罴四种野兽。

青丘国

有青丘之国，有狐，九尾。

[译文]

大荒中有个青丘国，青丘国有一种狐，长有九条尾巴。

柔仆民

有柔仆民，是维①嬴土之国。

[注释]

①维：语气助词，本身无意义。

[译文]

大荒中有一群百姓，人称柔仆民，他们所在的国土很肥沃。

黑齿国

有黑齿之国。帝俊生黑齿，姜姓，黍食，使四鸟。

[译文]

大荒中有个黑齿国，是帝俊的后人建立的国家。当初帝俊生了黑齿，黑齿建立了这个国家。黑齿国的人姓姜，主食为黍，善于使唤四种野兽。

天吴

有夏州之国。有盖余之国。

有神人，八首人面，虎身十尾，名曰天吴。

[译文]

大荒中还有两个国家，一个是夏州国，另一个是盖余国。

那里还有个神，长着八个脑袋、面孔像人，身形像虎，十条尾巴，这个神名叫天吴。

鞠陵于天山

大荒之中，有山名曰鞠陵于天、东极、离瞀（mào），日月所出。有神名曰折丹——东方曰折，来风曰俊——处东极以出入风。

[译文]

大荒中有三座山，分别是：鞠陵于天山、东极山、离瞀山，这里也是太阳和月亮升起的地方。这里有尊神，名叫折丹，东方的人都称他为折，从东方吹来的风称为俊，折丹居住在大荒东极，主管东风的出入。

折丹

禺虢 禺京

东海之渚[1]中，有神，人面鸟身，珥(ěr)两黄蛇，践两黄蛇，名曰禺虢。黄帝生禺虢，禺虢生禺京。禺京处北海，禺虢处东海，是为海神。

[注释]

①渚：水中的小块陆地。

[译文]

东海中的一个小岛上有一尊神，人面鸟身，两耳垂上各穿有一条黄蛇，两脚下也各踩着一条黄蛇。这尊神名叫禺貌。禺貌是黄帝的儿子，禺貌有个儿子名叫禺京。禺貌和禺京都是海神，禺京住在北海，禺貌住在东海。

玄股国

有招摇山，融水出焉。有国曰玄股，黍食，使四鸟。

[译文]

大荒中有座招摇山，是融水的发源地。那里有个国家名叫玄股国。玄股国的国民以黍为主食，善于驱使四种野兽。

有易杀王亥

有困民国[1]，勾姓，而食[2]。有人曰王亥，两手操鸟，方食其头。王亥托于有易、河伯仆[3]牛。有易杀王亥，取仆牛。河念有易[4]，有易潜出，为国于兽，方食之，名曰摇民。帝舜生戏，戏生摇民。

王亥

[注释]

①有困民国：困，因之误字，应为“有因民国”。②而食：而，黍之误字。③有易：古部落名，在黄河之北或易水附近。仆：通“朴”，大。④河念有易：“河”字下有脱文，

当作“河伯念有易”。

［译文］

大荒中有因民国，因民国的国民都姓勾，以黍为主食。有一名叫王亥的人，两手正拿着一只鸟，将要吃它的头。当初王亥曾把自己放牧的牛托付给有易族人和河伯，没想到被有易族人杀害，并夺去牛。后来王亥的后人来复仇，河伯念与有易族之谊，帮助有易子民们悄悄逃走，到猛兽出没的地方居住，以食兽为生，并建立了一个国家。这就是摇民国。还有的说，帝舜生戏，戏又生了摇民。

女丑　大蟹

海内有两人，名曰女丑。女丑有大蟹。

［译文］

海内有两个人，其中有一位名叫女丑。身边有一只大螃蟹。

孽摇頵（jūn）羝（dī）山与汤（yáng）谷扶木

大荒之中，有山名曰孽摇頵羝。上有扶木，柱①三百里，其叶如芥②。有谷曰温源谷。汤谷上有扶木，一日方至，一日方出，皆载于乌。

［注释］

①柱：像柱子般直立着。②芥：芥菜，种子黄色，味辛辣，可粉碎作调味用。

［译文］

大荒中有座山，名叫孽摇頵羝山。山上有一棵树，名叫扶木，树干高三百里，树叶似芥菜。这座山上有个谷，名叫温源谷，又叫汤谷。汤谷上也有扶木，这里是太阳升起的地方，一颗太阳返回，另一颗太阳马上升起，这些太阳都是由三足乌驮着的。

奢比尸

有神，人面、犬耳、兽身，珥两青蛇，名曰奢比尸。

［译文］

大荒中有个神，身形似兽，面孔似人，耳朵似狗，两个耳垂各穿着一条青蛇，这个神就是奢比尸。

五采鸟

有五采之鸟，相乡弃沙①。惟帝俊下友。帝下两坛，采鸟是司。

［注释］

①弃沙：“婆娑”之误字。

［译文］

大荒中有一种鸟，全身的羽毛五彩斑斓，总是相对着翩翩起舞。帝俊与这种鸟是朋友，因此把他在下界的两座祭坛交与这种鸟主管。

五采鸟

猗天苏门山

大荒之中，有山名曰猗天苏门，日月所生。有壎(xūn)民之国。

［译文］

大荒中有座山名叫猗天苏门山，是太阳和月亮升起的地方。那里有个国家名叫壎民国。

壑明俊疾山

有綦(jì)山。又有摇山。有鬸(zèng)山。又有门户山。又有盛山。又有待山。有五采之鸟。

东荒之中，有山名曰壑明俊疾，日月所出。有中容之国。

［译文］

大荒中有綦山、摇山、鬸(zèng)山、门户山、盛山、待山。这些山上都有五彩鸟。

东荒之中还有一座山，名叫壑明俊疾山，是太阳和月亮升起的地方，那里有个中容国。

三青马　三骓

东北海外，又有三青马、三骓(zhuī)①、甘华。爰有遗玉、三青鸟、三骓、视肉、甘华、甘柤。百谷所在。

［注释］

①骓：毛色苍白相杂的马。

［译文］

东北海外，那里有三青马、三骓马和甘华树。这里还有千年琥珀、三青鸟、三骓马、视肉、甘华树、甘柤树，是百谷生长的好地方。

女和月母国

有女和月母之国。有人名曰鹓(wǎn)——北方曰鹓，来之风曰狻(yǎn)——是处东极隅以止①日月，使无相间②出没，司其短长。

［注释］

①止：控制。②相间：一个隔着一个。

［译文］

大荒中有个女和月母国。这里有尊神，名叫鹓，北方的人都称他为鹓，从那里吹来的风叫做狻。鹓住在东北角，主管日月运行时间的长短，使日月的升落和日夜长短有规律。

应龙杀蚩尤与夸父

大荒东北隅中，有山名曰凶犁土丘。应龙①处南极，杀蚩尤②与夸父，不得复上。故下数旱。旱而为应龙之状，乃得大雨。

［注释］

①应龙：古代传说中一种有翼的龙。相传禹治洪水时，应龙以尾画地成江河，使水入海。②蚩尤：传说中古代九黎族的首领。

应龙

以金作兵器，与黄帝及炎帝战于涿鹿，失败被杀。

[译文]

在大荒的东北角有座山，名叫凶犁土丘山，应龙就住在这座山的南端。当初应龙在这里杀死蚩尤与夸父，用尽了神力，所以再也无法回到上界，也因此无法行云作雨，而使下界多年大旱。不过，每当大旱出现，人们便扮成应龙的样子求雨，居然也能应验，得降大雨。

东海夔牛

东海中有流波山，入海七千里。其上有兽，状如牛，苍身而无角，一足，出入水则必风雨，其光如日月，其声如雷，其名曰夔。黄帝得之，以其皮为鼓，橛①以雷兽②之骨，声闻五百里，以威天下。

[注释]

①橛：通“撅”。敲打，敲击。②雷兽：古代传说中的雷神。

[译文]

东海中有座山，名叫流波山，此山距海岸七千里。山上有一种兽，形似牛，全身都是青黑色的，没有长角，只长了一只脚，每次出入海水时都会有狂风暴雨，它身上还闪耀着光芒，似日光和月光，它的吼声和雷声一样震耳欲聋。这种兽名叫夔。黄帝得到这种兽，就用它的皮制成鼓，并用雷兽的骨作鼓槌，敲击鼓，鼓声响彻五百里之外，震慑敌兵，威服天下。

第十卷　大荒南经

跊(chù)踢　双双

南海之外，赤水之西，流沙之东，有兽，左右有首，名曰跊踢。有三青兽相并，名曰双双。

［译文］

在南海外的大荒中，赤水西岸，流沙东岸，有两种兽，一种兽左右各长一个脑袋，这种兽名叫跊踢。另一种似三只青兽合成一体，这种兽名叫双双。

苍梧之野

有阿山者。南海之中，有氾天之山，赤水穷焉。赤水之东，有苍梧之野，舜与叔均①之所葬也。爰有文贝、离俞②、鸱久、鹰、贾③、委维④、熊、罴、象、虎、豹、狼、视肉。

［注释］

①叔均：传说为帝舜的儿子，又称商均。②离俞：传说中的神禽。③贾：贾鸟，属于鹰类。④委维：神话传说中的委蛇。

［译文］

南海中有座阿山。还有一座氾天山，处在赤水的尽头。赤水的东岸就是苍梧之野，帝舜和叔均就葬在这里。苍梧之野还有带有花纹的贝壳、离俞鸟、鸱久、鹰、贾鸟、委蛇、熊、罴、象、虎、豹、狼、视肉。

黑水玄蛇

有荣山，荣水出焉。黑水之南，有玄蛇，食麈(zhǔ)①。

玄 蛇

［注释］

①麈：指一种似骆驼的鹿类动物，又叫“驼鹿”，尾巴可做拂尘。

[译文]

那里有座山，名叫荣山，荣水就发源于这座山。黑水的南岸有一条黑色巨蛇，喜爱吃麈。

巫山黄鸟

有巫山者，西有黄鸟①。帝药，八斋。黄鸟于巫山，司此玄蛇。

[注释]

①黄鸟：黄，通“皇”。黄鸟即皇鸟，传说中凰一类的鸟。

[译文]

那里有座山，名叫巫山，巫山的西麓有黄鸟。天帝的仙药，有八个屋子那么多，全都藏在巫山。黄鸟总是待在巫山上，因为它要看管黑水河南岸那条黑色巨蛇。

三身国

大荒之中，有不庭之山，荣水穷焉。有人三身，帝俊妻娥皇①，生此三身之国，姚姓，黍食，使四鸟。有渊四方，四隅皆达，北属②黑水，南属大荒。北旁名曰少和之渊，南旁名曰从渊，舜之所浴也。

[注释]

①娥皇：相传为尧女，舜妻。②属：连通，连接。

[译文]

大荒中有座不庭山，这座山是荣水的尽头。有一个国家，名叫三身国。其国民都是长着三个身子的人，那是帝俊和娥皇的后代，都姓姚，以黍为主食，善于驱使四种兽。那里还有个深渊，四四方方的，四角都能旁通，其中北边通黑水，南边连大荒；北边有个少和渊，南边有个从渊，是舜沐浴的地方。

季禺国　羽民国　卵民国

又有成山，甘水穷焉。有季禺之国，颛顼之子，食黍。有羽民之国，其民皆生毛羽。有卵民之国，其民皆生卵。

卵民国

[译文]

大荒中还有座成山，甘水的尽头就是这里。这里有三个国家，分别是：季禺国，国民是颛顼的后代，以黍为主食；羽民国，国民都长着羽毛；卵民国，国民都是卵生的。

不姜山

大荒之中，有不姜之山，黑水穷焉。又有贾山，汔(qì)水出焉。又有言山。又有登备之山。有恝(qì)恝之山。又有蒲山，澧水出焉。又有隗(wěi)山，其西有丹，其东有玉。又南有山，漂水出焉。有尾山。有翠山。

[译文]

大荒中有座山，名叫不姜山，那里是黑水的尽头。那里还有座贾山，汔水就发源于这座山。那里还有言山、登备山、恝恝山、蒲山，蒲山是澧水的发源地。那里还有座山，名叫隗山，山的西麓有很多丹雘，东麓有很多玉石。南边还有座山，是漂水的发源地。尾山、翠山也在这里。

盈民国

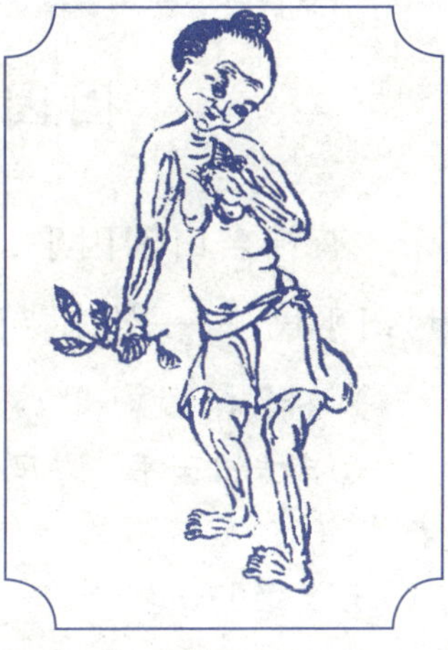

盈民国

有盈民之国，於姓，黍食。又有人方食木叶。

[译文]

大荒中有个盈民国，国民都姓於，主食是黍，还有人正在吃树叶。

不死国

有不死之国，阿姓，甘木[1]是食。

[注释]

①甘木：传说中的不死树。

[译文]

大荒中有个不死国，国民都姓阿，主要吃不死树。

去痓山

zhì

大荒之中，有山名曰去痓。南极果，北不成，去痓果。

[译文]

大荒中有座山，名叫去痓山。南极果，北不成，去痓果。

不廷胡余

南海渚中，有神，人面，珥两青蛇，践两赤蛇，曰不廷胡余。

[译文]

南海有一个沙洲，沙洲上住着一尊神，名叫不廷胡余。他的面孔似人，两耳垂上各穿有一条青蛇，两脚下各踩着一条赤蛇。

不廷胡余

因因乎

有神名曰因因乎，南方曰因乎——夸风曰乎民①——处南极以出入风。

[注释]

①南方曰因乎，夸风曰乎民：此句中二“乎”字为衍文，“夸”为“来”字之误。

[译文]

这里有尊神，名叫因因乎，南方人叫他因，从南方吹来的风称为民，他住在南极，主管风的起停。

季厘国

有襄山。又有重阴之山。有人食兽，曰季厘。帝俊生季厘，故曰季厘之国。有缗(mín)渊。少昊生倍伐，倍伐降①处缗渊。有水四方，名曰俊坛。

[注释]

①降：贬谪、贬抑。

[译文]

那里还有两座山，一座叫襄山，还有一座叫重阴山。重阴山上有个人，以吃野兽为生，他的名字叫做季厘。帝俊生了季厘，所以叫季厘国。那里还有个大渊，名叫缗渊，少昊的儿子倍伐当初就被天帝贬谪到这里。那里还有个正方形的水坛，名叫俊坛。

臷(zhì)民国

有臷民之国。帝舜生无淫，降臷处，是谓巫臷民。巫臷民朌(fén)姓，食谷，不绩不经①，服也；不稼不穑②，食也。爰歌舞之鸟，鸾鸟自歌，凤鸟自舞。爰有百兽，相群爰处。百谷所聚。

臷民国

[注释]

①绩：缉线，把麻纤维披开接续起来搓成线。经：织布的纵线叫“经”，这里泛指织布。②稼：种植五谷。穑：收获谷物。

[译文]

那里有个国家，名叫臷民国。当初帝舜的儿子无淫被天帝贬谪到这里，其繁衍的子孙便成为这个国家的国民，又被称作巫臷民。巫臷民都姓朌，以五谷为食。这里的人不用纺织，自然有布帛穿；也不用种植，自然有五谷吃。这里还有能歌善舞的鸟，鸾鸟歌，凤鸟舞；各种野兽和睦相处。这里谷类生长旺盛，各种谷类都有。

融天山

大荒之中，有山名曰融天，海水南入焉。

[译文]

大荒中有座山名叫融天山，海水从南面流入这座山。

羿杀凿齿

有人曰凿齿，羿杀之。

[译文]

大荒中有个人名叫凿齿，后来被后羿杀死。

蜮（yù）民国

有蜮山者，有蜮民之国，桑姓，食黍，射蜮[①]是食。有人方扜（yū）[②]弓射黄蛇，名曰蜮人。

[注释]

①蜮：传说中的一种的动物，能含沙射人的影子，放射影子的人就会生病。②扜：拉，张。

[译文]

大荒山有座蜮山，还有个蜮民国，国人都姓桑，以黍为主食，也以射蜮为食。有人正弯弓射黄蛇，被称为蜮人。

宋山枫木

有宋山者，有赤蛇，名曰育蛇。有木生山上，名曰枫木[①]。枫木，蚩尤所弃其桎梏[②]，是为枫木。

[注释]

①枫木：传说中黄帝械杀蚩尤后掷弃其桎梏所化的枫香树。枫香树为落叶乔木，通称枫树。秋叶艳红，因有脂而香，故称。②桎梏：刑具，脚镣手铐。

[译文]

大荒中有一座宋山，山上有一种红色的蛇，名叫育蛇。这座山上还生长着一种树，名叫枫木，相传这种树是蚩尤死后所丢弃的刑具化成的。

祖状尸

有人方齿虎尾，名曰祖状之尸①。

[注释]

①祖状之尸：古代传说中的人物名。

[译文]

大荒中有个人，牙齿四四方方的，还长着一根老虎尾巴，这就是祖状尸。

祖状之尸

焦侥国

有小人，名曰焦侥之国，幾姓，嘉谷①是食。

[注释]

①嘉谷：古以粟为嘉谷，后为五谷的总称。

[译文]

大荒中有一个小人国，名叫焦侥国，这个国家的人民都姓幾，以优质五谷为主食。

禹攻云雨

是大荒之中，有山名死涂之山，青水穷焉。有云雨之山，有木名曰栾。禹攻云雨，有赤石焉生栾，黄本，赤枝，青叶，群帝焉取药。

[译文]

大荒中有座死涂山，这座山是青水的尽头。还有座山，名叫云雨山。山上有种树，名叫栾树。当初禹伐云雨山林木时发现栾树是生长在一种红色石头上的。栾树的树干是黄色的，树枝是红色的，树叶是青色的，诸帝到这里来采药。

有国曰颛顼

有国曰颛顼，生伯服，食黍[①]。有鼬姓之国。有苕山。又有宗山。又有姓山。又有壑山。又有陈州山，又有东州山。又有白水山，白水出焉，而生白渊[②]，昆吾[③]之师所浴也。

[注释]

①“有国曰颛顼”句：此句脱“伯服”二字，当作“有国曰伯服，颛项生伯服，食黍”。②生：产生、形成。白渊：神话中的渊名。③昆吾：古代神性英雄之一。

[译文]

大荒中有个国家，名叫伯服国，伯服是颛顼的后裔，国民主要吃黍。那里还有个鼬姓国。还有苕山、宗山、姓山、壑山、陈州山、东州山、白水山。白水山是白水的发源地，白水流下山后便积成水渊，名叫白渊，白渊便是昆吾的师傅洗浴的地方。

张宏国

有人名曰张宏，在海上捕鱼。海中有张宏之国，食鱼，使四鸟。

[译文]

有人名叫张宏，常常在南海上捕鱼。海里有个国家，名叫张宏国，这个国家的百姓都以鱼为主食，还擅长驱使四种野兽。

张宏国

驩(huān)头

有人焉，鸟喙，有翼，方捕鱼于海。大荒[①]之中，有人名曰驩头。鲧妻士敬，士敬子曰炎融，生驩头。驩头人面鸟喙，有翼，食海中鱼，杖[②]翼而行。维宜芑苣，穋[③]杨是食。有驩头之国。

[注释]

①大荒：荒远的地方，边远地区。②杖：凭倚、凭借。③苣：苣荬菜。穋：一种后种先熟的谷类。

[译文]

有个人，长着鸟的嘴，有翅膀，正在海中捕鱼。大荒之中，有人叫驩头。鲧的妻子是士敬，士敬的儿子是炎融，炎融生驩头。驩头人面鸟嘴有翅膀，吃海里的鱼，把翅膀当作支撑在地上行走。他以芑、苣、穋、杨为食物。后来就有了驩头国。

岳山

帝尧、帝喾、帝舜葬于岳山。爰有文贝、离俞、鸱久、鹰、贾、延维、视肉、熊、罴、虎、豹；朱木，赤枝，青华，玄实。有申山者。

[译文]

那里有座岳山。帝尧、帝喾、帝舜就葬在这座山上。山上还有很多文贝、离俞鸟、鸱久、鹰、贾、延维、视肉、熊、罴、虎、豹；还有朱树木，这种树有红色的树干、青色的花朵、黑色的果实。那里还有一座山，名叫申山。

天台高山

大荒之中，有山名曰天台高山[1]，海水入焉。

[注释]

①天台高山："高山"二字为郭璞所作注释，误入正文。

[译文]

大荒中有座山名叫天台山，海水从这儿注入。

羲和生日

东南海之外，甘水之间，有羲和之国，有女子名曰羲和[1]，方日浴于甘渊。羲和者，帝俊之妻，生十日。

[注释]

①羲和：古代神话传说中的人物，太阳的母亲。

[译文]

东南海外的大荒中与甘水间有个国家，名叫羲和

羲和国

国，这里有个女人名叫羲和，正在甘渊中为太阳们洗澡。羲和是帝俊的妻子，是十个太阳的母亲。

盖犹山

有盖犹之山者，其上有甘柤，枝干皆赤，黄叶，白华，黑实。东又有甘华，枝干皆赤，黄叶。有青马。有赤马，名曰三骓(zhuī)。有视肉。

[译文]

大荒中有座山名叫盖犹山，盖犹山的山顶有一种树，名叫甘柤，这种树的树干是红色的，树叶是黄色的，开着白色的花，结的果实是黑色的。盖犹山的东麓生长有一种名叫甘华的树，这种树的树干是红色的，树叶是黄色的。盖犹山上还有很多青色马和红色马，红色的马名叫三骓。山上还有视肉。

小人菌人

有小人，名曰菌人。

[译文]

大荒中有一群侏儒，被人们称作菌人。

菌人

南类山

有南类之山。爰有遗玉、青马、三骓、视肉、甘华。百谷所在。

[译文]

大荒中有座山，名叫南类山。这座山上有遗玉、青马、三骓马、视肉和甘华树，天下任何谷类这里都有。

第十一卷　大荒西经

不周负子山

西北海之外，大荒之隅，有山而不合，名曰不周负子①，有两黄兽守之。有水曰寒暑之水。水西有湿山，水东有幕山。有禹攻共工国山。

［注释］

①负子：衍文。

［译文］

西北海之外，大荒的角落，有座断裂合不拢的山，名不周山。这座山由两只黄色的兽看守。那里有一湾水名叫寒暑水。寒暑水的西岸有一座山，名叫湿山；水的东侧有一座山，名叫幕山。那里还有一座山，名叫禹攻共工国山。

淑士国

有国名曰淑士，颛顼之子。

［译文］

西海外大荒中有个淑士国，淑士国的国民是颛顼的后代。

女娲之肠

有神十人，名曰女娲①之肠，化为神，处栗广之野，横道而处。

［注释］

①女娲：神话中人类的始祖。传说她和伏羲氏兄妹相婚而产生人类；又传说她用黄土造人，炼五色石补天，折断鳌足支撑天地的四角，治平洪水，杀死猛兽，使人民得以安居。

［译文］

那里有十位神人，名叫女娲之肠，是女娲

女娲之肠十人

的肠子化成的神，这些神人住在栗广的山野，横在道路上居住。

石夷

有人名曰石夷——西方曰夷，来风曰韦——处西北隅以司日月之长短。

[译文]

有尊神名叫石夷，从北方吹来的风称为韦，石夷总是住在大荒的西北角，主管太阳和月亮的升落运行时间的长短。

狂鸟

有五采之鸟，有冠，名曰狂鸟。

[译文]

西海外大荒中有一种鸟，周身五光十色，头顶上有冠。这种鸟名叫狂鸟。

白民国

有大泽之长山。有白民之国。

[译文]

大荒中有座大泽长山，这里的国家名叫白民国。

长胫国

西北海之外，赤水之东，有长胫之国。

[译文]

西北海外，赤水的东岸，有一个长胫国。

西周国

有西周之国，姬姓，食谷。有人方耕，名曰叔均。帝俊生后稷①，稷降以百谷。稷之弟曰台玺，生叔均。叔均[2]是代其父及稷播百谷，始作耕。有赤国妻氏。有双山。

［注释］

①后稷：相传为周代始祖。传说有邰氏之女姜嫄踏巨人脚印，怀孕而生，因一度被弃，故又名弃。善于种植各种粮食作物，曾在尧舜时代当农官，教民耕种。②叔均：传说是后稷弟弟的儿子，他继承父辈的事业，播种百谷，并开始用牛耕地。

［译文］

大荒中有个国家，名叫西周国，西周的国民姓姬，以五谷为主食。有个人正在耕地，他就是叔均。当初帝俊生了后稷，后稷从天上带来百谷。后来他的弟弟台玺生了叔均。叔均代父亲和后稷将百谷播种，这才开始出现农业耕作。此外，那里还有个人名叫赤国妻氏，有座山名叫双山。

柜格松

西海之外，大荒之中，有方山者，上有青树，名曰柜格之松，日月所出入也。

［译文］

西海外的大荒中有座方山，方山上有一棵青色的树，名叫柜格松，是太阳和月亮出入的地方。

天民国

西北海之外，赤水之西，有天民之国，食谷，使四鸟。

［译文］

西北海外的大荒中，在赤水的西岸，有一个天民国。先民国的国民以谷为主食，擅长驱使四种野兽。

北狄国

有北狄之国。黄帝之孙曰始均，始均生北狄。

有芒山，有桂山，有榣山。其上有人，号曰太子长琴。颛顼生老童，老童生祝融，祝融生太子长琴，是处榣山，始作乐风[①]。

［注释］

①乐风：指歌曲。

［译文］

西北海外的大荒中有个北狄国。北狄是黄帝的孙子始均的后裔。

那里还有芒山、桂山、榣山。榣山上有一个人，号太子长琴。颛顼生老童，老童生祝融，祝融生太子长琴，太子长琴就是住在榣山上，谱写了乐风曲。

北狄

五采鸟

有五采鸟三名：一曰皇鸟，一曰鸾鸟，一曰凤鸟。

［译文］

这里有三种长有五彩羽毛的鸟，分别是：皇鸟、鸾鸟、凤鸟。

有虫状如菟（tù）

有虫状如菟[①]，胸以后者裸[②]不见，青如猿状。

［注释］

①菟：通“兔”，兔子。②裸：裸露。

［译文］

大荒有种兽，形似兔，胸部以下的部分裸露在外，但皮色青青的以至于看不见裸露处。这种兽皮色青得像猿。

丰沮玉门山

大荒之中，有山名曰丰沮玉门，日月所入。

［译文］

大荒山中有座山，名叫丰沮玉门山，这座山是太阳和月亮落下的地方。

灵山十巫

有灵山，巫咸、巫即、巫朌、巫彭、巫姑、巫真、巫礼、巫抵、巫谢、巫罗十巫，从此升降，百药爰在。

［译文］

大荒中有座灵山，巫咸、巫即、巫朌、巫彭、巫姑、巫真、巫礼、巫抵、巫谢、巫罗等十位巫神就是从这座山上天、下凡的，这座山上有各种各样的药。

灵山十巫

沃民沃野

有西王母之山、壑山、海山。有沃民之国，沃民是处。沃之野，凤鸟之卵是食，甘露是饮。凡其所欲，其味尽存。爰有甘华、甘柤(zhā)、白柳、视肉、三骓、璇瑰①、瑶碧、白木②、琅玕(gān)③、白丹④、青丹，多银、铁。鸾凤自歌，凤鸟自舞，爰有百兽，相群是处，是谓沃之野。

［注释］

①璇瑰：美玉名。②白木：树木名。为纯白色。③琅玕：传说中果实是珠玉的仙树。④白丹：白色的美石。亦泛指彩色的美石。

［译文］

西海外的大荒中有西王母山、壑山、海山三座灵山。那里有个国家，名叫沃民国，沃民就是住在这里。他们都以沃民国野外凤鸟蛋为食，喝野外的甘露。凡是他们所想要吃喝的东西，在自己的国家里都有出产。这里还有甘华树、甘柤树、白柳树、视肉、三骓马、璇瑰玉、瑶碧玉、白木、琅玕树、白丹、青丹以及丰富的银、铁矿。野外的凤鸟和鸾鸟载歌载舞，自由自在，百兽和睦相处，所以称这里是“沃之野”。

三青鸟

有三青鸟，赤首黑目，一名曰大鵹(lì)，一名曰少鵹，一名曰青鸟。

［译文］

那里有三只青鸟，脑袋是红色的，眼睛是黑色的，这三只青鸟，一只名叫大鵹，一只名叫少鵹，另一只名叫青鸟。

轩辕台

有轩辕之台[1]，射者不敢西向，畏轩辕之台。

[注释]

①轩辕之台：古代传说中的土台名。

[译文]

那里有个土丘，名叫轩辕台，射箭的人都不敢向西方射，因为敬畏这个轩辕台的灵威。

龙山

大荒之中，有龙山，日月所入。有三泽水，名曰三淖，昆吾之所食[1]也。

[注释]

①食：食禄，即食邑，指古代君主赐予臣下作为世禄的封地。

[译文]

大荒山中有座山，名叫龙山，这座山也是太阳和月亮降落的地方。那儿有三个连成一体的湖泽，名叫三淖，是昆吾族人的食禄之处。

女丑尸

有人衣青，以袂[1]蔽面，名曰女丑之尸。

[注释]

①袂：衣袖。

[译文]

那里有个人，穿着青色的衣服，用袖子挡住自己的面孔，这个人就是女丑尸。

女子国

有女子之国。

[译文]

大荒中有一个女子国。

桃山

有桃山，有(méng)䖟山，有桂山，有于土山。

[译文]

那里有桃山、䖟山、桂山、于土山。

丈夫国

有丈夫之国。

[译文]

大荒中有个丈夫国。

(yǎn)弇州山鸣鸟

有弇州之山，五采之鸟仰天，名曰鸣鸟。爰有百乐歌儛之风。

[译文]

那里有座山，名叫弇州山，山上有只羽毛五彩斑斓的鸟仰天长鸣，这就是鸣鸟。这里有音乐优美、歌舞流行的风气。

轩辕国

有轩辕之国。江山之南栖为吉。不寿者乃八百岁。

[译文]

那里有个轩辕国。轩辕国的国民都住在江山的南麓以求无凶无灾。那里的人寿命都很长，至少也能活八百岁。

西海神(yǎn)弇兹

西海陼[①]中，有神，人面鸟身，珥两青蛇，践两赤蛇，名曰弇兹。

［注释］

①陼：同“渚”，水中的小块陆地。

［译文］

西海海中的一个小沙洲上有尊神，长着人的面孔、鸟的身子，耳垂上穿着两条青蛇，脚底下踩着两条红蛇，这尊神名叫弇兹。

弇兹

日月山

大荒之中，有山名日月山，天枢也。吴姖（jù）天门，日月所入。有神，人面无臂，两足反属于头上，名曰嘘。颛顼生老童[1]，老童生重及黎，帝令重献上天，令黎印[2]下地。下地是生噎，处于西极，以行日月星辰之行次。

［注释］

①老童：也称耆童。古代神话中的神名。②印：通“抑”，即抑压，向下按。

［译文］

大荒中有座山名叫日月山，这座山是上界门户的户枢。这座山的主峰叫吴姖天门山，这里也是太阳和月亮降落的地方。这里有一尊神，长着人的面孔，没有臂膀，两只脚反转过来连在头上。他名叫嘘。当初颛顼生了老童，老童生了重和黎。天帝命重用力往上顶天，命黎用力往下压地，使天地之间无法相连。黎来到地下生了噎，噎就住在大荒的最西端，主管着太阳、月亮、星辰运行的先后顺序。

嘘

天虞

有人反臂，名曰天虞。

［译文］

有个人，两臂膀朝后反长着，这个人名叫天虞。

常羲生月

有女子方浴月。帝俊妻常羲①，生月十二，此始浴之。

[注释]

①常羲：古代传说中的人名。

[译文]

那里有个女人正在给月亮洗澡。这个女人名叫常羲，是帝俊的妻子，生了十二个月亮，在这里开始给月亮洗澡。

青鸾(wén) 黄鷔(áo)

有玄丹之山。有五色之鸟，人面有发。爰有青鸾(wén)、黄鷔(áo)、青鸟、黄鸟，其所集者其国亡。

[译文]

那里有座玄丹山。玄丹山上有一些长有五彩羽毛的鸟，这些鸟却长有人的面孔，头上还长着头发。山上还有青鸾、黄鷔、青鸟、黄鸟，如果它们齐集在哪里，哪个国家就将要灭亡。

孟翼之攻颛顼之池

有池，名孟翼之攻颛顼之池。

[译文]

那里还有个大水池，名叫孟翼攻颛顼池。

鏖(áo)鏊(ào)钜山

大荒之中，有山名曰鏖鏊钜，日月所入者。

[译文]

大荒中有一座山，名叫鏖鏊钜山，这里也是太阳和月亮降落的地方。

屏蓬

有兽，左右有首，名曰屏蓬。

[译文]

那里有种怪兽，左右身侧各长着一只脑袋，名叫屏蓬。

黄姖尸　比翼鸟　天犬

有巫山者。有壑山者。有金门之山，有人名曰黄姖之尸。有比翼之鸟。有白鸟，青翼、黄尾、玄喙。有赤犬，名曰天犬，其所下者有兵。

[译文]

那里有三座山，一座叫巫山，一座叫壑山，还有一座叫金门山。金门山上有个人，就是黄姖尸。有一种鸟，就是比翼鸟。还有一种鸟，身上的羽毛是白色的，翅膀是青色的，尾巴是黄色的，嘴是黑色的。还有一只红色的狗，这就是天狗，它一旦下凡在哪里，哪里就会发生战争。

昆仑西王母

西海之南，流沙之滨，赤水之后，黑水之前，有大山，名曰昆仑之丘。有神，人面虎身，有文有尾，皆白①，处之。其下有弱水之渊环之，其外有炎火之山②，投物辄然。有人戴胜，虎齿，有豹尾，穴处，名曰西王母。此山万物尽有。

昆仑神

[注释]

①白：指尾巴的花纹是白色的。②炎火之山：传说中的火焰山。

[译文]

西海的南岸，流沙河滨，赤水的后面，黑水的前面，有一座大山，名叫昆仑山。昆仑山上有尊神，人脸虎身，还长着一根有花纹的尾巴，花纹都是白色的。昆仑山上环绕着弱水大渊，渊外还有一座山，名叫炎火山，如果向这座山上投掷东西，那东西就会燃烧。山上还有位神人，头戴玉胜，长着虎齿、豹尾，住在山洞中。她就是西王母。世上万物在这座山上都应有尽有。

常阳山

大荒之中，有山名曰常阳之山，日月所入。

[译文]

大荒中有座山，名叫常阳山。这座山也是太阳和月亮降落的地方。

女祭　女蔑(miè)

有寒荒之国。有二人女祭、女蔑。

[译文]

那里有个寒荒国。寒荒国有两个人，一位叫女祭，一位叫女蔑。

寿麻国

有寿麻之国。南岳娶州山女，名曰女虔。女虔生季格，季格生寿麻。寿麻正立无景，疾呼无响。爰有大暑[①]，不可以往。

[注释]

①大暑：极热，酷暑。

[译文]

那里还有个寿麻国。当初州山女，也就是女虔，嫁给南岳，生下季格，后来季格生了寿麻。寿麻站在太阳底下，人们却看不到他的影子，他大声呼叫，人们却听不到他的声音。寿麻国十分炎热，热得人们无法去那个国家。

寿麻

夏耕尸

有人无首，操戈盾立，名曰夏耕之尸。故成汤伐夏桀[①]于章山，克之，斩耕厥前。耕既立，无首，走[2]厥咎，乃降于巫山。

[注释]

①成汤：商开国之君。契的后代，子姓，名履，又称天乙。夏桀无道，汤伐之，遂有天下，国号商。夏桀：夏朝末代君王，名履癸，暴虐荒淫，汤起兵伐桀，败之于鸣条，桀流死于南巢。②走：“走”是“走”的本字，即逃跑、逃避。

[译文]

有个人，没长脑袋，手持戈和盾牌站在那里，他名叫夏耕尸。当初商汤在章山讨伐夏桀，那次战役商汤胜了，因夏耕尸冲在前头，所以被商汤砍掉了脑袋。夏耕尸站立起来以后，发现自己没了脑袋，为逃避罪过，夏耕尸便躲到了巫山。

吴回

有人名曰吴回，奇左[1]，是无右臂。

[注释]

①奇左：奇，单数。奇左指只有一条左臂。

[译文]

那里还有个人名叫吴回，只有左臂，没有长右臂。

盖山国

有盖山之国。有树，赤皮支干，青叶，名曰朱木。

[译文]

大荒中有个盖山国。这个国家有一种树，树皮和枝干都是红色的，只有树叶是青色的，名叫朱木。

一臂民

有一臂民。

[译文]

那里有一群只长有一只臂膀的人。

大荒山

大荒之中，有山名曰大荒之山，日月所入。

［译文］

大荒中有座山，名叫大荒山，这座山也是太阳和月亮降落的地方。

三面一臂人

有人焉三面，是颛顼之子，三面一臂，三面之人不死。是谓大荒之野。

［译文］

那里有一群三面人，是颛顼的后人，这群人都长有三张脸，身上只有一只臂膀。这些三面人都长生不死。这里就是所谓的大荒之野。

三面一臂人

夏后开

西南海之外，赤水之南，流沙之西，有人珥两青蛇，乘两龙，名曰夏后开①。开上三嫔于天②，得《九辩》与《九歌》以下。此天穆之野，高二千仞，开焉得始歌《九招》。

［注释］

①夏后开：夏启。汉代时因避汉景帝刘启的名讳，即改“启”为“开”。②开上三嫔于天：嫔，通“宾”。宾天，就是到天帝那里做客。

［译文］

在西南海外、赤水河的南岸、流沙河的西岸，有个人两耳垂各穿着一条青色的蛇，脚乘着两条龙，他就是夏启。夏启曾经三次被请到天帝那里做客，得到天帝所赐的《九辩》《九歌》，并将其带回下界。这里就是天穆之野，高达二千仞，夏启就在这里对天帝所赐乐曲进行编改，创作出《九招》。

氐人国

有氐人之国。炎帝之孙名曰灵恝(qì)，灵恝生氐人，是能上下于天。

[译文]

那里有个氐人国。灵恝是炎帝的孙子，氐人是灵恝的后代，氐人都能自由往来于天地之间。

鱼妇

有鱼偏枯，名曰鱼妇，颛顼死即复苏。风道北来，天乃大水泉，蛇乃化为鱼，是为鱼妇。颛顼死即复苏。

[译文]

那里有条鱼正处在半身将枯的状态，这条鱼叫作鱼妇，是颛顼死后苏醒过来的化身。当时，从北方刮来大风，泉水被风从地下吹了出来，一条蛇随之化为鱼，颛顼便托身于这条鱼，从而成为鱼妇。这个鱼妇就是颛顼死后的化身。

鸀(chù)鸟

有青鸟，身黄，赤足，六首，名曰鸀鸟。

[译文]

那里有种青鸟，它身上的毛是黄色的，脚是红色的，长着六个脑袋，名叫鸀鸟。

偏句　常羊山

有大巫山。有金之山。西南，大荒之隅，有偏句、常羊之山。

[译文]

那里有两座山，大巫山和金山。在西南方，大荒的一角，还有两座山，一座是偏句山，一座是常羊山。

第十二卷　大荒北经

附禺山

东北海之外，大荒之中，河水之间，附禺之山，帝颛项与九嫔葬焉。爰有鸱久、文贝、离俞、鸾鸟、凤鸟、大物、小物。有青鸟、琅鸟①、玄鸟②、黄鸟、虎、豹、熊、罴、黄蛇、视肉、璿、瑰、瑶、碧，皆出卫于山③。丘方员三百里，丘南帝俊竹林在焉，大可为舟。竹南有赤泽水，名曰封④渊。有三桑无枝，皆高百仞。丘西有沈渊，颛项所浴。

［注释］

①琅鸟：琅，洁白。琅鸟即白鸟。②玄鸟：玄，黑色。玄鸟即燕子。可能是商的图腾。传说有娀氏女简狄吞燕卵生了商的始祖契。③皆出卫于山："卫"字误入此句，当作"皆出于山"，"卫"字移至下句句首，作"卫丘方员三百里"。④封：大。

［译文］

东北海外的大荒中，黄河水环绕着一座山，名叫附禺山，帝颛项与他的九位嫔妃就葬在这座山上。山上有鸱久、文贝、离朱鸟、鸾鸟、凤凰和大大小小的殉葬品。这里还有青鸟、琅鸟、玄鸟、黄鸟、虎、豹、熊、罴、黄蛇、视肉、璿玉、瑰玉、瑶玉、碧玉，这些都出产于这座山。卫丘方圆大约三百里，丘南边有一片竹林，这就是帝俊的竹林，竹林中的竹子很大，截一节便可做成一条小船。竹林的南边有一个红水潭，名叫封渊。封渊旁有三棵没长枝条的桑树，都有百仞之高。封丘的西边有个大渊，名叫沈渊，颛项常在这里洗澡。

胡不与国

有胡不与之国，烈姓，黍食。

［译文］

那里有个国家，名叫胡不与国，胡不与国的国民都姓烈，以黍为食。

肃慎国

fěi zhì

大荒之中，有山，名曰不咸。有肃慎氏之国。有蜚蛭①，四翼。有虫，兽首蛇身，名曰琴虫②。

[注释]

①蜚蛭：神话中的一种有四翼的虫。“蜚”通“飞”。蛭，环节动物的总称。②琴虫：传说中的怪蛇。

[译文]

大荒中有座山，名叫不咸山。有个名叫肃慎氏国的国家。有一种蜚蛭，长有四只翅膀。还有一种蛇，身形似蛇，脑袋却似兽，名叫琴虫。

大人国

xī

有人名曰大人。有大人之国，釐①姓，黍食。有大青蛇，黄头，食麈。

[注释]

①釐：通“僖”。

[译文]

那里还有个国家，名叫大人国，这个国家的人被称为大人。这些大人都姓釐，以黍为主食。大人国里有种青色的巨蛇，脑袋是黄色的，以大鹿为食。

gǔn

鲧攻程州山

有榆山。有鲧攻程州之山。

[译文]

大荒中还有两座山：榆山和鲧攻程州山。

pán

先民山槃木

大荒之中，有山名曰衡天。有先民之山。有槃木千里。

[译文]

大荒中有座山，名叫衡天山。还有一座先民山。有棵盘旋弯曲的树，名叫槃木，树干有千里之广。

叔歜国

（歜：chù）

有叔歜国，颛顼之子，黍食，使四鸟：虎、豹、熊、罴。有黑虫如熊状，名曰猎猎。

[译文]

那里还有个叔歜国，叔歜是颛顼的儿子，这个国家的国民都以黍为主食，擅长驱使虎、豹、熊、罴四种野兽。这里还有一种黑色的野兽，有些像熊，名叫猎猎。

猎猎

北齐国

有北齐之国，姜姓，使虎、豹、熊、罴。

[译文]

那里还有个北齐国，国民都姓姜，善于驱使虎、豹、熊、罴四种野兽。

先槛大逢山　禹所积石山

大荒之中，有山名曰先槛大逢之山，河济所入，海北注焉。其西有山，名曰禹所积石。

[译文]

大荒中有座山，名叫先槛大逢山，黄河和济水流入此山中，海水也向北注入这座山中。这座山的西边还有座山，名叫禹所积石山。

始州国

有阳山者。有顺山者，顺水出焉。有始州之国，有丹山。

[译文]

大荒中还有一座阳山。还有一座顺山，是顺水的发源地。还有个国家，名叫始州国，始州国里有座丹山。

大泽

有大泽①方千里，群鸟所解。

[注释]

①大泽：大湖沼，大薮泽。

[译文]

那里有个大泽，方圆千里，是群鸟脱换羽毛的地方。

毛民国

有毛民之国，依姓，食黍，使四鸟。禹生均国，均国生役采，役采生修鞈（gé），修鞈杀绰人。帝念之，潜为之国，是此毛民。

[译文]

有个毛民国，这里的人都姓依，主食是黍，擅长驱使四种野兽。当初禹生了均国，均国生了役采，役采生了修鞈，修鞈后来杀了绰人。天帝怜恤绰人，暗中帮助绰人的后人建起了国家，这就是毛民国。

儋耳国

有儋（dān）耳之国，任姓，禺号子，食谷。北海之渚中，有神，人面鸟身，珥两青蛇，践两赤蛇，名曰禺强。

儋耳国

[译文]

大荒中有个儋耳国，儋耳国的人都姓任，是禺号的后人，以谷为主食。北海中的一个小沙洲上有尊神，面孔似人，身似鸟，两耳垂上各穿着一条青蛇，两脚各踩着一条红蛇，这尊神名叫禺强。

北极天柜山

大荒之中，有山名曰北极天柜，海水北注焉。有神，九首人面鸟身，名曰九凤。又有神，衔蛇操蛇，其状虎首人身，四蹄长肘，名曰强良。

[译文]

大荒中有座山，名叫北极天柜山，海水向北注入这座山。这座山上有尊神，鸟身人脸，共长有九个脑袋，这就是九凤。山上还有尊神，口中衔着蛇，手里握着蛇，身形似人，脑袋似虎，长着四个蹄子，胳臂很长，名叫强良。

夸父追日

大荒之中，有山名曰成都载天。有人珥两黄蛇，把两黄蛇，名曰夸父。后土生信，信生夸父。夸父不量力，欲追日景，逮之于禺谷。将饮河而不足也，将走大泽，未至，死于此。应龙已杀蚩尤，又杀夸父，乃去南方处之，故南方多雨。

[译文]

大荒中有座山，名叫成都载天山。山上有个人，两耳垂各穿着一条黄蛇，两手各握着一条黄蛇，他就是夸父。夸父是信的儿子，信是后土的儿子。夸父不自量力，想追随太阳的影子，到禺谷逮住太阳。他太渴了，想喝水，结果将黄河水喝干了也还是不解渴，于是他又打算去大泽，可还没到那里，他便渴死在成都载天山。还传说当初应龙把蚩尤杀死后，又杀死了夸父，然后便跑到南方住了下来，因为应龙是龙，所以从此南方的雨水便多了。

无肠国

又有无肠之国，是任姓。无继子①，食鱼。

[注释]

①无继子：无继就是前文提过的无臂国，无臂国即无启国。无肠国人是无启国

人的后代。

［译文］

还有个国家，名叫无肠国，无肠国人都姓任。他们是无膂国人的后代，没有后嗣，以吃鱼为生。

共工臣相繇

共工之臣名曰相繇①，九首蛇身，自环，食于九山。其所歍（wū）所尼，即为源泽，不辛乃苦，百兽莫能处。禹湮②洪水，杀相繇，其血腥臭，不可生谷；其地多水，不可居也。禹湮之，三仞三沮，乃以为池，群帝是因以为台。在昆仑之北。

［注释］

①相繇：古神话中人名。传说为共工之臣，也叫作“相柳”。②湮：阻塞。

［译文］

共工有个下臣名叫相繇，身形似蛇，长有九个脑袋，身子盘绕成一团，他以九座神山的动植物为食。他所呕吐和停留过的地方便成了一个大沼泽，这个沼泽的气味不是辣味就是苦味，没有一种野兽敢生活在那里。后来大禹为治理洪水，将相繇杀死，相繇死后所流出的血腥臭味难闻，血浸透了土地，使那里无法再种植五谷；而且那里因水涝成灾，也无法住人。后来禹在这里筑了三次堤坝，也塌了三次，最后终于围成了一个大水池。众帝在周围做了自己的祭台。这些祭台都位于昆仑山脉的北边。

岳山寻竹

有岳之山，寻竹生焉。

［译文］

那里还有一座岳山，生长着一种竹，名叫寻竹。

不句山

大荒之中，有山名曰不句，海水北入焉。

［译文］

大荒中还有座山，名叫不句山，海水向北注入这座山中。

黄帝女魃(bá)

有系昆之山者，有共工之台，射者不敢北乡。有人衣青衣，名曰黄帝女魃[1]。蚩尤作兵伐黄帝，黄帝乃令应龙攻之冀州之野。应龙畜水。蚩尤请风伯雨师，纵大风雨。黄帝乃下天女曰魃，雨止，遂杀蚩尤。魃不得复上，所居不雨。叔均言之帝，后置之赤水之北。叔均乃为田祖。魃时亡之。所欲逐之者，令曰："神北行！"先除水道，决通沟渎。

［注释］

①女魃：神话中的旱神。

［译文］

大荒中有座山，名叫系昆山，山上有共工祭台，因此善射的人都不敢向北射箭。山上有个人，身穿青色衣服，名叫黄帝女魃。当初蚩尤兴兵攻打黄帝，黄帝令应龙到冀州之野攻打蚩尤。应龙打算蓄水，而蚩尤则请风伯、雨师，布云施雨，使应龙失计。为助应龙，黄帝派天女魃下凡，使风静雨止，助应龙杀死蚩尤。但从此女魃没有神力不能再回天界，便留在下界，女魃所住的地方不下雨，给下界带来灾害。叔均将这件事告诉黄帝，于是黄帝将女魃迁至赤水北岸，而叔均从此成为主管田地的官。女魃常常逃离这个地方，到别处居住，但又给别处带来旱灾，她走到哪，哪里的人们想赶她走，就祈祷说："女魃神啊，请向北走吧！"并且都先清除水道，挖通沟渠，以便让女魃早早返回。

女 魃

深目民国

有人方食鱼，名曰深目民之国，盼(fēn)姓，食鱼。

［译文］

那里有个人正在吃鱼，是深目民国的人。这个国家的人都姓盼，以鱼为食。

赤水女子献[1]

有钟山者。有女子衣青衣，名曰赤水女子献。

［注释］

①赤水女子献：结合上文，此处应指女魃，“献”为“魃”之误字。

［译文］

钟山那里，有个女子身着青衣，人们叫她赤水女魃。

犬戎

大荒之中，有山名曰融父山，顺水入焉。有人名曰犬戎[1]。黄帝生苗龙，苗龙生融吾，融吾生弄明，弄明生白犬，白犬有牝牡，是为犬戎，肉食。有赤兽，马状无首，名曰戎宣王尸。

［注释］

①犬戎：古神话传说中的人种。

［译文］

大荒中有座山，名叫融父山。这座山是顺水的尽头。山上有个人名叫犬戎，是黄帝的后人。黄帝生了苗龙，苗龙生了融吾，融吾生了弄明，弄明生了白犬。白犬有一公一母，自相交配而生下了犬戎，犬戎的主食是肉。这座山上还有一头红色的野兽，身形似马，但没长脑袋，名叫戎宣王尸。

齐州山

有山名曰齐州之山、君山、鬵(qián)山、鲜野山、鱼山。

［译文］

那里还有齐州山、君山、鬵山、鲜野山、鱼山。

一目人

有人一目，当面中生。一曰是威姓，少昊之子，食黍。

［译文］

有种人，只有一只眼睛，还长在脸的正中间。也有的说他们姓威，是少昊的后代，以黍为主食。

威姓少昊之子

无继民

有无继民，无继民任姓，无骨子，食气、鱼。

［译文］

那里还有一群无继民国的人，他们姓任，是无骨国的后人，擅长吐纳，以鱼为食。

中輀国

（輀：biǎn）

西北海外，流沙之东，有国曰中輀，颛顼之子，食黍。

［译文］

西北海外的大荒中，在流沙河的东岸有个国家，名叫中輀国，颛顼的后代。中輀国的人以黍为主食。

犬戎国

有国名曰赖丘。有犬戎国。有人，人面兽身，名曰犬戎。

［译文］

那里有个赖丘国。还有个犬戎国。这个国家有个人，名叫犬戎，人面兽身。

苗民

苗民

西北海外，黑水之北，有人有翼，名曰苗民。颛顼生驩（huān）头，驩头生苗民，苗民釐姓，食肉。有山名曰章山。

[译文]

西北海外的大荒中，黑水的北岸有一种人，长着翅膀，名叫苗民。驩头是颛顼的儿子，苗民是驩头的儿子，苗民姓釐，以肉为食。那里还有座山，名叫章山。

灰野山若木

大荒之中，有衡石山、九阴山、灰野之山，上有赤树，青叶，赤华，名曰若木。

[译文]

大荒中有衡石山、九阴山、灰野山，山上有一种红色的树，叶子是青色的，开出的花是红色的，这种树名叫若木。

牛黎国

有牛黎之国。有人无骨，儋耳之子。

[译文]

那里还有一个牛黎国。牛黎国人没长骨头，是儋耳国人的后代。

章尾山烛龙

西北海之外，赤水之北，有章尾山。有神，人面蛇身而赤，身长千里，直目正乘，其瞑乃晦①，其视乃明，不食，不寝，不息②，风雨是谒。是烛九阴，是谓烛龙。

[注释]

①瞑：闭上眼睛。晦：昏暗，天黑。②寝：睡觉。息：呼吸。

[译文]

西北海外的大荒中，在赤水的北岸，有一座章尾山。山上有尊神，人面蛇身，全身长达千里，红彤彤的，立着生长的眼睛正中有合成一条缝的眼皮。他闭上眼睛，便是黑夜，他睁开眼睛，便是白昼。他从不吃东西、从不睡觉、从不呼吸，他以风雨为食。他还能用他的神力照亮天下所有黑暗的角落，他就是人们所说的烛龙。

第十三卷 海内经

朝鲜 天毒

东海之内，北海之隅，有国名曰朝鲜[①]、天毒[②]，其人水居，偎人爱人。

［注释］

①朝鲜：古指朝鲜国，即现在朝鲜半岛上的朝鲜和韩国。②天毒：古国名。或以为即天竺。

［译文］

在东海以内，北海的一角，有两个国家，朝鲜国和天毒国。这两个国家的国民都在水边生活，对人慈爱，喜欢怜悯人。

壑市

西海之内，流沙之中，有国名曰壑市。

［译文］

西海内的流沙中有个国家，名叫壑市国。

氾叶

西海之内，流沙之西，有国名曰氾叶。

［译文］

西海海内、流沙的西边有个氾叶国。

鸟山

流沙之西，有鸟山者，三水出焉。爰有黄金、璿瑰、丹货[①]、银铁，皆流于此中。又有淮山，好水出焉。

[注释]

①丹货：丹砂之属。

[译文]

流沙的西边有座鸟山，是三条河流的发源地。这里有很多黄金、璿瑰玉、丹货、银、铁，全都产于此地。那里还有一座淮山，是好水的发源地。

韩流生帝颛顼

流沙之东，黑水之西，有朝云之国、司彘(zhì)之国。黄帝妻雷祖[①]，生昌意[②]。昌意降处若水，生韩流[③]。韩流擢首[④]、谨耳[⑤]、人面、豕喙、麟身、渠股、豚止，取淖子曰阿女[⑥]，生帝颛顼。

韩 流

[注释]

①雷祖：嫘祖，传说中的西陵氏之女，黄帝轩辕氏的元妃。被后人尊为中国养蚕治丝方法的创始者。②昌意：传说中的人名。为黄帝之子。相传黄帝娶西陵国之女为正妃，生二子，其一曰玄嚣，其二曰昌意。③韩流：古代神话传说中的人物。④擢首：长颈。⑤谨耳：小耳。⑥阿女：传说中古代帝王颛顼的母亲。

[译文]

在流沙的东边、黑水的西边，有两个国家，朝云国和司彘国。黄帝娶嫘祖，生了昌意，昌意被贬到若水，便在那里生了韩流。韩流颈项很长，耳朵很小，面孔似人，嘴似猪，身似麒麟，两条腿长在一起，脚似猪蹄，韩流后来娶了淖子族的阿女，生了帝颛顼。

不死山

流沙之东，黑水之间，有山名不死之山。

[译文]

流沙的东边、黑水的中间有座不死山。

肇山柏高

华山青水之东，有山名曰肇山。有人名曰柏高[1]，柏高上下于此，至于天。

[注释]

①柏高：亦称“柏子高”，传说中的仙人。

[译文]

在华山和青水的东边有座山，名叫肇山。这座山上有个人，名叫柏子高，柏子高就是以这座山为天梯，上天下地。

都广之野

西南黑水之间，有都广之野，后稷葬焉。其城方三百里，盖天地之中，素女所出也。爰有膏菽(shū)[1]、膏稻、膏黍、膏稷，百谷自生，冬夏播琴[2]。鸾鸟自歌，凤鸟自儛，灵寿实华，草木所聚。爰有百兽，相群爰处。此草也，冬夏不死。

[注释]

①膏：美味、光滑如膏。菽：豆类的总称。②播琴：播种。

[译文]

西南边的黑水流域，有一处地方名叫都广之野，后稷就葬在这里。它的疆域有三百里，是天和地的中心，有个名叫素女的神女出现在这里。这里还有膏菽、膏稻、膏黍、膏稷，这里是百谷从生的地方，无论是冬季还是夏季都可以播种。这里有载歌载舞的鸾鸟、凤鸟，有开花结果的灵寿树及各种草木和百兽，它们都和睦相处。这里生长的草，四季常青、冬夏不死。

若木

南海之内，黑水青水之间，有木名曰若木，若水出焉。

[译文]

在南海内，黑水、青水之间，有树名叫若木，若水就发源于此地。

灵山蝡蛇

有禺中之国。有列襄之国。有灵山，有赤蛇在木上，名曰蝡(rú)蛇，木食。

[译文]

那里还有两个国家，禺中国和列襄国。有座灵山，山上有棵树，树上有条蛇，名叫蝡蛇，这种蛇以树木为食。

盐长国鸟氏

有盐长之国。有人焉，鸟首，名曰鸟氏。

[译文]

有个盐长国。那里的人长着一个鸟头，所以叫鸟氏。

九丘建木

有九丘，以水络①之：名曰陶唐②之丘、有叔得之丘、孟盈之丘、昆吾之丘、黑白之丘、赤望之丘、参卫之丘、武夫之丘、神民之丘。有木，青叶紫茎，玄华黄实，名曰建木，百仞无枝，有九欘(zhú)，下有九枸③，其实如麻，其叶如芒。大皞④爰过，黄帝所为。

[注释]

①络：缠绕，围绕。②陶唐：古帝名，即唐尧。帝喾之子，姓伊祁，名放勋。初封于陶，后徙于唐。③枸：盘错的树根。④大皞：又作太皞、太昊，传说中的上古帝王，即伏羲氏，古代传说中的三皇之一。风姓。相传其始画八卦，又传说他和女娲氏兄妹相婚而产生人类。他教民结网，从事渔猎畜牧。

[译文]

有九座山丘被水环绕，这九座山分别是陶唐丘、有叔得丘、孟盈丘、昆吾丘、黑白丘、赤望丘、参卫丘、武夫丘、神民丘。丘上有一种树，叶子是青色的，树干是紫色的，开出的花是黑色的，结的果实是黄色的，名叫建木，这种树很高，树干不长树枝，只在树顶端长着盘桓曲折的枝丫，而在树的底端长着杂乱交错的盘根，这种树结出的果实就像麻子，长出的树叶就像芒草。当初太皞就是从这里上天的。相传这棵树是黄帝制作的天梯。

窫窳（yà yǔ）　猩猩

有窫窳，龙首，是食人。有青兽，人面，名曰猩猩。

[译文]

有一种兽，名叫窫窳，长着龙的脑袋，是食人兽。还有一种青色的野兽，面孔似人，名叫猩猩。

巴国

西南有巴国。大皞生咸鸟，咸鸟生乘厘，乘厘生后照，后照是始为巴人。

[译文]

西南有个巴国。大皞伏羲氏生了咸鸟，咸鸟生了乘厘，乘厘生了后照，后照是巴人的始祖。

流黄辛氏国

有国名曰流黄辛氏，其域中方三百里，其出是麈。有巴遂山，渑水出焉。

[译文]

那里有个国家，就是流黄辛氏国，其国土方圆三百里，这里出产驼鹿。流黄辛氏国中有座山，名叫巴遂山，渑水就发源于这座山。

朱卷国

又有朱卷之国。有黑蛇，青首，食象。

[译文]

那里还有个朱卷国。朱卷国有种黑蛇，脑袋是青色的，它能够吃象。

赣巨人

南方有赣巨人，人面长唇，黑身有毛，反踵，见人笑亦笑，唇蔽其面，因可逃也。

［译文］

南方有个赣巨人，面孔似人，嘴唇很长，全身都长着黑毛，脚后跟朝前反长着，一见人笑他也跟着笑，因为嘴巴太大，所以他笑起来时两片嘴唇会把整个脸部都挡起来，人一靠近，它就立即逃走。

黑人

又有黑人，虎首鸟足，两手持蛇，方啖(dàn)之。

［译文］

那里还有个黑人，脑袋似虎，脚似鸟，两手握着蛇，正吃着这条蛇。

嬴民　封豕

有嬴民，鸟足。有封豕。

［译文］

那里有种人叫作嬴民，他们都长着鸟一样的脚。那里还有种名叫封豕的猪。

嬴 民

苗民神延维

有人曰苗民。有神焉，人首蛇身，长如辕，左右有首，衣紫衣，冠旃(zhān)冠①，名曰延维，人主得而飨(xiǎng)②食之，伯③天下。

［注释］

①旃冠：旃，红色的曲柄旗，这里指红色。旃冠指红色的帽子。②飨：祭献。③伯：通“霸”。原指古代诸侯的盟主，引申为称霸。

[译文]

那里还有些人被称作苗民。有一尊神，人头蛇身，身长如车辕，左右各长一个脑袋，身穿紫色衣服，头戴红色帽子，名叫延维，据说君主如有幸得到并供奉他，就可以称霸天下。

鸾鸟　凤鸟

有鸾鸟自歌，凤鸟自舞。凤鸟首文曰“德”，翼文曰“顺”，膺文曰“仁”，背文曰“义”，见则天下和。

[译文]

那里还有鸾鸟、凤鸟，鸾鸟正自由自在地歌唱，凤鸟正自由自在地舞蹈。凤鸟头上的花纹像“德”字，翅膀上的花纹像“顺”字，胸脯上的花纹像“仁”字，后背上的花纹像“义”字，这种鸟一旦出现，就预示天下将迎来和平。

菌(jùn)狗　孔鸟

又有青兽如菟，名曰菌狗。有翠鸟，有孔鸟①。

[注释]

①孔鸟：孔雀。

[译文]

那里有一种青兽，体形有点像兔子，名叫菌狗。那里还有翠鸟、孔雀。

三天子之都山

南海之内，有衡山，有菌山，有桂山。有山名三天子之都。

[译文]

南海内有衡山、菌山、桂山。还有一座山名叫三天子之都山。

苍梧丘

南方苍梧之丘，苍梧之渊，其中有九嶷(yí)山，舜之所葬，在长沙零陵界中。

[译文]

南方有个山丘，名叫苍梧丘，苍梧丘下有个大渊，名叫苍梧渊，渊中间有座九嶷山，舜死后就葬在这座山上，这座山在长沙零陵界内。

蛇山翳(yì)鸟

北海之内，有蛇山者，蛇水出焉，东入于海。有五采之鸟，飞蔽一乡，名曰翳鸟。又有不距之山，巧倕(chuí)葬于西。

[译文]

北海内有座蛇山，蛇水就发源于这座山，它流出山谷后便向东流向大海。蛇山有一种长有五彩羽毛的鸟，名叫翳鸟，这种鸟常成双成对地在天上飞，把整个天空都遮蔽起来。北海内还有一座山，名叫不距山，巧倕就葬在这座山的西麓。

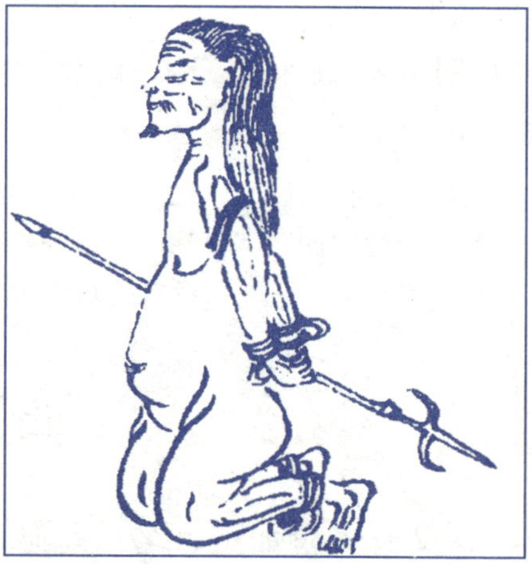

相顾之尸

相顾之尸

北海之内，有反缚盗械①、带戈常倍之佐，名曰相顾之尸。

[注释]

①盗械：谓因犯罪而被戴上的刑具。

[译文]

在北海有个人，被人反绑住双手戴着刑具、拿着兵器图谋叛乱，他名叫相顾尸。

伯夷父

伯夷父①生西岳，西岳生先龙，先龙是始生氐羌，氐羌乞姓。

[注释]

①伯夷父：相传为颛顼之师。

[译文]

伯夷父生了西岳，西岳生了先龙，先龙是氐羌族的祖先，氐羌族人都姓乞。

幽都山　大幽国

北海之内，有山，名曰幽都之山，黑水出焉。其上有玄鸟、玄蛇、玄豹、玄虎、玄狐①蓬尾。有大玄之山。有玄丘之民。有大幽之国。有赤胫②之民。

[注释]

①玄狐：黑色的狐，皮毛珍贵，可作皮衣。②赤胫：皮肤呈赤色的小腿。

[译文]

北海内有座山，名叫幽都山，黑水就发源于这座山。山上有黑色的鸟、黑色的蛇、黑色的豹、黑色的虎，还有大尾巴的黑色狐狸。这里还有座大玄山，山上有玄丘人。这里有个大幽国，这里的人小腿都是红色的，这些人叫赤胫民。

钉灵国

有钉灵之国，其民从厀①以下有毛，马蹄善走。

[译文]

①厀：同“膝”，就是膝盖。

[译文]

那里还有个钉灵国，这个国家的人两腿膝盖以下都长着很浓的毛，两脚似马蹄，行走速度飞快。

伯陵生鼓　延　殳（shū）

炎帝之孙伯陵，伯陵同①吴权之妻阿女缘妇，缘妇孕三年，是生鼓、延、殳。殳始为侯，鼓、延是始为钟，为乐风。

[注释]

①同：通“通”，指通奸、私通。

[译文]

炎帝有个孙子名叫伯陵，与吴权的妻子阿女缘妇通奸，阿女缘妇怀孕三年，生下了鼓、延、殳三个儿子。后来殳创制了箭靶，而鼓和延发明了钟，创制了乐律。

鲧(gǔn)

黄帝生骆明，骆明生白马，白马是为鲧。

[译文]

黄帝生了骆明，骆明生了白马，白马就是鲧。

番禺　奚仲

帝俊生禺号，禺号生淫梁，淫梁生番禺，是始为舟。番禺生奚仲，奚仲生吉光，吉光是始以木为车。

[译文]

帝俊生了禺号，禺号生了淫梁，淫梁生了番禺，番禺是发明船的人。后来番禺生了奚仲，奚仲生了吉光，吉光是最早用木头造车的人。

般

少皞(hào)生般，般是始为弓矢。

[译文]

少皞生了般，般发明了弓箭。

帝俊赐羿彤弓素矰(zēng)

帝俊赐羿彤[①]弓素矰[②]，以扶下国，羿是始去恤下地之百艰[③]。

[注释]

①彤：红色彤弓，古代天子用以赐有功的诸侯或大臣使专征伐的礼器。②素矰：用白色羽毛装饰而成的箭，也是一种礼器。③恤：体恤、抚恤。下地：犹下土，天下。

[译文]

帝俊赐给后羿红色的弓和白羽箭，命他到下界除恶扶正，于是后羿便来到下界，体察民间疾苦，消除人间灾害。

晏龙

帝俊生晏龙，晏龙是为琴瑟。

[译文]

帝俊生了晏龙，晏龙就是发明琴瑟的人。

帝俊八子

帝俊有子八人，是始为歌舞。

[译文]

帝俊有八个儿子，他们是最早创制歌舞的人。

巧倕（chuí） 叔均

帝俊生三身，三身生义均，义均是始为巧倕，是始作下民百巧①。后稷是播百谷。稷之孙曰叔均，是始作牛耕。大比赤阴②，是始为国。禹、鲧是始布土③，均定九州。

[注释]

①下民：百姓，人民。百巧：各种农具，指各种生存工具。②大比赤阴："比"疑为"妣"。妣就是母亲。而"赤阴"的古音与"姜嫄"相近，据古史传说，姜嫄是后稷的母亲，这可与上下文相合。大妣应该是对女性始祖的尊称。③布土：谓区分规划疆土。

[译文]

当初帝俊生了三身，三身生了义均，后来义均就成为古代第一个巧工，被人们称作巧倕，他最早发明老百姓所需要的各种生存工具。后稷播种百谷。后稷的孙子叔均是用牛耕地的首创者。后稷的母亲姜嫄是最早建立国家的人，禹和鲧是最早用挖土疏通和用土堵塞治理洪水的人，他们还把天下分为九州。

炎帝子孙

炎帝之妻，赤水之子听訞(yāo)生炎居，炎居生节并，节并生戏器，戏器生祝融。祝融降处于江水，生共工。共工生术器，术器首方颠[①]，是复土壤，以处江水。共工生后土，后土生噎鸣[②]，噎鸣生岁十有二。

[注释]

①颠：头顶。②噎鸣：神话人物名，为时间之神。一说噎鸣即为伯夷。

[译文]

炎帝的妻子，即赤水氏的女儿听訞与炎帝生了炎居，炎居生了节并，节并生了戏器，戏器生了祝融。祝融后来被天帝贬至下界，居住在长江岸边。祝融在这里生了共工，共工生了术器，术器头顶方方正正的，术器后来继承了祝融的封地，也住在长江岸边。共工还生了个儿子，名叫后土，后土生了噎鸣。噎鸣则生了十二个儿子，就是一年中的十二个月。

鲧(gǔn)窃息壤

洪水滔天。鲧窃帝之息壤[①]以堙(yān)洪水，不待帝命。帝令祝融杀鲧于羽郊。鲧复生禹。帝乃命禹卒布土以定九州。

[注释]

①息壤：古代传说中一种能自生长，永不减少的土壤。

[译文]

天下洪水滔滔。鲧为治水，没有征得天帝同意就将天帝的息壤偷来，以土堵水。天帝便命祝融将鲧杀死在羽山野外。禹是从鲧遗体的肚子里生出来的。天帝于是命禹治水，禹挖土疏道，并最终划定了九州的区域。

图书在版编目（CIP）数据

图解山海经 /（汉）刘向，（汉）刘歆编；崇贤书院释译 . — 合肥：黄山书社，2021.8

（经典传家系列丛书）

ISBN 978-7-5461-3916-6

Ⅰ . ①图… Ⅱ . ①刘… ②刘… ③崇… Ⅲ . ①历史地理—中国—古代 ②《山海经》—通俗读物 Ⅳ . ① K928.631-49

中国版本图书馆 CIP 数据核字（2021）第 178054 号

出 品 人 贾兴权
选题策划 贾兴权 汤吟菲
编辑统筹 刘 春
责任编辑 刘 春
装帧设计 观止堂_未 氓 朱 璇
责任印制 李 磊
出版发行 时代出版传媒股份有限公司（http://www.press-mart.com）
黄山书社（http://www.hspress.cn）
地址邮编 合肥市政务文化新区翡翠路 1118 号出版传媒广场 7 层 230071
印 刷 安徽新华印刷股份有限公司
版 次 2021 年 9 月第 1 版
印 次 2021 年 9 月第 1 次印刷
开 本 700 mm × 1000 mm 1/16
字 数 400 千字
印 张 20
书 号 ISBN 978-7-5461-3916-6
定 价 30.80 元

服务热线 0551-63533706
销售热线 0551-63533761

官方直营书店（https://hsss.tmall.com）